問いからはじめる
社会福祉学

不安・不利・不信に挑む

INTRODUCTION TO SOCIAL WELFARE STUDIES
WITH CRITICAL QUESTIONS

著・圷　洋一
　　金子　充
　　室田信一

有斐閣ストゥディア

はじめに

　この本は，社会福祉に関心のある方々，特に若い人たちに，その学びの奥の深さを伝えつつ，勇気とパワーを提供したいとの思いで書かれた社会福祉学の入門書です。これから社会福祉（学）を学びたいと考えている方々はもちろんのこと，社会福祉（学）を主専攻としない学生や多くの市民に読んでもらうことを想定しています。

　誤解を恐れずにいえば，既存の社会福祉学のテキストの多くは，専門職養成という縛りのなかで，現代社会をなんとか生き抜いている人々の「リアリティ」をとらえることを後回しにしているように見えます。そうした「リアリティ」の担い手としては，貧困，不安定就労，失業，搾取，孤立，排除，暴力，格差といった事態を経験している人々などが挙げられるでしょう。それは，多重のリスクを背負うことによる，脆弱性と「生きづらさ」に直面している人々にとっての「現実」ともいえるでしょう。

　これまで筆者たちは，多くの学生と接してきましたが，社会福祉を学ぼうとする若者のなかには，そうした「生きづらさ」を抱えている人が決して少なくないと実感しています。現代社会では多くの若者がいじめやひきこもりを経験し，うつや不眠，低所得や失業の不安と向き合いながら生きています。また，家族からの暴力，援助交際，リストカット，社会的に割り当てられた性別への違和感や不適合などを経験する友人や家族が周囲にいたり，自分自身がそうであったりする人もいます。

　しかし，社会福祉学の標準的なテキストは，そのようなリアリティに向き合うことのない高みから「問題」を構成し，「生きづらさ」を抱える当事者の視点からかけ離れた議論を展開しているように見えてしまうところがあります。それは，社会福祉学が支援者のための学としての性格を強くもってきたからだと考えられます。そこで提示される論点や課題は，「障害者福祉」や「高齢者福祉」といった半世紀変わらない「上目線」の枠組みのなかで語られるのが定番です。そのことがますます社会福祉学を当事者が抱くリアリティから遠ざけてしまうことが危惧されます。上述のように，いまここの「リアル」として家

族からの暴力や精神疾患を経験する友人あるいは自分がいるのに，社会福祉（学）のテキストでは，自分たちの「問題」が遠くにある「対象」として扱われているように映りやすいのです。自身が経験するリアリティと社会福祉学の見方や語り方との間に，そうした大きなズレや違和感を抱える人々がさらに増えてしまうことを，私たち筆者は憂慮しています。

　この本は，そうしたズレや違和感を受けとめ，「生きづらさ」を抱える人々の視点および彼らに届く言葉によって，社会福祉の現在を描き出そうと努めています。そうした人々が経験する〈生〉のリアルをとらえることから出発し，それに立ち向かいチャレンジする際のヒントとなる視点と言葉，そして知恵を提供しようと試みています。「生きづらさ」というリアルに直面していたとしても，あるいは，そうであるがゆえに，他者や社会に対して何か役に立つことをしたい，責任を果たしたいという思いをもつ人がいます。そのような思いをもつ人たちを応援できればと考えました。

　この本のもう1つの特徴は，上記の問題意識をもちながらも「社会福祉学」を強く意識していることにあります。社会福祉学を意識するということは，あくまで社会福祉の現場で厳しい現実に直面して働いている「支援者」たちを意識して書くということだと考えます。先ほどから「当事者」という言葉を使っていますが，この本は「当事者主義」に立脚してソーシャルワーカーや専門職の存在を否定しようとするものではないということを，あらためて強調しておきたいと思います。

　「社会福祉学」と冠した時点で，おのずと支援者視点となることを甘受せざるをえないでしょうし，「当事者」をどこか突き放したような論じ方を完全に払拭することは困難でしょう。「生きづらさ」を抱えるのは，いうまでもなくその当事者なのですが，支援者もまた当事者と同じ時代の同じ社会を生きる1人の市民として，そうしたリアリティを構成する「現実」と対峙しているはずです。とりわけ日本のソーシャルワーカーは欧米のそれと同じような権威ある立ち位置にいるわけではありません。日本のソーシャルワーカーの立場は非常に弱く，不安定であり，厳しい環境のなかにいます。その意味で，この本は社会福祉の当事者と支援者との垣根を越え，双方をエンパワーするという目標を掲げています。

「生きづらさ」を抱える人々をエンパワーする学問は，「社会福祉学」だけである必要はありません。むしろ私たち筆者は，「使えるものは何でも使う」という実用主義的なスタンスこそが社会福祉学の特性であって，さまざまな学問領域で生産された知識をカスタマイズしながら，その共有を図っていくべきであると考えます。それゆえに，この本では他の学問領域で語られる議論や視点を数多く紹介し，人々の〈生〉のリアルを議論するのに活用しています。社会福祉にたずさわり，また社会福祉に関心をもつ人々にとって，社会福祉学がさまざまな学問領域への窓口（ポータル）として機能することは重要だと考えます。

　この本はこれまでのテキストとは異なる新しい枠組みを設定しました。そしてこの枠組みに沿って，半可通の誹りを覚悟しつつ，諸学の成果をふんだんに盛り込みました。しかしその結果，読者にこれが「社会福祉」の学びなのか，という戸惑いや疑義を抱かせてしまう部分があるかもしれません。いずれにしても，盛り込んだ成果の内容や意義がうまく伝わらなかったとすれば，それはすべて筆者らの責任です。

　筆者らは，構想段階から会合を開いて，基本コンセプトから文章の校正に至るまで議論を重ねてきました。そのプロセスで筆者たち自身が多くのことを学び，相互に刺激を受け，また共感できたことは大きなよろこびでした。構想から完成まで非常に長い年月がかかりましたが，そのすべての過程に根気強くおつきあいいただいた有斐閣書籍編集第2部の堀奈美子さんにこの場を借りて感謝の言葉を申し上げたいと思います。

2015 年 11 月

著　者　一　同

著者紹介

圷　洋一（あくつ　よういち）　　　　担当：序章，第 **1** 部，終章（共同執筆）
東京都立大学人文社会学部教授
　主　著
　　『福祉国家』法律文化社，2012 年。
　　「社会福祉学の二つの態度——媒介と超越について」『対論社会福祉学 1 社会福祉原理・歴史』中央法規出版，2012 年。
　　『社会政策の視点——現代社会と福祉を考える』（共著）法律文化社，2011 年。

金子　充（かねこ　じゅう）　　　　担当：第 **3** 部，終章（共同執筆）
明治学院大学社会学部教授
　主　著
　　『入門貧困論——ささえあう／たすけあう社会をつくるために』明石書店，2017 年。
　　「費用対効果を重視する社会保障政策の陥穽」『社会福祉研究』128，2017 年。
　　『低所得者に対する支援と生活保護制度〔第 4 版〕』（分担執筆）中央法規出版，2016 年。

室田　信一（むろた　しんいち）　　　　担当：第 **2** 部，終章（共同執筆）
東京都立大学人文社会学部准教授
　主　著
　　『市民自治の育て方』（分担執筆）関西大学出版部，2018 年。
　　『子どもの貧困／不利／困難を考える I ——理論的アプローチと各国の取組み』（分担執筆）ミネルヴァ書房，2015 年。
　　『地域の〈実践〉を変える社会福祉調査入門』（共著）春秋社，2013 年。

目　次

CHAPTER 0　社会福祉学への招待　1

1. 社会福祉とは何か ……………………………………… 1
2. 社会福祉学に関する本書の認識と考え方 ……………… 3
3. 社会福祉学の特質と全体像 ……………………………… 4
   3つの専門事典から（4）　岡村による社会福祉のとらえ方（5）
4. 脆弱性と社会福祉 ………………………………………… 6
   脆弱性とは何か（6）　現代社会と脆弱性（7）
5. ソーシャルワークと脆弱性 ……………………………… 10
   ソーシャルワークとは何か（10）　「生きづらさ」をめぐる援助としてのソーシャルワーク（11）　ソーシャルワークと脆弱性（12）
6. 本書のねらい ……………………………………………… 14
   不安と脆弱性（14）　不利と脆弱性（15）　不信と脆弱性（16）

第1部　「不安」と社会福祉

CHAPTER 1　若者の雇用不安　21
賃労働中心社会をどう見直すか？

1. 若者の雇用不安を知る ………………………………… 22
   若者の雇用不安と就活（22）　若者の雇用不安・就職難に

関する2つの事例（22）　大学生の「就活問題」の概要（25）　若者の雇用・労働の現状（26）　若者支援対策の現状（28）

2　雇用不安を考える …………………………………… 30
日本型雇用のゆらぎと変容（30）　脱工業化による働き方と暮らし方の変化（32）　「新しい社会的リスク」の発生と社会的な排除／包摂（33）

3　雇用不安に挑む …………………………………… 35
「個人としてできること」の罠（35）　「市民であること」とは（36）

CHAPTER 2　育児不安　41
子育てはなぜ「政治」なのか？

1　育児不安を知る …………………………………… 42
現代社会と育児不安（42）　育児不安の事例（43）　現代日本社会における子育て世帯の現状（46）

2　育児不安を考える …………………………………… 48
少子化対策と子育て支援の展開（48）　錯綜する少子化・子育て支援対策と「公私」の境界線（50）　脱政治化される必要解釈（52）　せめぎあう必要言説（53）

3　育児不安に挑む …………………………………… 55
「自分のことは自分でなんとかするしかない」のか（55）　個人化された挑み方を超えて（57）

CHAPTER 3　老後の不安　61
どのような「共助」を創造するか？

1　老後不安を知る …………………………………… 62
老後不安と「人生設計」の時代（62）　老後不安の事例

（63） 老後不安の背景としての「超高齢化」（66）

2 老後不安を考える ………………………………… 68
老後保障システム（高齢社会対策）の形成（68） 老後保障システムの概要——高齢社会対策大綱より（69） 自助・共助・公助のバランス（71） 共助の3層モデル（73）

3 老後不安に挑む ………………………………… 75
地域包括ケアシステム構想と諸主体の役割（75） 「第二世代の共助」としての地域包括ケアシステム（78） 老いる世界とともに挑む（80）

第2部 「不利」と社会福祉

教育の不利 85
平等な社会に貢献する教育とは？

1 教育の不利を知る ▶「なぜ貧困は連鎖するの？」………… 86
ワーキングプアの生活状況から（86） 「子どもの貧困」の実態（87） 児童養護施設の児童と退所後の生活（88） 生活保護受給世帯の子どもたち（90） 特別支援教育の現状（91）

2 教育の不利を考える ………………………………… 92
なぜ教育の不利が生まれるのか（92） 機会の平等という言説（94） 希望のもてない教育システム（94） フォーマル教育，ノンフォーマル教育，インフォーマル教育（96） 文化資本と人格的交流（98）

3 教育の不利に挑む ………………………………… 99
政府による対策（99） 子どもの貧困対策法と大綱（100） スクールソーシャルワーカーの配置（101） 学習支援と反貧困学習（102）

CHAPTER 5 健康の不利 　　　　　　　　　　　105
病人は「落伍者」か？

1 健康の不利を知る …………………………………… 106
病気という不利は誰にでも突然訪れる（106）　日本人の健康と日本の医療制度（108）　国民健康保険制度と保険未納者（110）　健康格差（112）

2 健康の不利を考える ………………………………… 114
「病気」とは何か（114）　病人役割，スティグマ，健康至上主義（115）　「健康」の定義（117）　医療の世紀の終焉（118）

3 健康の不利に挑む …………………………………… 120
自己（患者）負担軽減制度（120）　健康づくり（122）　患者の力（123）

CHAPTER 6 参加の不利 　　　　　　　　　　　127
多様な生き方を認め合う社会はどのようにつくれるのか？

1 参加の不利を知る ▶︎「なぜ孤立死が存在するの？」……… 128
「孤立死」の現場から（128）　戦後の包摂型社会（129）　福祉課題の多様化（131）　孤立死（133）　自殺（135）　外国人（136）

2 参加の不利を考える ………………………………… 138
「主流社会」の形成とゆらぎ（138）　つながりの新たなかたち（139）　待遇的正義（141）　参加の不利とは（142）

3 参加の不利に挑む …………………………………… 144
包摂政策（144）　個性と支援（145）　終活と縁（146）

第3部 「不信」と社会福祉

CHAPTER 7 市場経済への不信 　151
貧困や格差を生まない社会は可能か?

1. **市場経済への不信を知る** ▶貧困，格差，搾取 …………… 152
   貧困のスパイラル（152）　豊かさと「資本」の蓄積（155）　格差拡大と「富」の偏在（156）　ブラック企業による搾取（157）

2. **市場経済への不信を考える** ………………………… 158
   ▶市場経済と福祉国家の歴史的展開
   市場経済の危うさ――「人間社会」の崩壊（158）　市場経済のゆがみを是正する福祉国家の形成（160）　福祉国家への不信，市場経済への信頼（162）　市場経済とどうつきあうか――ネオリベラリズムを受けて（163）　人間社会を維持するために（165）

3. **市場経済への不信に挑む** ………………………… 166
   市場を補う制度的工夫（166）　不信の矛先を変える（168）　消費社会から「降りる」（170）

   Column ❶　「贈与」がもたらす信頼社会　174

CHAPTER 8 権力への不信 　175
政府・専門職にまかせておけばよいのか?

1. **権力への不信を知る** ………………………………… 176
   ▶政府・専門職をどれだけ信用しているか
   福祉事務所は助けてくれない（176）　どうせ年金はもらえない――社会保障に期待しない日本人（178）　政府の信頼度の低さは世界一（180）

2　権力への不信を考える ……………………………………… 183
　　　▶社会福祉における「権力」の議論から
　　　「措置制度」が生みだす不信（183）　不信の背後にある「パターナリズム」（184）　福祉国家という権力（186）　「当事者のため」の優生政策（187）　個人化のなかで維持される権力（188）

　3　権力への不信に挑む　▶デモクラシーによる信頼づくり …… 189
　　　信頼形成におけるデモクラシーの意義（189）　社会や政治の質を高める（191）　当事者によるケアの実践，普遍主義的な社会保障（193）

　Column ❷　「ベーシック・インカム」と権力　198

CHAPTER 9　他者への不信　199
　　　　　　なぜ見知らぬ他者とともに生きる必要があるのか？

　1　他者への不信を知る　▶安心でも信頼でもない社会 ………… 200
　　　「縁側」というスペース（200）　他者を信頼しない私たち（201）　銃を手放せないアメリカ人（202）　「体感治安」と犯罪統計（204）　福祉の当事者への不信（205）　生活保護受給者への非難（207）

　2　他者への不信を考える　▶消費，監視，排除と包摂 ………… 208
　　　消費される「不信」（208）　他者を排除する社会（210）　監視社会（212）　包摂を求める社会（213）

　3　他者への不信に挑む ……………………………………………… 215
　　　信頼にもとづくソーシャルワーク（215）　他者に対して責任をもつ（217）　リベラリズム・功利主義に抗する倫理（218）

終　章　社会福祉学の魅力を考える　223

　1　社会福祉学の実像 ……………………………………………… 223

2 社会福祉学の魅力とは ………………………………… 228

社会福祉学の魅力:その1(**231**) 社会福祉学の魅力:その2(**232**) 社会福祉学の魅力:その3(**232**) 文献ガイド(**233**)

事項索引 ──────────────────────── 235
人名索引 ──────────────────────── 241

インフォメーション

- **各章のツール** 各章には,KEYWORDS,QUESTION,CASE,POINT が収録されており,適宜 Column が挿入されています。
  - *本文中の重要な語句を太字(ゴシック体)にし,章の冒頭には KEYWORDS 一覧にして示しています。
  - *学びのスイッチを入れるツールとして,「考えてみよう」と読者へ問いかける QUESTION を設けています。
  - *実際の事件などをもとにして,いま起きている問題について考えるきっかけとなるような CASE(事例)を掲載しています。
  - *章末には,各章の要点をわかりやすく簡潔にまとめた POINT が用意されています。
  - *本文の内容に関連したテーマを,読み切り形式で Column として適宜解説しています。
- **文 献** 本文中の引用文献は(著者名 出版年:ページ数)として示し,章末に詳細な文献情報を載せています。
- **索 引** 巻末に,索引を精選して用意しました。より効果的な学習に役立ててください。
- **ウェブサポートページ** 本書を利用した学習をサポートする資料を提供していきます。
  http://www.yuhikaku.co.jp/static/studia_ws/index.html

本書のコピー, スキャン, デジタル化等の無断複製は著作権法上での例外を除き禁じられています。本書を代行業者等の第三者に依頼してスキャンやデジタル化することは, たとえ個人や家庭内での利用でも著作権法違反です。

CHAPTER

序　章

社会福祉学への招待

1　社会福祉とは何か

　本書は「問い」を重視した社会福祉学の入門書です。この序章では基本的な事柄の説明からはじめて，本書全体のねらいとコンセプト（着眼点）について解説します。これから学んでいく社会福祉学は，いうまでもなく「社会福祉」を研究対象とする学問ですが，ではこの社会福祉とはいったい何なのでしょうか。

　社会福祉という言葉は，種々の理念（目標・目的）を追求・実現するためのしくみや取り組み（方法・手段）を意味しています。社会福祉として追求される理念は，すべての市民に「よい状態」（たとえば個々人の幸福追求や生活の安心・安全・安定）を保障すること，といったかたちで広く理解されることもあれば，さまざまな不利を被っている特定の市民の生存（権）を保障すること，といったかたちで限定的に理解されることもあります。

　こうした理念を追求・実現するためのしくみや取り組みには，大小さまざまなレベルの違いが見いだされます。その総体は「福祉国家」と呼ばれています。

福祉国家とは，すべての市民に生存権をはじめとする社会的な権利を保障する責任を引き受けた国家のことをいいます。そのもとで政府が社会福祉に関して策定する指針・方針は「福祉政策」や「社会政策」と呼ばれます。そして，この福祉政策を実施・運営していくうえでのルールのことを「福祉制度」といいます。福祉制度には，雇用保障制度（労働保険制度をはじめとする各種労働法制），所得保障制度（年金制度や扶助制度），医療保障制度（公衆衛生・保健制度や医療保険制度）などがあります。日本では福祉制度の体系を「社会保障」と呼ぶのが一般的です。

　こうした多種多様な福祉制度のなかには，社会的な権利を保障するうえで特別な配慮や対応が必要な市民を支援するための一群の制度があり，これらは日本では「社会福祉サービス」や「社会福祉事業」などと呼ばれています。そして，社会福祉サービスを市民が利用することを支援するための専門的な活動を「福祉実践」といいますが，その呼び方も統一されておらず，ほかにも「社会福祉援助実践」「ソーシャルワーク」といった呼び方があります。この社会福祉サービスは社会福祉にとって非常に重要な制度群ですが，本書では，それだけが社会福祉のしくみと取り組みのすべてではないと理解しています（こうした本書の理解についてみなさんはどう考えるでしょうか）。

　このように，社会福祉という言葉の意味はかなり込み入っていますが，本書では社会福祉を「脆弱な市民を支援するためのしくみと取り組み」と簡潔に定義することにします。この「脆弱な状態」あるいは「脆弱性」(vulnerability)という性質をどうとらえるかが，社会福祉の理解にとって鍵になる，と本書では考えています。ただし，この定義には誤解を招きやすいところがあります。なぜなら，「脆弱な市民」という言い方は，いわゆる「弱者」と混同されやすいからです。またその延長で，社会福祉とは強者による「お恵み」や「施し」として保護や救済を行うことだ，といったイメージを抱かせるおそれもあります。もちろん本書では，そうした非民主的な社会福祉の理解（温情的な弱者救済）を強調するつもりはありません。この「脆弱性」については，本書のねらいとからめて，のちほど詳しく解説します。

社会福祉学に関する本書の認識と考え方

　この社会福祉の学びを形づくってきた社会福祉学は、ソーシャルワーカーの養成や資質向上に貢献するという役目を一手に引き受けてきました。そうしたこともあり、社会福祉学は「ソーシャルワーカーのための学問である」という印象を抱かせがちです。また社会福祉学における「ものの見方」も、施策を実施したり援助を提供したりする側の視点を色濃く反映する傾向が見られます。

　しかし本書では、そうした「する側」の視点よりも、「市民」の視点に力点を置いて議論や説明を行っていきます。それは決して、援助される側（利用者）の視点に立つということではありません。本書では市民の視点を、「する側／される側」という区別・断絶そして非対称性を超えた共通の視点として位置づけています。これは、社会福祉の従事者も利用者も、ともに権利・義務・責任そして脆弱性を共有する市民であり、社会福祉学はそうした市民のための学問である、という認識をふまえています。さらに踏み込んでいえば、市民のための学問であろうとするなら、社会福祉学は、知によって市民を力づける（エンパワーする）という役割をこれまで以上に重視しなければならない、と本書では考えています。なお本書で「市民」という場合、次の定義に共感しつつも、受動的な人々を含めて広くとらえていきます。「社会のメンバーとして、社会に必要、または望ましい、または善きことと思われることを自律的に行う志向性をもつ人々。自治に参加する志向性をもつ人々。社会的に排除されていて、自らの存在それ自体で生存と共生の方への呼びかけを行い、政治の責任と判断力の次元を開示する人々をも含む」（大澤・吉見・鷲田編 2012：「市民」）。

　こんにちでは社会福祉学を学ぶうえで秀逸なテキストが多数出版されています（終章の「文献ガイド」を参照）。本書は先行するテキストを参考にしつつも、それらとはまた違ったコンセプトで読者のみなさんを社会福祉学へと誘っていきます。ともあれ、まずは社会福祉学についての一般的な理解を確認しておく必要があるでしょう。

3 社会福祉学の特質と全体像

3つの専門事典から

　通常，制度化を遂げた学問分野では，自らの成果や蓄積を内外に向けて発信するために，専門の事典（あるいは辞典や用語集）が編まれます。ある学問分野の特質や全体像をとらえるには，各種の専門テキストとあわせて，そうした事典をひもとくことが有益です。

　社会福祉学における最新の事典に，日本社会福祉学会事典編集委員会編『社会福祉学事典』（2014年）があります。同じく21世紀になってから編まれたものに，仲村・一番ヶ瀬・右田監修『エンサイクロペディア社会福祉学』（2007年）という大型事典があります。これらには，社会福祉学のスタンダードな知識体系や主題が網羅されています。

　他方で，戦後社会福祉学の立役者たちによって編まれた事典に，仲村ほか編『改訂新版・現代社会福祉事典』（1988年，初版は1982年）があります。この事典が示している学問体系は，上記2つの事典へと連なる「原点」と位置づけることができるように思われます。各事典の構成は，本書終章の**表終.2**から**表終.4**にまとめました。これらの表からは，社会福祉学がどういう学問なのかを，大づかみに把握することができるでしょう。社会福祉学に関するもう少し詳しい説明は終章をご覧ください。

　編集方針や時代状況の違いに目をつむり，新旧の事典の組み立てや項目を単純素朴に見比べてみてください。3つの表を一瞥すれば，社会福祉学が時代とともに変化する学問であることがわかります。この四半世紀の間に，社会福祉学の研究分野や研究テーマ，ならびにその分析対象である社会福祉のしくみや取り組みが拡充と多様化を遂げてきたことに気がつくことでしょう。なかでも「地域福祉」の位置づけの変化は象徴的です。現在では社会福祉（学）の主要分野として定着をみている地域福祉が，『現代社会福祉事典』では「社会福祉の現代的課題」の1つとされていたことからは，当該分野の急成長ぶりがうか

がえます（そのほかにどのようなことに気づいたでしょうか）。

岡村による社会福祉のとらえ方

　ところで，この『現代社会福祉事典』には，社会福祉の定義に関する古典的な解説が掲載されています。それは岡村重夫という戦後社会福祉学の大家によるものです。この解説からは，いまでも多くのことが学べます。骨子は次の3点にまとめられます。

(1) 日本国憲法には社会保障や公衆衛生とならんで社会福祉が記されているが，その意味内容は示されていない。

(2) 社会福祉の意味内容をめぐる諸説は，①「社会保障の一部」とする見解，②「生活関連の公共施策を総括した概念」であるとする見解，③「これらの施策を国民（個人）が利用し，改善して自分の生活問題を自主的に解決するのを援助すること」であるとする見解に分類できる。

(3) このうち，①による定義は限定的・排除的でありすぎるし，②による定義は一般的・包括的でありすぎるのに対して，③による定義には社会福祉の固有性が認められる。

　以上の解説には，岡村の基本発想が反映されています。その社会福祉理論の特徴は，生活の主体である市民の側から社会福祉をとらえようとしている点にあります。以下，岡村による社会福祉のとらえ方（社会福祉学の見方）のエッセンスを紹介します（岡村 1983）。

　岡村はまず，私たちの社会生活とは，個々の市民が各種の社会制度（医療，教育，雇用など）を通じて基本的な必要（岡村の用語では「社会生活の基本的要求」）を充たしていく営みであることを確認します。しかし，専門分化した社会制度は自らの役割遂行に徹するので，必要充足や支援の狭間が生じてしまい，その結果，個々人が自らの生活に必要なもの・ことを充たせなくなる場合がもたらされる，とされます。そして，そうした場合に社会制度と個人の両方に働きかけて，個々人の自律的・主体的な生活を支援していくことこそが，社会福祉ならではの役割である，という解釈が示されます。

　社会制度の専門分化が，必要充足や支援の狭間を生みだしていくことは避けられません。それゆえ岡村は，社会制度の狭間をつくろいながら，全体性を

もった個々人の社会生活を支えようとする点に，社会福祉の「固有性」を見いだしたといえます（猪飼 2015：29）。そうした狭間はこの先も存在し続けるでしょうし，時代ごとにその「空き方」も，またその「埋め方」も変わってくるはずです。それぞれの時代にどのような狭間がもたらされるかは（そして狭間を埋めようとする社会福祉がいかなる形態をとるかも含めて），時代状況を背景に，社会生活にどのような「脆弱性」があらわれてくるかに依拠すると考えられます。そのように考えれば，岡村の基本発想はこんにちでも有効であるといえるでしょう。次節以降では，この点を掘り下げて解説しながら，本書全体のねらいを伝えたいと思います。

4 脆弱性と社会福祉

脆弱性とは何か

　繰り返しになりますが，本章では社会福祉に「脆弱な市民を支援するためのしくみと取り組み」という定義を与えました。その際に，脆弱性のとらえ方が，社会福祉の理解を左右するという考えを示しました。本節ではこの脆弱性について解説します。本節以降の節からは，本書がいかなるコンセプトのもとで，みなさんを社会福祉学へと誘おうとしているのかがはっきりするはずです。

　あらためて確認すれば，この脆弱性とは，私たちの「生」（life：生活，生命，生存，人生）の「弱さ」「脆さ」「危うさ」「傷つきやすさ」を表す概念です。現代社会では，働き方や暮らし方が多様化と不安定化の度合いを増しています。そうしたなかで私たちは，「十全な市民であること」（full citizenship）が妨げられやすくなっています。脆弱性は，そうした現代的な生のありようをとらえるための概念の1つとして定着をみています。この「十全な市民であること」については，さまざまな理解や解釈がありえますが，ここでは「個々人が社会的・関係的な存在として自律的な生を営む諸条件が整っていること」と規定しておきたいと思います（あなたは「十全な市民である」とはどういうことだと考えるでしょうか）。

上述した『エンサイクロペディア社会福祉学』の総論で古川孝順は，現代における生活問題の拡大と変容を包括的に分析するための視点として「社会的バルネラビリティ」という概念を導入し，これを「現代社会に特徴的な社会・経済・政治・文化のありようにかかわって，人々の生存（心身の安全や安心），健康，生活（のよさや質），尊厳，つながり，シティズンシップ，環境（のよさや質）が脅かされ，あるいはそのおそれのあるような状態にあること」と網羅的に規定しています。そして古川は，こうした脆弱な状態にある人々が，近代市民社会が前提とする「自律的で自足的な完全行為者」には当てはまらない存在であるという点を強調しています。しかし古川は，そうした近代市民社会の前提（自律的な強い個人）そのものが虚構であるとまでは（ほのめかしてはいるけれど）断じていません。

　これに対して，道徳哲学，倫理学，政治哲学，社会学，フェミニズム理論などにおいては，脆弱性が，そうした「完全行為者」という近代市民社会における支配的な主体観（「強い自律的個人」「理性的存在」「対等に貢献しあえる市民」など）の虚構性を根底から暴いていくうえでの論拠とされ，これまで活発な議論や分析がなされてきました（日本語で読める先端的議論としては岡野 2012）。

現代社会と脆弱性

　以上からは脆弱性が，現代社会で営まれる私たちの「生」をとらえ，考えるうえで，根本的な概念であることがわかったと思います。もちろん，こうした学問的な議論を参照するまでもなく，日々伝えられる犯罪や事故のニュースを見聞きすれば，私たちの誰もが脆弱な存在であることを自覚せざるをえないはずです。

　私たちの生は，地震・噴火・風水害のような自然の猛威や，失業・貧困・搾取のような経済的な脅威を前にして，その脆弱さをあらわにします。また，暴力・いじめ・ハラスメントのような脅威が，人間関係における非対称な力関係を通じてもたらされます。いうまでもなく，そうした脅威にさらされやすい人もいれば，そうでない人もいます。状況にもよりますが，成人よりも子どもや高齢者が，健常者よりも障害者が，高学歴の人よりも低学歴の人が，富裕層よりも貧困層が，先進国の住人よりも途上国の住人が，種々の脅威にさらされや

CHART 表序.1　マッケンジーらによる脆弱性の分類

内在的脆弱性 inherent	種々の必要や欲求を充たさねばならないという，肉体をもつ人間が避けられない性質から生じる脆弱性。多かれ少なかれ，誰か・何かにそして相互に依存することなくしては生きられない，社会的・関係的な動物としての人間に本来的に備わっている。
状況的脆弱性 situational	個人や集団を取り巻く環境（法・政治・経済・社会・文化等の構造）が源泉となって生じたり強められたりする脆弱性。状況的脆弱性はあくまで社会の産物であって，決して不可避のものではない（修正・改善できる）。
病原的脆弱性 pathogenic	深刻な脆弱性の原因となるような脆弱性。状況的脆弱性の下位分類。道徳的に問題のある関係（例：過度に相手を依存させる関係，偏見のせいで自尊心や自信を喪失させる関係など）が当人の力を奪ってしまう場合や，ある脆弱性を是正しようとした社会制度が逆にそれを強化・悪化させてしまうような場合に発生する。

（出所）　Mackenzie et al. eds. 2014: 7-13, ch.1 の記述をもとに作成。

すいといえます。

　これまで人類は，こうした脅威やリスクから自分たちの身を守るために，各種の技術（科学技術，土木技術，保険技術など）や制度（法，市場，国家，家族など）を発達させてきました。しかし，高度に発達した技術や制度それじたいが，私たちの暮らしに深刻な脅威をもたらすこともあります。たとえば，原発事故，航空機事故，金融危機，各種の都市災害といった大規模なものから，医療事故や院内感染，冤罪，個人情報の漏洩といった個別的で散発的なものまで，高度化した技術や制度がもたらす脅威やリスクは枚挙に暇がありません。技術や制度が高度化することでそれじたいが脆弱性を強め，それらがもともと対処するはずであった脅威と複雑にからまりあうことで，人災と天災が一体化しながら，私たちの生を脆弱なものにしているといえます。また，発達した科学技術は，戦争やテロ，そして犯罪が私たちの生にもたらすダメージを，いっそう甚大なものにしています。

　以上からは，私たちの誰もが種々の脅威にさらされた脆弱な存在であることが確認できたはずです。脆弱性に関するここまでの説明を整理するために，C. マッケンジーらによる分類を紹介します。その概略は**表序.1** のようになります。

　マッケンジーらのいう内在的脆弱性は，誰もが脆弱な存在だ，人はみな弱い，などといわれる場合の脆弱性のことを指しています。この内在的脆弱性は，人

間存在の本質であるとされます。この脆弱性の概念は，市民の幸福追求といった普遍的な理念を社会福祉が追求することを正当化するうえで，有力な理由や根拠になるといえるでしょう。他方で，種々の脅威にさらされやすい人々とそうでない人々がいるという現実や，古川のいう「社会的バルネラビリティ」は，マッケンジーらのいう状況的脆弱性の概念によって説明できるはずです。

　さらに，これまで社会福祉が取り組んできた「支援の狭間」という課題は，マッケンジーらのいう病原的脆弱性（端的にいえば，歪んだ社会関係や間違った社会的対応が生みだしてしまう脆弱性）と密接に関わっているといえます。というのも，上述したように，社会制度の狭間に置かれた状態というのは，種々の脆弱性に対処するためにつくられた各種の社会制度が，その専門分化ゆえに，生活の全体性や自律性を脅かすことで人々を脆弱化させていく現象であるからです。と同時に，社会福祉のしくみや取り組みそれじたいも，「ホスピタリズム」（病院や福祉施設での生活が与える負の影響），「受け皿なき脱施設化」，「専門家支配」，「施設内虐待」，「無年金・低年金・無保険」，「生活保護の漏給」（保護が必要な人が救済から漏れること）といった病原的脆弱性をもたらしてきたことを忘れてはならないでしょう。

　6で詳しく述べますが，本書では社会福祉学への導入を図っていくための切り口として「不安・不利・不信」を選びました。その理由は，これらが現代社会における脆弱性のあらわれ方を特徴的に示していると考えられるためです。もちろん他にも私たちの生を脆弱化させている重大な「不」として「不平等」「不正義」「不確実性」などを挙げることができますが，本書ではそれらを見据えつつ不安・不利・不信に的を絞っていきます。

　その前に，社会福祉学の主要な関心事であるにもかかわらず，本書では章を設けて取り扱っていない「ソーシャルワーク」について，上述の「脆弱性」とからめて解説しておきます。

5 ソーシャルワークと脆弱性

ソーシャルワークとは何か

　繰り返しになりますが，本書のコンセプトは，社会福祉学を学んでいくうえで，「する側／される側」の断絶を超えるために「市民」という視点を重視する，というものです。ソーシャルワークは「する側」に特化した活動であるように見えます。しかしながら，ソーシャルワークの実践や研究における現代的な潮流のもとでは，「する側／される側」の断絶や非対称な関係が十分に意識されています（非対称な援助関係の本質については稲沢 2002 を参照）。ですから，ソーシャルワークの今日的な考え方と本書のコンセプトの間には，それほど大きな隔たりはないともいえるでしょう。

　では，そもそもソーシャルワークとはいったい何なのでしょうか。日本では，多種多様な資格・職種・役割等が複雑に入り乱れるなかで，ソーシャルワークがさまざまな場で展開されています。福祉施設，行政機関，学校，病院，企業，NPOなど，ソーシャルワーカーが活躍する場は実に多様です。ソーシャルワークは，そうした多様な場で展開される専門的な対人援助の方法や考え方を指し示しています。

　2014年に国際ソーシャルワーカー連盟（IFSW）と国際ソーシャルワーク学校連盟（IASSW）によって「ソーシャルワーク（専門職）のグローバル定義」が示されました。

ソーシャルワーク（専門職）のグローバル定義
　「ソーシャルワークは，社会変革と社会開発，社会的結束，および人々のエンパワメントと解放を促進する，実践に基づいた専門職であり学問である。社会正義，人権，集団的責任，および多様性尊重の諸原理は，ソーシャルワークの中核をなす。ソーシャルワークの理論，社会科学，人文学，および地域・民族固有の知を基盤として，ソーシャルワークは，生活課題に取り組みウェル

> ビーイングを高めるよう，人々やさまざまな構造に働きかける。
>   この定義は，各国および世界の各地域で展開してもよい。」（日本社会福祉教育学校連盟・日本福祉専門職団体協議会国際委員会訳）

　これは各国の事情や最新の知見をふまえて周到に練り上げられた定義ですが，これだけではソーシャルワークの理解が深まらないでしょう。そこで，ここでは平岡ほか（2011）所収の杉野昭博によるソーシャルワーク論を紹介することにします。その議論は，非常に平易な語り口でソーシャルワークの本質を伝えています。

「生きづらさ」をめぐる援助としてのソーシャルワーク

　杉野はソーシャルワークを，「『生きづらさ』を抱える個人やその家族を対象にして，その『生きづらさ』の原因となっている『個人と社会との不調和』あるいは『社会関係の困難』を調整することによって援助を行う活動」と定義しています（平岡ほか 2011：26）。この定義は，3で説明した岡村の理論と共鳴していることに気づいたでしょうか。

　さて，杉野によれば，ソーシャルワークの対象は，家族や友人によって提供される「空気のような」「あたりまえの援助」が受けられない人であるとされます。そして援助のための方法は，「生きづらさ」の原因を調整することによる「つながりの回復」とされます。また，「生きづらさ」の原因である「個人と社会との不調和」「社会関係の困難」は，「つながりの喪失」（より学術的にいえば「社会的排除」）としてとらえられるとしています。

　ソーシャルワーカーによって提供される「あたりまえの援助」は，通常ならば家族や友人が提供してくれます。ですから，ソーシャルワークに専門的な知識や技能などは不要ではないか，という疑問が生じるのはもっともです。この疑問に対して杉野は，次のような「困難」を理由に，ソーシャルワークには専門性が必要であると応答しています。その困難とは，①援助対象が親密な相手ではなく「見ず知らずの人間」であること，②その「見ず知らずの人間」が「（あたりまえの）つながり」をもたない例外的な存在（社会的な少数派）であること，③「つながり」をもたない人に「つながり」を回復・創出してもらうこ

と，④あらためて回復・創出すべき「つながり」が本来は「意識しないでも，いつの間にか身につけているもの」であること，の 4 つに整理できます（同前：30）。どれも素人ではとうてい太刀打ちできそうにない事柄であって，専門性が必要であることは明白です。

さらに杉野は，対象が社会的な「少数派」であるがゆえに，ソーシャルワークの方法や理論にとって「共感的理解」が最重要視されてきたと指摘しています。この共感的理解を可能にするのが「共感力」すなわち「少数派や例外的状況に対する配慮と想像力」であるとされます。そして「多数派の標準とは異なるケースを想像できる力」ならびに「彼らの置かれている状況を理解して，それを多数派社会に説明できる力」である「社会福祉学的想像力」を育てることこそ，社会福祉学の研究教育の本質だとしています（同前：31-32）。

たしかに，そうした想像力の陶冶は欠かせないでしょう。しかしながら「少数派」の人々もまた多様であって，十把一絡げにはできません。それゆえ杉野は，「個別化の原則」として，少数派の人々の「個別性」や「変化」に配慮することも欠かせないとしています。杉野によれば，個別化の原則が重視されるのは，ソーシャルワークの目標は，「つながりの回復」そのものではなく，それを通じた「利用者の主体性と人格の発達」そして「1 人ひとりが有意義な人生（ウェルビーイング well-being）を築いていく」ことにあるからだといいます（同前：32-33）。「つながり」や「きずな」の大切さが無反省に垂れ流されているなかで，その先にある福祉的理念（本書なりに言い換えれば，自律的かつ関係的な主体としての「市民」による自由な生の追求）の軽視をえぐりだす杉野の指摘は，私たちをはっとさせるのに十分といえます。

ソーシャルワークと脆弱性

杉野によるソーシャルワーク論の概要は以上のようになります。杉野はソーシャルワークにとっての「共感的理解」と「個別化の原則」の意義を強調しています。ここから，次のような解釈が引き出せるように思われます。それは，ソーシャルワークはその対象である社会的な「少数派」の人々を，あくまで「他者」として扱いつつも，その「他者」に寄り添っていこうとする営みである，という解釈です。この解釈について説明します。

「他者」とは，非常に誤解を招きやすい概念ですが，ここでは，自分とは違った価値観や世界観をもっている存在（またはそうした存在が体現する異質な価値観や世界観），自分の思いどおりにならない（またそのようにしてはならない）存在，といった意味で用いています。「個別化の原則」とは，この他者の尊重と同義といえます。ただし，他者を「共感」抜きで扱ってしまうと，操作や制御の客体として「対象化」（オブジェクト化＝モノ化）することで，非常にネガティブな「他者化」をもたらすおそれがあります。

　このようにソーシャルワークとは，他者に対して解放的にも抑圧的にもなりうる，非常に危うい営みであることがわかるはずです。そうした危うさゆえに，「共感的理解」とその基礎となる「社会福祉学的想像力」の意義が強調されているのですが，これらをいっそう盤石なものにしていくうえで，上述した「脆弱性」に関する認識と理解が大きな役目を果たしていくと，本書では考えています。

　金子郁容は名著『ボランティア』のなかで，「脆弱性」をキーワードにしてボランティアの意義と魅力を論じています（金子 1992）。乱暴な整理になりますが，金子の議論の要点は，あえて自らを「バルネラブル」（脆弱な状態）にすることで，意外なつながりが贈与される，というものです。しかしながら，あえて脆弱な状態に身を置かなくても，私たちはどうしようもなく脆弱な存在であることはすでに述べたとおりです。金子の議論は，脆弱性をなんとか飼い慣らすために張られてきた「バリアー」のようなものを取り払って，自らの脆弱性を自覚するための意識的な方法を示しているともいえます。

　このように脆弱性は，私たち（自己）と「他者」とをつないでいる結び目であるともいえます。次章からの議論を通して，読者は，自分たちの生がはらむ脆弱性の中身とその背景について理解を深めていくにつれて，種々の「問題」が自分とは切り離せないこと（金子の言葉では「相互依存性のタペストリー」の一部として自分自身が存在しているという事実）に思い至るはずです。本書は，ソーシャルワーカーも少数派の人々も，また多数派の人々も，実は同じ「問題」に直面しているのだ，という観点から書かれています。このような意味で，自他の結び目としての脆弱性に関する認識と理解は，本書を読み進めるうえでも，また「社会福祉学的想像力」をいっそう盤石なものにするうえでも，非常に重

大な役割を果たしていくと考えられます。

本書のねらい

　本書のねらいは，現代社会に蔓延する「不安・不利・不信」に正面から向き合うことを通して，読者のみなさんを社会福祉学へと誘っていくことにあります。序章と終章をのぞくどの章も，「知る」「考える」「挑む」という共通フォーマットでまとめられています。もちろん，ひとくちに不安・不利・不信といっても，その対象や種類はさまざまです。本書では，不安については「雇用」「育児」「老後」への不安を，不利については「教育」「健康」「参加」の不利を，不信については「市場経済」「権力」「他者」への不信を取り上げています。以下，脆弱性と関わらせながら，3つの「不」について解説していきます。

▎不安と脆弱性 ▎

　現代日本社会では，多くの人々が種々の事柄に不安を抱いています。不安という感情は，その原因や対象があいまいである点で「恐怖」とは異なります。この不安（想像上の脅威）の蔓延は，私たちが実際に脆弱になったということよりもむしろ，暮らしを脆弱化させうる要因（リスク）がたくさんあるということを多くの人々が知識として知っている，ということの結果であるといえます。高度情報社会に住む私たちは，暮らしを脅かすリスクについて多くのことを知らされます。たとえば，年金・医療・介護をはじめとする社会保障制度が財源不足に陥っているようだ，大学生の就職難が激しさを増しているようだ，といった知識は現代人の「常識」となっています。

　そうした時代状況にあっては，不安にとらわれた状態それじたいが，私たちの暮らしを脆弱化させる要因となりえます。たとえば，不安であるがゆえになされた行動が，予期せぬかたちで個々人に脆弱性を生じさせたり強めたりすることがあります。治安への不安から監視カメラを設置すれば，今度は監視カメラがきちんと作動するかどうかが不安の種になるわけです。こうした「不安が不安を生む」ような負のスパイラルに，現代に特徴的な脆弱性のあらわれ方を

認めることができます。実際に，リスクを避けたり自らの福祉を追求したりしようとする人々の「個人化」した行動が，コストを押し上げていくという光景は日常茶飯事になりつつあります。本書の第 **1** 章から第 **3** 章では「雇用」「育児」「老後」をめぐる不安を扱いますが，そこでは，これらの不安への個人化した対応（就活・保活・終活）がかえってコストや負担感を増大させている現状を分析しています。

不利と脆弱性

また現代社会では，進学・就職・結婚などの人生における重大な選択について，さまざまな不利を被っている人々の存在がクローズアップされています。不利を被りやすい人々としては，各種の「障害」を被っている人々を筆頭に，貧困・低所得世帯の子ども，日本国内に居住する外国籍の人々とその子弟，LGBT と呼ばれる性的少数派の人々などが挙げられます。それぞれが被る不利は複合的であり多種多様です。しかしながら，その共通点は，何らかの目的を追求するうえで，大多数の人々がもっている目的追求のための諸条件（能力・資源・機会・環境など）を，部分的あるいは全面的に欠いている状態にある，という点に見いだせるはずです。いいかえれば，現代社会では，脆弱性のあらわれ方が，目的追求にとって「あたりまえ」とされる諸条件の不足や欠如という形態をとるようになった，ということです。その背後には，構造化された経済的・社会的・文化的な「不正義」や「不平等」が控えていることも明白でしょう。

ともあれ，何が不利とみなされるかは，追求される「目的」の中身しだいであることに注意しなければなりません。追求される目的が，趣味や私的関心事に属する事柄（たとえば「折り紙」が上手にできることで得られる快感や満足）であるならば，いくらその追求条件を欠いているとしても，決して「不利」とは呼ばれないはずです（またそれを有していても「有利」とは呼ばれないでしょう）。他方で，追求される目的が，生命や生活の維持・存続・向上を左右する重大な事柄であるならば，その追求条件を欠くことは，まさしく「不利」と呼ばれることになります。本書の第 **4** 章から第 **6** 章で扱う「教育」「健康」「参加」の不利は，そうした重大な条件を欠いた状況にほかなりません。

なお本書では，深刻な不利の代表格と目される「障害」をきちんと系統立てて取り上げていません。とりたてて「障害」という概念を介さなくても，「不利」について語ることで十分に「障害なるもの」の本質を語ることができる，と判断したことがその理由です。

不信と脆弱性

不信は不安とも密接に関わる感情です。政治不信や年金不信，原発のような巨大技術とその安全性への不信，建物の耐震偽装や食品偽装を行う業者とそれを見抜けない行政への不信，そしてブラックな企業経営がまかりとおる市場経済への不信など，私たちの暮らしはさまざまな不信で覆われています。そのことが引き起こす「何も信じられない」あるいは「何を信頼したらよいのかわからない」といった不確実な状態は，私たちをひどく不安で居心地の悪い気持ちにさせ，寄る辺なさや無力感をあらわにさせています。

こうした不信の蔓延は，不安への対処と同様に，リスク管理や幸福追求の「個人化」を促すことで，福祉国家に計り知れないダメージを与えています。もともと福祉国家は，市場の諸力がもたらす不確実性と脆弱化に対処し，「不信と疑念を呼び起こす『不平等な秩序』を信頼と団結を促す『平等の秩序』に置き換える」（バウマン 2011：31）ことをめざしてきました。そうすることで，人々に十全な「市民」の地位を約束することが，福祉国家の中心的な役割とされてきました。しかし，こんにちでは多くの人々が「市民」であるよりも「消費者」であることを望んでいます。あるいはそう望むように仕向けられています。もちろん消費者としても個々人は「自律的な生」を営むことは可能ですが，それは不確実性と脆弱性をもたらす根源である市場における競争の勝者にしか許されないということを忘れてはなりません。

本書の第7章から第9章では「市場経済」「権力」「他者」への不信を扱っていますが，どの章も消費者ではなく「市民」としての不信への挑み方を探っています。このスタンスは，不安と不利への挑戦においても貫かれています。本書では，これら3つの「不」に市民としてどうやって挑んでいくか，という問いを軸としながら，社会福祉学が「市民のための学問」であるとはどういうことかを示していきます。

引用文献

バウマン，Z. 著／伊藤茂訳，2011『コラテラル・ダメージ——グローバル時代の巻き添え被害』青土社

古川孝順編，2007『生活支援の社会福祉学』有斐閣

平岡公一・杉野昭博・所道彦・鎮目真人，2011『社会福祉学』有斐閣

猪飼周平，2015「『制度の狭間』から社会福祉学の焦点へ——岡村理論の再検討を突破口として」『社会福祉研究』122

稲沢公一，2002「援助者は『友人』たりうるのか——援助関係の非対称性」古川孝順・岩崎晋也・稲沢公一・児島亜紀子『援助するということ——社会福祉実践を支える価値規範を問う』有斐閣

金子郁容，1992『ボランティア——もうひとつの情報社会』岩波書店

Mackenzie, C., W. Rogers & S. Dodds eds., 2014, *Vulnerability: New Essays in Ethics and Feminist Philosophy*, Oxford University Press

仲村優一ほか編，1988『改訂新版・現代社会福祉事典』全国社会福祉協議会

仲村優一・一番ヶ瀬康子・右田紀久恵監修，2007『エンサイクロペディア社会福祉学』中央法規出版

日本社会福祉学会事典編集委員会編，2014『社会福祉学事典』丸善

岡村重夫，1983『社会福祉原論』全国社会福祉協議会

岡野八代，2012『フェミニズムの政治学——ケアの倫理をグローバル社会へ』みすず書房

大澤真幸・吉見俊哉・鷲田清一編，2012『現代社会学事典』弘文堂

第1部
「不安」と社会福祉

PART 1

CHAPTER 1 若者の雇用不安
2 育児不安
3 老後の不安
4
5
6
7
8
9

CHAPTER

第 1 章

若者の雇用不安

賃労働中心社会をどう見直すか？

KEYWORDS

若者世代の脆弱化　子ども・若者ビジョン　日本型雇用のゆらぎ　脱工業化　新しい社会的リスク　社会的排除　労働市場への包摂　認識論的誤謬　シティズンシップ　ケア　賃労働中心主義

QUESTION

　近年，多くの若者が就業・雇用に不安を抱いています。こうした状況は「日本型雇用のゆらぎ」という事態と関連づけてとらえることができます。では，日本型雇用のゆらぎがどのように若者の雇用不安を招いていったのでしょうか？ また雇用をめぐる一連の不安に，私たちはどのように挑んでいけばよいのでしょうか？

1 若者の雇用不安を知る

若者の雇用不安と就活

　近年，若者の雇用や就職をめぐる議論が活況を呈しています。書店の棚には，定番の就職指南書のたぐいとはまた別に，若者，特に大学生の雇用問題を論じた書籍が数多く並んでいます（たとえば乾 2010；児美川 2011；本田 2011；海老原 2012 など）。また，総合誌等の活字メディアにも，これまた定番の「人気企業ランキング」等の域を脱した論評記事が掲載され，各紙はこぞって若者の就職問題の特集を組むようになりました。

　教育学者の児美川孝一郎は，こうした「就職語り」が氾濫する状況を指して，「シューカツ論壇の成立」と表現しています（児美川編 2012：8）。児美川によれば，若者の就職問題は「戦後日本の社会システムそのものに食い込んだ問題」であるがゆえに，「シューカツ論壇」をにぎわす論考は，最初は若者の就活問題の異様な姿から出発したとしても，最終的には戦後日本のあり方を問う現代社会論的な論点にたどり着いているといいます（同前：11）。

　こうした事態からは，一連の問題が社会全体の関心事となっていることがうかがえます。現代日本社会では，雇用を中心とする「働くこと」のあり方をめぐって，これまでのしくみや考え方が通用しなくなるような変化が着々と進行しています。「シューカツ論壇」での議論が，問題の所在をつきとめようとして，現代社会論的な分析へと深まっていくことは，もっともなことだといえるでしょう。では，当の「就職問題」をめぐってどのような論点が提起されているのでしょうか。この点についてはのちほど詳しく解説します。以下，本章では「シューカツ」問題に象徴的にあらわれている若者の雇用問題に焦点をあて，雇用をめぐる諸々の不安にどうやって挑んでいくかを考えていきます。

若者の雇用不安・就職難に関する2つの事例

　一口に若者の雇用不安といっても，当人が置かれている状況によって内容や

程度はさまざまです。ここでは、一般的な大学生と不利を被る若者とを例にとり、それぞれが雇用をめぐってどのような不安を抱いているかを確認してみたいと思います。なお、選考の時期については近年見直しが行われていますが、**CASE-1** は 2010 年代初頭の就活を前提にしていることに注意してください。また **CASE-2** の作成にあたっては、不利を被る就労者に関する圧巻のケースレポートである連合総研（2010）と、その分析編である連合総研（2011）を参考にしました。

CASE-1　●大学生の就職難

　都内の私立大学に在籍する太田さくらさん（21 歳・女性）は、3 年次の夏に就活支援サイトに登録することから就活に着手しました。大学主催の就職ガイダンスに参加し基本的な説明を受けつつ、自分でも就活生向けの書籍を読み、自己分析や企業面接のノウハウ、履歴書・エントリーシートの書き方を学びました。出版業界を志望する太田さんは、大学のキャリアセンターで紹介してもらった OG・OB を訪問したり、企業サイトを閲覧したりしながら企業研究に励みました。資料請求した企業は 70 社あまり。学内の合同説明会は 4 回、学外の合同説明会には 5 回ほど参加しました。実際にエントリーした企業は 40 社でした。主要企業の会社説明会は 12 月に解禁となります。いくつかの企業の説明会にウェブで申し込みましたが、受付開始後あっという間に満席となりました。電話で問い合わせ、当日の空きがあった説明会に参加できたこともありました。最終的に太田さんが参加した企業の説明会・セミナーの数は 30 社にのぼりました。1 月から順次始まった筆記試験に合格し、4 月以降の選考面接に進めたのは 10 社でした。4 年生の 5 月時点で内々定をもらえたのは 1 社だけでした。あらためてその企業の評判をネットで調べると「ブラック企業」であるとの書き込みが複数見つかりました。疲弊した太田さんは、卒論の執筆もあり、就活の継続を断念しましたが、書き込みのせいで不安な気持ちに陥っています。たった 1 社しか自分を受け入れてくれなかった現実にも打ちのめされました。第一志望の企業を面接で落とされた理由や選考基準もわからず気が滅入るばかりです。自分は社会に必要とされていないのではないかとの不安もよぎります。

> **CASE−2** ●不利を被る若者の就職難
>
> 　足立義彦さん（24歳・男性）は高校卒業後，食品加工会社に正規社員として就職しました。引っ込み思案な性格が災いし，職場の先輩からの執拗ないじめや上司のパワハラにあい，2年目の半ばで退社を余儀なくされました。その後，ハローワークで職探しをしましたが，条件の合う仕事がなく，近所のコンビニでバイトをはじめました。足立さんはひとりっ子で実家は母子世帯ですが，母親とは昔からそりが合いませんでした。5歳のときに生き別れた父親は行方知れずとなっています。頼れる親戚もいません。フリーター生活をはじめて半年がたったとき，母親から「再婚するので出て行ってほしい」といわれ，住むところを失いました。バイトで知り合った先輩に相談すると，住み込みの寮のある運送会社を紹介してくれました。面接がうまくいき，非正規社員として就職することになりました。運転免許を取得していなかったため，倉庫での運搬や管理の仕事を任されました。職場の居心地は悪くありませんでしたが，23歳のとき，腰を痛めてしまい再び退職を余儀なくされました。退社と同時に住む場所を失い，現在はネットカフェを転々とする毎日です。節約のために公園で野宿することもあります。ハローワークでは，住所がないと仕事を紹介できないといわれました。貯金も底をつきはじめ，このままホームレスになるしかないのかと不安な日々を送っています。

　この2つの事例を読み，あなたはどう思ったでしょうか。太田さんもたいへんだけれど，足立さんの不安は雇用不安を通り越して「生存」そのものへの不安ではないか，と考えたかもしれません。また，この2つの事例を「若者の雇用問題」として同列の扱いをするのは乱暴ではないかと考えたかもしれません。しかし，この2つの事例は，生きるうえで欠かせない「資源としての雇用」を獲得するために孤軍奮闘している若者の姿を描いている，という点では共通しているはずです。過酷さを増す就活によって知的成長のための大切な機会を奪われている太田さんのような若者も，また，家庭環境や教育達成をはじめ幾重もの不利を被り不安定な生活を余儀なくされている足立さんのような若者も，ともに人生の入り口で不安な状況を強いられているという点では何ら違いはないでしょう。そのことを念頭に置きながら，大学生の就活事情に的を絞って，その実態を一歩引いたところから見つめ直してみます。

職と住まいを失った失業者のための宿泊場所「年越し派遣村」
（朝日新聞社提供）

大学生の「就活問題」の概要

　国際的な金融危機の引き金となった2008年のリーマンショック後，日本では大学生の就職難が深刻化し，1990年代初頭におけるバブル崩壊後の「就職氷河期」と肩を並べる事態となりました。そうしたなか，大手企業は新卒採用の抑制と「厳選採用」を進めていきました。このような対応は，就活の「早期化・長期化・煩雑化」に苦しむ大学生を，さらに追い込んでいきました（本田 2011）。その結果，1社も内定をとれなかった学生が「未就職卒業者」となったり，「就職留年」を選択したりするようなケースも散見されるようになりました。

　こうした事態は，近年における産業構造の転換にともなう雇用環境の激変を背景としています（詳しい解説は次節）。その象徴的な事態が，パート，アルバイト，派遣などの非正規雇用の増大です。2008年のリーマンショック後の景気後退に際し，多くの企業は非正規労働者を雇用の調整弁として活用しました。その結果，**CASE-2** の足立さんのような若者たちが非正規の仕事に就き，先の見通しがたたない状況に追いやられました。当時，「派遣切り」が横行したことは記憶に新しいところです。「雇い止め」（契約更新の拒絶）にあい，職と住まいを同時に失った派遣労働者が，日比谷公園に設けられた「年越し派遣村」（写真）に押し寄せる姿が大々的に報じられました。その後，非正規雇用の待遇に目立った改善がなされることなくこんにちに至っています。それゆえ現在

の就活生たちが,「正社員」になることを至上命題としたとしても不思議ではありません。

しかしながら,正社員は正社員でその実態は熾烈を極め,長時間・過重労働を強いられ,過労死寸前の過酷な状態に置かれている者もいます。そのような労働法を無視した働き方を強いる事業所は「ブラック企業」と呼ばれ,就活生たちの不安材料の1つとなっています(今野 2012)。

就職難の原因に関しては,企業側の責任を問う声ばかりでなく,学生側の問題を指摘する声も聞かれます。そうした声には,学生の大手・安定志向ともからんだ新卒労働市場における「ミスマッチ」が就職難を招いているとするものもあれば,学生の質的な変化や多様化にその原因を見いだすものもあります。後者のように,学生自身の質的変化を強調する議論では,いわゆる「大学全入時代」が到来するなかで,適正な選抜を経ずに入学したために基礎学力や学習意欲が十分でない学生が増大し,その就職難が大げさに語られているのではないのか,との分析がなされています(児美川編 2012:212-14)。他にもさまざまな論点が提起されていますが,近年における「就活問題」のアウトラインは以上のようになります。

若者の雇用・労働の現状

こうした大学生を含む若者全般の雇用状況を,平成27年版『子供・若者白書』(「第4章 社会的自立」)に即して確認しておきます。まず労働の実態を概観します。若者(15～29歳)の労働力人口は1990年代後半から減少に転じ,2014(平成26)年には1106万人となっています。失業者数は,2000年代前半以降,おおむね減少傾向にあり,2014年には,15～19歳が6万人,20～24歳が27万人,25～29歳が30万人となっています。なお,ここでいう失業者数とは,総務省「労働力調査」がILO(国際労働機関)の国際基準に準拠して定義する「完全失業者」の数ですが,完全失業者とは,仕事に就いておらず,仕事があればすぐに就ける者で,求職活動をしていた者と定義されています。

近年では,若者にかぎらず,非正規の仕事に就く人々が増えています。2014年において,雇用者(役員を除く)に占める若者の非正規労働者の割合は,15～24歳(在学者除く)では30.8%,25～34歳では28.0%となっています。若

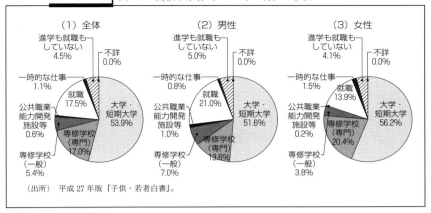

図1.1 高校卒業者（2014年3月）の状況

（出所）平成27年版『子供・若者白書』。

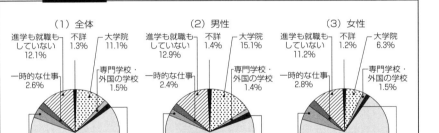

図1.2 大学卒業者（2014年3月）の状況

（出所）図1.1に同じ。

者の非正規労働者の比率は，非正規雇用者全体と比べるとそれほど大きくはありませんが，同年代では男性よりも女性の比率が大きくなっています。

若者の就職状況について学歴別の就職率を見ると，2014年には中卒者が0.4％，高卒者が17.5％，大卒者が69.8％となっています。高卒者105万人のうち，大学や短大に進学した者は53.9％，就職した者が17.5％である一方，進学も就職もしていない者が4.5％となっています（図1.1）。大卒者57万人のうち，大学院等進学者は11.1％，正規職員として就職した者が65.9％である一方

1 若者の雇用不安を知る ● 27

で，安定的な雇用に就いていない者（正規職員でない者，一時的な仕事に就いた者，進学も就職もしていない者の合計）は2割弱となっています（図1.2）。そのなかでも，進学も就職もしていない大卒者は12.1％にのぼります。なお，グラフにはありませんが，中卒者の求職者数と求人数はともに長期的に減少傾向にあり，2014年の求職者数は909人，求人数は1636人となっています。高卒者の求職者数は長期的に横ばいの状態が続いています。求人倍率は，中卒者，高卒者ともに2010年に大きく減少しましたが，この数年は改善傾向にあり，2014年には，中卒者は1.80，高卒者は1.57となっています。

　他の先進諸国と比べて時期は遅れましたが，日本でも労働市場から排除される若者の存在に関心が集まるようになりました。そうした周辺化された若者の状況を見てみましょう。『白書』によると2014年における「若年無業者」の総数は56万人で，15～34歳人口に占める割合は2.1％となっています。その数を年齢階級別にみると，15～19歳が8万人，20～24歳が14万人，25～29歳が16万人，30～34歳が18万人となっています。15～34歳の「フリーター」は179万人であり，15～34歳人口に占める割合は6.8％です。そして，内閣府が2010年に実施した調査によれば，「ふだんは家にいるが，自分の趣味に関する用事のときだけ外出する」者を含む広義の「ひきこもり」は69.6万人と推計されています。

若者支援対策の現状

　以上のように，若者の無業者，フリーター，ひきこもり，そして非正規労働者の数も比率もかなりの規模に達しています。1990年代の半ばあたりから，こうした労働市場の周辺や外部に置かれた若者の存在が注目されるようになりました。2000年代に入ると，識者たちが**若者世代の脆弱化や弱者化**に警鐘を鳴らしはじめました（宮本 2002；玄田・曲沼 2004；雨宮 2007）。政府が若者の支援に本腰を入れはじめたのもちょうどその頃でした。

　2000年代初頭には，若者に対する雇用・労働支援施策が矢継ぎ早に打ち出されていきました。その嚆矢となったのは，「若者自立・挑戦戦略会議」が2003年6月に策定した「若者自立・挑戦プラン」です。同プランは，フリーターや若年失業者・無業者の増大をふまえて，「当面3年間で，人材対策の強

CHART 表 1.1 若者雇用関連施策

新卒応援ハローワーク	学生や既卒者の支援を専門に行う相談員であるジョブサポーターを配置し，担当者制を基本とした個別相談や，求人の紹介等，就職まで一貫した支援を行う事業（2014年4月1日現在，57カ所）。
若者応援企業宣言事業	中小企業と若者との間のミスマッチを解消するための事業。若者の採用・育成に積極的で一定の基準を満たした中小企業が「若者応援企業」を宣言し，労働局・ハローワークがそのPRや重点的マッチングを実施する。
キャリア教育の推進	学校から仕事への移行が難しくなるなかで，中学校・高校・大学等のキャリア教育をサポート・推進する専門人材を養成するため，キャリア・コンサルティングの活用等についての理解を深める講習を実施している。
キャリア・コンサルティングの活用促進	キャリア・コンサルタントの資質向上のために，民間機関が実施するキャリア・コンサルタント能力評価試験への助成や，キャリア・コンサルティング技能検定試験が行われている。
フリーターなどの正規雇用化の促進	フリーターへの専門的な就職支援のために，2012年には大都市圏に「わかものハローワーク」を設置。2014年度からは28カ所に増設するとともに，在職者向けの相談等を実施し，支援強化が図られている。
ニート等の若者の職業的自立支援	2006年度から「地域若者サポートステーション事業」を実施。2013年は全国116カ所から160カ所に拡充されるとともに，「サポステ・学校連携推進事業」により学校との連携を構築し，在学生・中退者支援が実施されている。
ジョブカフェ	若者が自分に合った仕事を見つけるため各種サービスを1カ所で無料で受けられる場所であり，現在46の都道府県に設置されている。各地域の特色を活かして就職セミナーや職場体験，カウンセリングや職業相談，職業紹介などさまざまなサービスが行われている。
トライアル雇用	ハローワークの紹介により，正規雇用を前提とした原則3カ月のお試し雇用を実施するもので，この期間に就職に必要な技能や知識を身につけるとともに，職場や職種への理解を深めることができるようになっている。
求職者支援制度	雇用保険を受給できない求職者を対象に，無料の職業訓練を実施し，収入・資産等の一定の要件を満たす者に対して職業訓練の受講を容易にするための給付金（職業訓練受講給付金，月額10万円）を支給するとともに，ハローワークでの積極的な就職支援により，早期の就職を支援する制度。
ジョブ・カード制度	正社員経験が少ない者などが正社員となることをめざして，きめ細かなキャリア・コンサルティングを通じ，企業実習と座学を組み合わせた実践的な職業訓練（職業能力形成プログラム）を受講し，訓練修了後に，訓練実施企業から評価結果である評価シートの交付を受け，ジョブ・カードに取りまとめて就職活動やキャリア形成に活用する制度。

（出所）　平成26年版『厚生労働白書』第2部第2章を筆者が整理して作成。

化を通じ，若年者の働く意欲を喚起しつつ，全てのやる気のある若年者の職業的自立を促進し，もって若年失業者等の増加傾向を転換させる」ことを目標と

して掲げました。

こうした取り組みにもかかわらず（あるいは意欲喚起に傾斜した取り組みにすぎなかったゆえに），若者の雇用情勢は好転していません。平成26年版『厚生労働白書』によれば，2013年における24歳以下の完全失業率は6.9％（前年差1.2ポイント低下），25～34歳については5.3％（前年差0.2ポイント低下）と，それぞれ前年度差は若干改善しているものの，依然として厳しい状況が続いています。このような厳しい雇用情勢を背景にして，多種多様な若者支援策が打ち出されてきました。その概要は**表1.1**のようになります。

また，2000年代後半になると，若者の雇用不安への対策にとどまらない，総合的な「若者政策」に向けた取り組みが見られるようになりました。教育・福祉・雇用などの関連分野における施策の総合的推進を図るために，政府は2009（平成21）年に「子ども・若者育成支援推進法」を制定しました。また，同法の施行にともなって内閣府に設置された「子ども・若者育成支援推進本部」は，大綱として2010（平成22）年に「**子ども・若者ビジョン：子ども・若者の成長を応援し，一人ひとりを包摂する社会を目指して**」を策定しました。こうした「若者政策」は脱工業社会を特徴づける福祉政策であるといえるでしょう。

雇用不安を考える

日本型雇用のゆらぎと変容

前節で確認した若者の就職難や貧困問題の顕在化と深刻化は，**日本型雇用のゆらぎ**という事態と関連づけてとらえることができます。では，日本型雇用とはいかなるものであり，そのゆらぎがどのように若者の雇用不安を招いていったのでしょうか。

日本型雇用（ないし日本的雇用）とは，高度経済成長の時代に定着した日本企業に特有の雇用慣行を意味します。その特徴は「新卒一括採用」「終身雇用」「年功賃金」「企業別組合」にあるとされます。こうした雇用慣行のもと，一括

採用された新卒正社員は，企業内教育訓練（OJT）によって鍛えられ，社宅をはじめとする企業内福利厚生（企業福祉）の恩恵に与ることができました。ただし，安定した給与や身分の見返りとして，「会社人間」とも揶揄されるように，企業に対する強固な忠誠心が求められもしました。

教育学者の乾彰夫は，こうした日本型雇用と手を携えて「戦後日本型青年期」が形成されたと指摘しています（乾 2010）。「青年期」というのは子どもから大人になるまでの時期をいいます。仕事に求められる知識・技能の高度化にともない，教育期間が長期化してきたことが，青年期を登場させました。乾のいう戦後日本型青年期とは，高度経済成長期に形成された日本的な「学校から仕事」（子どもから大人＝市民）への移行期間をいいます。

西欧諸国の場合，戦後に形成された青年期は，福祉国家体制を前提にしており，子どもから大人（市民）へと移行するうえで，政府による平等な福祉供給（所得保障・職業訓練・教育サービスなど）が重要な役割を果たしました。これに対して，福祉国家化が進んでいなかった日本の場合は，学校から仕事への移行（⇨第 4 章 ②）において，政府ではなく，学校・家族・企業が大きな役割を果たしました。そのため，豊かな社会にふさわしい生活水準（「社会的標準」）の獲得が，企業を中心にして行われるようになり，結果として，豊かさの恩恵に与る過程が競争的で排除的なものとなったと乾は指摘しています。つまり日本型青年期は，「『社会的標準』を享受するためには，高卒以上の学歴と新規学卒正規採用による入社，同一企業での継続就業，そして毎年の査定で平均程度以上の成績を収め標準的な昇級・昇進から大きくはずれないことが条件」とされる社会のもとで形成された，ということです（同前：36）。

他方で，労働法学者の濱口桂一郎は，欧米およびアジア諸国の労働社会が「ジョブ型」であるのに対して，日本の労働社会は「メンバーシップ型」であるところに，日本型雇用の本質を見いだしています（濱口 2013）。「ジョブ型」雇用とは，先に「仕事」（ジョブ）を決めておいてそれに「人」を当てはめるという欧米企業の雇用をいいます。これに対して「メンバーシップ型」雇用とは，先に「人」（メンバー）を決めておいて「仕事」を当てはめるという日本企業の雇用をいいます（同前：35）。このメンバーシップ型のしくみは，「社縁」共同体ともいわれる日本企業のメンバー（正規社員）となったのちに企業色に染め

ていくことができる新卒者を求めました。それゆえ，このしくみは，スキルの乏しい若者の就職（「入社」）を容易にするものでもありました。結果として，1990年代あたりまでは，高卒者であれ大卒者であれ，「自分の希望するところへ就職することは困難であるとしても，ほぼ間違いなく全員が自分の就職先を見つけ出すことができた」といいます（同前：39）。

しかし，このようなしくみはしだいにゆらぎはじめ，大量の若者がメンバー（正規社員）の枠からはみだすことになりました。濱口によればその要因は，バブル崩壊後の景気後退はもとより，大卒者の増加による新規高卒者への求人の激減や，メンバーシップ型の「入社」システムの縮小（正社員の少数精鋭化）にあるとされ，その結果，若年世代の非正規労働者や無業者が生みだされたといいます（同前：142）。

こうした1990年代以降における「日本型」の雇用と青年期のゆらぎは，先進諸国に共通する歴史的・構造的な変容を背景にしています。その変容とは，一言でいえば「工業社会から脱工業社会への転換」です。一般に**脱工業化**とは，第二次産業（製造業）を中心とする産業構造が変化し，サービス・IT・金融などの第三次産業の比率が高まっていくことをいいます。次に，こうした社会の変容について，詳しく解説してみたいと思います。

脱工業化による働き方と暮らし方の変化

第二次世界大戦後，先進諸国で「豊かな社会」が築かれました。1960年代は西欧福祉国家の「黄金期」とも呼ばれますが，この時期には大量生産・大量消費のしくみが機能して，経済成長と社会政策が互いを支え合う好循環がもたらされました。しかし1970年代になると，この好循環が断たれ経済成長が鈍化し，日本を除く先進各国で失業が長期化していきました。

ちょうどこの頃から，製造業を中心とする第二次産業が低調となり，サービス業などの第三次産業が優勢となっていきました。脱工業化とともにグローバル化が進んでいくなかで，各国の企業は国際競争にさらされると同時に，移ろいやすく多様化した消費に合わせた生産を迫られていきました。そうした企業を支えるために，各国政府は雇用の柔軟化，企業の社会保障負担の削減と給付の重点化を図っていきました。日本では，1990年代初頭におけるバブル崩壊

後の不況期に，上述の日本型雇用が見直され，規制緩和によって雇用の柔軟化と非正規化が急速に進められました。

脱工業社会では，人々の雇い方と働き方に柔軟性が求められていきます。企業は生産と雇用の調整を柔軟に行うために，正規社員を減らし非正規社員を活用しはじめました。付加価値の高い商品を生産するために，仕事に高度な専門性と常なるスキルアップが求められていきました。そうしたなか，高技能・高所得の希少な雇用が新たに登場していく一方で，低技能・低所得の希少性が低い雇用も生みだされました。その結果，雇用の分断化と不安定化が進んでいきました。

これと同じ時期に，人々の暮らし方にも大きな変化が生じました。個々人のライフスタイルが多様化するなかで，性別役割分業にもとづく家族規範もゆらいでいきました。女性の高学歴化や社会進出とともに，晩婚化・晩産化・少子化も進みました。共働き世帯やひとり親世帯そして単身世帯も増加しました。こうして脱工業社会では，工業社会において標準的であった働き方と暮らし方がしだいに一般性を失っていきました。

さらに脱工業社会では，生活を脅かすリスクが「個人化」していったことを見過ごしてはなりません。個人化とは，社会の組み立てと社会に関するイメージの両方が，個人を基本に据えるようになっていく趨勢のことをいいます。この個人化の進展により，生活を脅かすリスクもまた個人化していきました。工業社会を背景に誕生した福祉国家は，経済成長による財の生産と社会政策によるその公正な分配・配分に関わってきました。しかし脱工業社会への転換と社会の個人化の進展にともない，こうした福祉国家の伝統的役割じたいも，リスクの発生原因となっていきました。次にこの点をもう少し掘り下げてみます。

「新しい社会的リスク」の発生と社会的な排除／包摂

工業社会では，人々の働き方も暮らし方も似たり寄ったりであったため，生活を脅かすリスクも共通していました。失業・多子・稼ぎ手の死亡・障害などが工業社会の典型的な社会的リスクであったといえます。しかし現代の脱工業社会では，個人化したリスクを抱えた人々が生みだされていきました。上述の「弱者化」した若者たちがその典型です。

こうした脱工業社会ならではのリスクは**新しい社会的リスク**と呼ばれます。かつての工業社会では，生活リスクの表れ方が均一であったため，これを「社会保険事故」（社会保険を通じて不特定多数の人々の間で共有・共同化されるリスク）として設定しやすかったといえます（社会保険について詳しくは⇨**第3**章②）。しかし脱工業社会では，雇用の分断，学歴格差，ライフコースおよびライフスタイルの多様化などを背景に，リスクの表れ方にも個別性が強まっていきました。その結果，社会保険での対応が難しくなっていきました。社会保険は，あくまで予見可能（保険化可能）で集合的なライフコース上のリスク（階級的あるいは国民的なリスク）を分散させるものでした。しかもそれは性別役割分業のもとでの男性稼得者を前提として設計されていました。それゆえ，新しい社会的リスクには十分に対応できず，むしろ福祉国家から排除されるリスクを生じさせていきました。

　新しい社会的リスクを被りやすい人々が生じるメカニズムは，学術的な議論では**社会的排除**という概念でとらえられています（岩田 2008）。社会的排除とは，個々人が自立した生活を営むための「条件」（生活保障，帰属や承認）の獲得に成功したり失敗したりするプロセスをとらえようとする概念です。この社会的排除の対概念は「社会的包摂」といわれます。社会的包摂の解釈は多様ですが，先進各国の政府はそれを「**労働市場への包摂**」とみなして，積極的な労働市場政策を展開してきました。

　この積極的労働市場政策は，国や「福祉レジーム」ごとに違った展開を見せています（福祉レジームについては⇨**第7**章②）。社会民主主義レジームと保守主義レジームでの積極的労働市場政策は「アクティベーション」（就労能力の活性化）と呼ばれ，自由主義レジームのそれは「ワークフェア」（就労による福祉）と呼ばれています。前者は，職業訓練・職業教育・求職支援といった自立支援サービスと，失業給付や生活保護などのような所得保障サービスを両立・融合させることを重視するのに対し，後者は，義務的なかたちで自立支援サービスへの参加を求め，これを所得保障サービスに与るための条件とする，という違いが見られます。細かく見れば国やレジームごとの展開はもっと複雑で多様です（福原・中村編 2012）。それでも，どの国やレジームでも社会的包摂をめざして，自立支援と所得保障や各種サービスとを組み合わせながら，労働市場への

参加を促進している，という共通点が見いだせます。

若者支援施策を本格化させた上述の「若者自立・挑戦プラン」から，第 2 のセーフティネットとして 2013 年に成立した「生活困窮者自立支援制度」（生活保護を受ける手前で生活の立て直しを図る制度）に至るまで，日本における新しい社会的リスクへの対応も，西欧諸国と類似した展開を見せています。

雇用不安に挑む

「個人としてできること」の罠

若者の雇用不安への挑み方は，大筋でいえば「個人として挑む」やり方と「社会として挑む」やり方に分けられるでしょう。前者は個人化した現代社会に見合った挑み方といえるかもしれません。後者は，上述した雇用施策や若者支援政策などの社会政策的な取り組みを推進していくことにほかなりません。この 2 つの挑み方は実際には密接に関連しているのですが，ここではまず前者の個人としての挑み方に焦点化します。

個人としての挑戦といっても，考え方はさまざまです。たとえば，雇用とは「イス取りゲーム」であり，大手企業や官庁など，安定が見込まれる組織に所属できるように，日々努力を重ねて自らの資質や能力を高めていくことこそが，雇用不安に打ち勝つ最善の途である，という考え方もあるでしょう。他方で，そもそも雇用ではなく，資格を取得したり，経営のノウハウを学んだりしながら，自営や起業など，雇用とは別の途を模索することによって，不安の解消を図るという考え方もうなずけます。また，雇用（労働市場）からの撤退・退出も 1 つの対処法であり，経済的・社会的に成功した相手と結婚して安心を得るという選択肢もありうるでしょう。

これらのやり方は「個人としてできること」ではありますが，家庭環境，教育達成，文化資本，ソーシャル・キャピタル（社会関係資本）などの面で恵まれた人々に適した雇用不安への挑み方であるといえます。CASE-2 の足立さんのように，複合的な不利を背負った若者にとっては，それほど現実味のある挑

み方とはいえないのではないでしょうか。

　いずれにしても，若者自身は，こうしたかたちで個人として（自分で自分の）雇用不安に挑むことを中心に考えてしまいがちです。むしろ，そのように「個人としてできること」ばかりを考えてしまう思考習慣や認識枠組みが形成されていることこそが，現代における若者の雇用不安の大きな要因になっていると考えられます。

　しばしば現代人は，自分たちが客観的に見れば社会のしくみ（所得階層やジェンダー構造など）に強い影響を受けているにもかかわらず，自らの行い（それが成功であれ失敗であれ）を，そうした影響とは無関係に，あくまで自分自身がしでかしたことだと受けとりやすくなっています。こうした事態を，イギリスの教育社会学者 A. ファーロングらは，「認識論的誤謬（ごびゅう）」という概念によって説明しています（ファーロング＆カートメル 2009：263-75）。

　同書の翻訳者でもある乾は，ファーロングらの分析を整理するなかで，「客観的に見れば負っているリスクの少ない，社会的優位な位置を占める者たちを含めその多くが，自分の進路や将来に強い不安を感じさせられている」（乾 2010：107）と指摘しています。つまり，足立さんのような不利を被る若者ばかりでなく，**CASE–1** の太田さんのように恵まれた境遇にありながら就活不安と対峙する大学生もまた，この「認識論的誤謬」にとらわれている可能性が大きいということです。

　このように，若者の雇用不安には，客観的な社会構造の影響を見えにくくさせる「認識論的誤謬」のメカニズムが関連しているようです。だからといって，雇用不安に挑んでいくうえで「個人としてできること」を軽視してよいわけではありません。次にこの点について考えてみましょう。

「市民であること」とは

　上記のように，雇用不安に挑むうえで「個人としてできること」が多々ありうるなかで軽視されがちなのは，労働法をきちんと学び「働く市民」としての権利や責任を自覚する，という挑み方です。これは迂遠（うえん）に見えますが，正攻法の挑み方といえます。それはまた，「個人としての挑み方」であるように見えて，実は，客観的な社会構造の変革につながりうる「社会としての挑み方」で

もあるような両義的な挑み方なのです。

　厚生労働省は，就職を控えた学生や若者向けに『知って役立つ労働法——働くときに必要な基礎知識』という手引きを作成し，ホームページ上で公開しています。この手引きは，要所を押さえた労働法の秀逸なテキストであり，若者をはじめとする労働者が個人として雇用不安に挑んでいくうえで頼もしい助っ人となるはずです。また，こうしたかたちで個々の若者が，自分は一連の権利・義務・責任を担う「市民」であると自覚することは，自分たちが置かれている状況を反省的にとらえ，「認識論的誤謬」を正していく（少なくともその影響力を削いだり逸らしたりしていく）一助となりえます。

　上述の「子ども・若者ビジョン」にも，市民であること（シティズンシップ）の自覚が重要であるとの認識が示されています。同ビジョンには5つの理念が明記されていますが，その1つに「自己を確立し社会の能動的形成者となるための支援」という理念が掲げられています。この理念は「子ども・若者が，社会とのかかわりを自覚しつつ，自尊感情や自己肯定感をはぐくみ，自立した個人としての自己を確立するとともに，社会との関係では，適応するのみならず，自らの力で未来の社会をよりよいものに変えていく力を身に付けることができるよう，健やかな成長・発達を支援」する，というものです。

　この理念を実現するための取り組みとされているのが「シティズンシップ教育」の推進です。「子ども・若者ビジョン」によれば，これは，「社会の一員として自立し，権利と義務の行使により，社会に積極的に関わろうとする態度等を身に付けるため，社会形成・社会参加に関する教育」を推進することであり，具体的には，「民主政治や政治参加，法律や経済の仕組み，労働者の権利や義務，消費に関する問題など，政治的教養を豊かにし勤労観・職業観を形成する教育」であるとされています。

　ここに一点ほど注文をつければ，シティズンシップ教育が「未来の社会をよりよいものに変えていく」主体づくりをめざそうとするのなら，個々人が「働く市民」であるだけではなく，「ケアする／される市民」でもあるという観点を欠いてはならないと思われます（キテイ 2010）。男性であれ女性であれ，障害を被っていようがいまいが，根本的に脆弱な存在である私たちは「ケアする／される市民」として存在しているはずです。このことを認識するとともに，

その法的・制度的な裏づけを確立していくことは，民主主義のさらなる発展にとって必須の課題であり，また若者の雇用不安に対する決定的な挑戦にもなりえます。

ケア（育児・保育・介護・介助・世話・配慮）は，脆弱な存在である人間と社会の「福祉」を成り立たせる最も根源的で基底的な営みであるといえます。にもかかわらず，これまでケアの営みは，「労働力の再生産」と位置づけられ，もっぱら女性の無償労働（アンペイドワーク）や，影の労働（シャドウワーク）として，社会的・経済的に周辺化されてきました。こんにちではケアが介護労働や保育労働として賃労働化を遂げるようになりましたが，それらが労働市場での周辺化を免れているとは決していえそうにありません。このケアを復権させることは「**賃労働中心主義**」や「**男性稼得者中心主義**」に陥っている現代社会を見直すきっかけとなっていくと考えられます。

若者の雇用不安の高まりは，賃労働（労働市場のなかで価値＝価格づけられた労働）をめぐって競争が激しくなったことを背景としています。賃労働だけではない「労働」（ケアを筆頭とする脆弱な人間と社会そして自然環境の保全・促進に資する仕事や役割）がきちんと報われるようにすることで，多種多様な帰属と承認の経路が確保されうる社会をめざしていくことは，雇用不安を克服するうえで有望な道筋であるように思われます。

ともあれ，男性優位の「賃労働中心社会」を見直すことは，賃労働のあり方を改善していくことと矛盾するものではありません。労働法の遵守を足がかりに，ワークシェアリングの普及や労働時間の短縮などを通じて，女性や家庭やコミュニティにも優しい「品位のある労働」（ディーセントワーク）を実現していくことは，賃労働中心主義を見直そうとする思想や運動が求めているものとも一致するはずです。また，若者の雇用不安への挑戦は，「脱成長」や「定常（型）社会」への模索（広井 2006；橘木・広井 2013）という，非常に大きな射程をもった社会改革のビジョンと合流することで，いっそう力強い流れとなっていくでしょう。

POINT

- □ 1 1990年代の半ばあたりから，労働市場で周辺化された若者が注目されるようになり，2000年代に入ると若者世代の「弱者化」が指摘され，政府も若者の支援に本腰を入れはじめた。
- □ 2 若者の雇用問題の深刻化は，高度経済成長期に定着した「日本型雇用」慣行と「戦後日本型青年期」のゆらぎを背景とする。
- □ 3 1990年代以降，日本型の雇用慣行と青年期は，脱工業化によってゆらいでいき，工業社会とは異なったリスク構造を背景に「新しい社会的リスク」が生みだされていった。
- □ 4 「新しい社会的リスク」をもたらすメカニズムは「社会的排除」と呼ばれるが，各国政府は「労働市場への包摂」をめざして積極的な労働市場政策を展開していった。
- □ 5 雇用不安に挑むうえで「個人としてできること」が多々ありうるなかで，労働法をきちんと学び「働く市民」としての権利や責任を自覚することは正攻法の挑み方である。
- □ 6 「子ども・若者ビジョン」にも，そうした権利と責任を含んだ「市民であること」（シティズンシップ）の自覚が重要であるという認識が示されている。
- □ 7 シティズンシップ教育が「未来の社会をよりよいものに変えていく」主体形成をめざすのであれば，個々人が「ケアする／される市民」でもあるという観点を欠いてはならない。
- □ 8 帰属に向けた多様な経路が確保された社会をめざしていくことは，雇用不安を克服するうえで有望な道筋である。

引用文献 Reference

雨宮処凛，2007『プレカリアート――デジタル日雇い世代の不安な生き方』洋泉社

海老原嗣生，2012『雇用の常識・決着版――「本当に見えるウソ」』筑摩書房

福原宏幸・中村健吾編，2012『21世紀のヨーロッパ福祉レジーム――アクティベーション改革の多様性と日本』糺の森書房

福士正博，2009『完全従事社会の可能性――仕事と福祉の新構想』日本経済評論社

ファーロング，A. & F. カートメル著／乾彰夫ほか訳，2009『若者と社会変容――リスク社会を生きる』大月書店

玄田有史・曲沼美恵，2004『ニート――フリーターでもなく失業者でもなく』幻冬舎

濱口桂一郎，2009『新しい労働社会――雇用システムの再構築へ』岩波書店

濱口桂一郎，2013『若者と労働――「入社」の仕組みから解きほぐす』中央公論新社

広井良典，2006『持続可能な福祉社会――「もうひとつの日本」の構想』筑摩書房
本田由紀，2011『軋む社会――教育・仕事・若者の現在』河出書房新社
今村仁司，1998『近代の労働観』岩波書店
乾彰夫，2010『〈学校から仕事へ〉の変容と若者たち――個人化・アイデンティティ・コミュニティ』青木書店
岩田正美，2008『社会的排除――参加の欠如・不確かな帰属』有斐閣
キテイ，E. F. 著／岡野八代・牟田和恵監訳，2010『愛の労働あるいは依存とケアの正義論』白澤社発行，現代書館発売
児美川孝一郎，2011『若者はなぜ「就職」できなくなったのか？――生き抜くために知っておくべきこと』日本図書センター
児美川孝一郎編，2012『これが論点！ 就職問題』日本図書センター
今野晴貴，2012『ブラック企業――日本を食いつぶす妖怪』文藝春秋
宮本みち子，2002『若者が《社会的弱者》に転落する』洋泉社
宮本みち子，2012『若者が無縁化する――仕事・福祉・コミュニティでつなぐ』筑摩書房
宮本太郎，2011『政治の発見2 働く――雇用と社会保障の政治学』風行社
宮本太郎，2013『社会的包摂の政治学――自立と承認をめぐる政治対抗』ミネルヴァ書房
連合総研「働く貧困層（ワーキングプア）に関する調査研究委員会」，2010『ワーキングプアに関する連合・連合総研共同調査研究報告書Ⅰ ケースレポート編――困難な時代を生きる120人の仕事と生活の経歴』
連合総研「働く貧困層（ワーキングプア）に関する調査研究委員会」，2011『ワーキングプアに関する連合・連合総研共同調査研究報告書Ⅱ 分析編――困難な時代を生きる人々の仕事と生活の実態』
佐藤俊樹編，2010『労働――働くことの自由と制度』岩波書店
橘木俊詔・広井良典，2013『脱「成長」戦略――新しい福祉国家へ』岩波書店
埋橋孝文・連合総合生活開発研究所編，2010『参加と連帯のセーフティネット――人間らしい品格ある社会への提言』ミネルヴァ書房

CHAPTER

第2章

育児不安

子育てはなぜ「政治」なのか？

KEYWORDS

少子化　児童虐待　合計特殊出生率　ワーク・ライフ・バランス　密室の育児　DV　保活　女性の貧困　待機児童　エンゼルプラン　少子化社会対策基本法　必要解釈の政治

QUESTION

　近年の日本社会では，子どもを産み育てるハードルがかつてないほど上がっています。そうしたなかで，子育て世帯はどのような状況に置かれ，どのような不安を抱いているのでしょうか。政府は育児に対していったいどのような支援を行ってきたのでしょうか。そうした支援は，育児不安への対策として十分なものといえるのでしょうか。私たちはどのように育児不安に挑んでいけばよいのでしょうか。

1 育児不安を知る

現代社会と育児不安

　どの時代でも,子どもを育てるということは,喜びとともに困難と不安に満ちた営みであることに変わりありません。しかし近年の育児・子育てには,現代社会ならではの不安や葛藤を認めることができます。共働き世帯が一般化するなかで,多くの母親が(そして母親ばかりが)育児と仕事の両立を強いられています。企業や行政の支援不足もあって,出産を機にキャリアを断念する女性も少なくありません。自ら望んで専業主婦になった人のなかには,育児情報の氾濫に翻弄されたり,ママ友との人間関係に悩んだり,誰からも評価されない密室の育児に疲弊したりしている人もいます。虐待や育児放棄の事件が報じられるたびに「無責任でだめな母親」が非難にさらされるのと並行して,「責任あるよき母親」であることへのプレッシャーも強まっています。

　他方で,自分の親や祖父母の世代からは,昔の育児はもっと大変であったし,育児と仕事との両立や夫の協力を求めるいまどきの母親は甘えているのではないか,といった批判の声も聞こえてきます。そのような意識のギャップと無理解にさらされやすいこともまた,現代の子育て世代の困難さを特徴づけています。そしてこのことは,上の世代とは困難さを共有できないくらいに,育児環境の変化が急速かつ劇的であったことを意味しているともいえます。

　近年,国は子育て支援に力を注ぐようになりました。国を挙げた支援の動きに拍車をかけたのは,**少子化の進展**と**児童虐待**の深刻化です。1人の女性が一生涯に産む子どもの数を示す**合計特殊出生率**は,2005(平成17)年に1.26となり戦後最低を記録しました。その後はややもち直しが見られたものの,2014(平成26)年は1.42と依然として低水準が続いています。また,全国の児童相談所における児童虐待の相談対応件数は,2013(平成25)年度は7万3802件で,児童虐待防止法施行前の1999(平成11)年度に比べて6.3倍に増加しています。こうした出生率低下と虐待の増加は,育児環境の悪化を暗示しています。

育児不安という「問題」は個人の内面に目を向けさせがちですが，それはまた社会的で政治的な「問題」と地続きの関係にあります。育児不安を知り，考え，これに挑むことは，私たちの社会や政治のしくみを知り，考え，これに挑むことでもあるといえます。育児不安は多種多様な問題を投げかけていますが，本章ではそこに「公的な事柄と私的な事柄との関係」（公的領域と私的領域との関係）という基底的な問題を見いだしていきます。

育児不安の事例

　他の章で扱っている不安と同様，一口に育児不安といっても，当人が置かれている状況や当人の対処能力によって違った表れ方をします。ここでは，共働き，片働き，ひとり親という3つの世帯類型の事例をもとに，育児に対してどのような不安が抱かれているのかを確認してみたいと思います。

CASE-1　●共働き世帯の育児不安

　首都圏在住の鈴木春加さん（38歳・妻）と信昭さん（38歳・夫）は，それぞれ別の企業に勤務しフルタイムで働いています。2人の間には3歳になる息子がいます。通勤時間はどちらも1時間程度です。ともに地方出身者で，実家の育児支援は期待できません。出産後，春加さんは半年間の育児休業をへて職場に復帰しました。育休前からの保育所探しなど，いわゆる「保活」をがんばったかいがあり，息子を認可保育所に預けることができました。春加さんの職場は，出社や帰宅の時間に融通が利きましたが，定時に帰れる日ばかりではありません。他方で信昭さんの職場は，性別分業をよしとする昔ながらの企業風土が根強く，育児休業を取得する男性社員は皆無です。残業も多く，信昭さんは土日・休日しか育児や家事を担えません。保育所の送迎や病気の際の世話など，育児や家事は春加さんが一手に引き受けています。どうしようもないときにだけ，遠方に住む実母や義母に息子の世話を依頼しました。人見知りが激しく言葉も遅いなど，息子には発達の面で気がかりなことがあります。春加さんも信昭さんも，このまま余裕のない育児を続けていては，息子の成長に悪影響が及ぶのではないかと不安に感じています。義母らからも「もっと一緒にいてあげられないの？」と厳しくいわれており，春加さんは，中途半端に仕事を続けていくよりも，自分が家庭に入るべきではないかと思うようになりまし

た。そしてその思いを信昭さんに伝えました。話し合いの結果，住宅ローンの支払いや今後の教育費のこともあり，当面は共働きを続けざるをえないという結論に達しました。

CASE-2　●専業主婦世帯の育児不安

　佐々木夏美さん（24歳・専業主婦）は，夫の転勤のため，見知らぬ地方都市で2歳になる娘を育てています。夏美さんは，短大卒業後すぐに社員寮のある食品会社に就職しました。知人の紹介で知り合った5歳年上の夫と22歳のときに結婚したのを機に退職しました。夫は多忙を極め，平日は寝に帰るだけであり，会話を交わす時間もありません。休日は寝て過ごしており，育児や家事に協力的ではありません。最近では会話も少なくなりました。夏美さんの周囲には友人もおらず，実母は病気がちで，夫の実家とも疎遠であり，育児の相談をできる相手はいません。SNSを通じた友人とのやりとりだけが唯一の救いですが，熱中しすぎて育児がおろそかになることもしばしばです。娘は一度泣き出すとなかなか泣き止みません。そのため外出もためらわれ，自宅に引きこもりがちになっています。泣き止まない娘に業を煮やして手をあげては自己嫌悪に陥ることの繰り返しです。心中を考えたことも一度ならずありました。娘と自分の将来が不安でたまりません。

CASE-3　●ひとり親世帯の育児不安

　篠崎秋子さん（21歳）は3歳の息子を育てるシングルマザーです。高校卒業と同時に結婚しましたが，夫の暴力が原因で息子を連れて家を飛び出しました。秋子さんの実家は父子世帯です。父親との折り合いが悪く，現在は親友のアパートに親子で身を寄せています。親友はずっといていいといってくれますが，いつまでも頼るわけにはいきません。離婚が成立していないため児童扶養手当は受給できませんが，生活保護の受給は考えていません。知人のシングルマザーは生活保護を受けていますが，周囲から冷たい目で見られており，秋子さんは彼女のようにはなりたくないと強く思っています。懸命に職探しをしていますが，子育てをしながら生活をまかなえる仕事はなかなか見つからず，不安と焦りだけが募る毎日です。

　CASE-1は，共働き世帯の育児をめぐる困難と不安を描いています。この事

例を通して伝えたかったのは，共働き世帯にとって，いわゆる「ワーク・ライフ・バランス」（仕事と家庭生活の両立・調和）の実現が悲願である，ということです。またこの事例では，周囲の支援が見込めない場合，夫婦のどちらか（たいていは妻）が仕事を辞めるか制限するしかなく，男女平等の子育ては期待できそうにない，ということも示唆しました。

　CASE-2は，専業主婦世帯における「密室の育児」を描き，虐待にもつながりかねない孤立した母親の境遇を強調しています。児童虐待と同様に，私的領域でふるわれる「暴力」にDV（ドメスティック・バイオレンス：配偶者など親密な関係間の暴力）があります。**CASE-3**は，このDVが原因でひとり親となった母親が，実家や行政の支援を受けず，友人を頼りに一時的にしのいでいる状況を描いています。この2つの事例の強調点は，さまざまな「資源」の不足が，育児の困難と不安そして生活のしづらさを招いていることにあります。

　現代における育児は不安材料には事欠きません。安心して子育てを行うには，物心両面での支援が不可欠ですが，とりわけ安定した仕事と所得，育児に費やせる時間が必要であることは明白です。また，支え合いの基盤となる人間関係（特に実家の支援）や，活用できるサービスに関する情報も，所得や時間と同じくらい重要です。ところが実際には，所得・仕事・時間・関係・情報のどれかが，あるいはすべてが足りないなかで，多くの人々が育児を行っています。育児に必要なもの・ことは多々あるでしょうが，ここではそれを「育児資源」と呼ぶことにします。なかでも所得と関係（家族・友人等の結びつきや支援）は，突出した意味をもつ育児資源であるといえます。

　CASE-1の世帯は，夫婦ともに正社員であり，仕事と所得の面での心配は少ないものの，「時間」に事欠き，余裕のない育児を強いられています。この事例では，春加さんの「保活」が功を奏し，子どもを近所の認可保育所に預けることができましたが，不便な場所にある保育所や認可外の園を利用せざるをえなかったとすれば，送迎や費用の面で大きな負担を強いられたはずです。

　CASE-2と**3**の世帯は，実家の支援という重要な資源をはじめ，育児資源が著しく不足しています。**CASE-2**のような専業主婦の場合は，保育所等の専門機関の支援につながりにくく「情報」や「関係」が不足しやすいといえます。他方で，利用できる制度や相談機関があっても，**CASE-3**のように，行政の公

的支援に拒否感や不信感を抱いていれば，八方ふさがりになるおそれがあります。

現在，子育て支援施策に関する種々の情報が，各種媒体によって配信されていますが，情報がきちんと届いていなければ意味がありません。給付やサービスに関する情報の不足と理解の不足，そして利用に際しての心理的抵抗感や偏見など，資源へのアクセスを阻む壁を1つひとつ克服していくことが課題となるでしょう。

現代日本社会における子育て世帯の現状

ここで，平成27年版『少子化社会対策白書』（内閣府）をもとに，子育て世帯を取り巻く状況を確認してみたいと思います。そのポイントは次のように整理できます。

① 子育て世代の所得分布が，過去10年間で低所得層にシフトしている。
② 30〜34歳の男性で非正規雇用者の有配偶率は，正社員の人の半分以下となっている。
③ 約半数の女性が出産前後に仕事を辞めている。
④ 出産退職した女性の4分の1が育児との両立困難を退職理由にしている。
⑤ 子育て期の30代男性は長時間働いており，約2割が週60時間以上就業している。

ここからは，子育て世帯において，「所得」と「時間」という基礎的な育児資源が全般的に不足している実態がうかがえます。③④⑤は，**CASE-1**や2のように，育児の負担が妻＝女性に偏っていることを示しており，ジェンダー・バランスの面でも仕事と家庭生活のバランスの面でも課題を抱えていることは明らかです。他方で，**CASE-3**のようなひとり親世帯の親は，育児も仕事も一手に引き受けねばならず，仕事と家庭生活のバランスどころの話ではないのが現状です（赤石 2014：28）。

では次に，ひとり親世帯の現状を，厚生労働省「全国母子世帯等調査結果報告」（平成23年度）で確認してみましょう。ポイントを整理します。

① 母子世帯の平均収入は291万円，父子世帯は455万円であり，児童のいる世帯の平均収入（658.1万円）を100とすると，それぞれ44.2，69.1とな

② 母子世帯の母の 80.6％が就業しており，このうち「パート・アルバイト等」が 47.4％と最多で，次いで「正規の職員・従業員」が 39.4％となっている。
③ 父子世帯の父の 91.3％が就業しており，このうち「正規の職員・従業員」が 67.2％，「自営業」が 15.6％，「パート・アルバイト等」が 8.0％となっている。
④ 母子世帯の就業している母のうち「パート・アルバイト等」の年収は 125 万円である。
⑤ 母子世帯のほぼ半数（47.7％）で，預貯金額が「50 万円未満」となっている。

このように，ひとり親世帯，特に母子世帯における育児資源の不足はきわめて深刻です。働いているシングルマザーの約半数は非正規の仕事に就いていますが，その平均年収は 125 万円と，ワーキングプア状態にあることがわかります。

こうしたひとり親世帯の貧困は，「**女性の貧困**」（NHK「女性の貧困」取材班 2014）の一面であるとともに，そこに暮らす「子どもの貧困」（阿部 2008, 2014）でもあります（子どもの貧困とその対策については⇨第 **4** 章）。

以上，かけあしで子育て世帯の現状を概観しました。さまざまな資源が不足するなかでの育児が，不安や葛藤に満ちたものとなりがちであることは説明を要しません。国は少子化対策として育児資源の増強に努めてきましたが，たとえば保育所に入所できない「**待機児童**」の解消策は，保育サービスを増やせばその分利用を希望する者も増えるという「いたちごっこ」の様相を呈しています。また，子どもの貧困については，「子供の貧困対策に関する大綱」の制定（2014 年）など対策が本格化したばかりですが，育児資源の重点的な拡充が期待されます。次節では，少子化対策として実施されてきた子育て支援の展開をふまえつつ，育児不安と対峙し，安心して子どもを産み育てるための政策のあり方（を考える見方）を検討します。

育児不安を考える

少子化対策と子育て支援の展開

　政府は1990年代以降,「少子化対策」の名のもとに,さまざまな政策を矢継ぎ早に打ちだしてきました。一連の子育て支援対策は,この少子化対策の一環として位置づけられています。主な施策の概要を,筆者なりにまとめたものが表2.1です。

　表2.1に沿って,少子化・子育て支援対策の展開を整理してみましょう。1990年には,前年度の合計特殊出生率が「丙午」の1966年を下回り,戦後最低を記録したことが報道され,社会に衝撃が走りました。このいわゆる「1.57ショック」を契機とした対策は,1994年の「エンゼルプラン」にはじまります。その3年後には児童福祉法改正がなされました。この法改正は,保育所入所のしくみを措置から契約利用へと変更したことで知られていますが,学童保育を法制化するなど,新旧エンゼルプランとともに,その後の少子化・子育て支援対策の起点の1つとなりました。

　2000年代に入ると,少子化・子育て支援対策が本格化していきます。その口火を切ったのが2002年の「少子化対策プラスワン」であり,従来の「子育てと仕事の両立支援」中心の取り組みに加えて,「男性を含めた働き方の見直し」や「地域における子育て支援」などを柱に,総合的な取り組みを推進していくとしました。2003年の「次世代育成支援対策推進法」は,次代の社会を担う子どもが健やかに生まれ育成される環境の整備を図るために,対策の基本理念を定め,国による行動計画策定指針,地方公共団体と事業主の行動計画の策定等の措置を講じるよう定めました。同法は2015年までの時限立法ですが,2014年の改正で10年間延長されることになりました。

　同じく2003年には**少子化社会対策基本法**が成立しましたが,その基本理念(第2条)は「少子化に対処するための施策は,父母その他の保護者が子育てについての第一義的責任を有するとの認識の下に,(中略)講ぜられなければな

CHART 表2.1 「1.57ショック」後の少子化・子育て支援対策の展開

施　策	概　要
1994年　エンゼルプラン	子どもを産み育てやすい環境づくりに向けて，子育てと仕事の両立支援の推進や家庭における子育て支援をめざし，具体的な数値目標を掲げた。
1997年　児童福祉法改正	保育所による地域住民への情報提供や保育相談を定めるとともに，放課後児童健全育成事業（学童保育）を法制化した。
1999年　新エンゼルプラン	2004年度までに重点的に推進する少子化対策の具体的実施計画であり，エンゼルプランの目標数値を改訂した。
2002年　少子化対策プラスワン	「子育てと仕事の両立支援」が中心であった従前の対策に加え，「男性を含めた働き方の見直し」など4つの柱に沿った対策を総合的かつ計画的に推進するとした。
2003年　次世代育成支援対策推進法	次代の社会を担う子どもが健やかに生まれ，育成される環境の整備を図るための具体的な措置を講じた。
2003年　少子化社会対策基本法	急速な少子化の影響に長期的視点から対処し，国民が豊かで安心して暮らせる社会の実現に寄与することをめざした。
2004年　少子化社会対策大綱	少子化社会対策基本法にもとづいて定められ，「少子化の流れを変える」ための視点と重点課題を設定した。
2004年　子ども・子育て応援プラン	少子化社会対策大綱の具体的実施計画であり，2009年度までの具体的な施策内容と目標を提示した。
2006年　新しい少子化対策について	子どもの成長に応じた総合的な子育て支援策と，働き方の改革とともに，社会の意識改革のための国民運動を推進しようとした。
2007年　「子どもと家族を応援する日本」重点戦略	経済社会の持続的発展のために「仕事と生活の調和の実現」と「包括的な次世代育成支援の枠組みの構築」の推進を掲げた。
2008年　新待機児童ゼロ作戦	重点戦略を受け，待機児童ゼロをめざし，保育施策の質と量の両面における充実・強化を図った。
2010年　子ども・子育てビジョン	少子化社会対策基本法にもとづく新たな大綱であり，社会全体で子育てを支え，個々人の希望がかなう社会の実現を基本理念とした。
2012年　子ども・子育て関連3法	質と量の両面で効果的な子ども・子育て支援を図るための「子ども・子育て支援新制度」の構築をめざしている。
2013年　待機児童解消加速化プラン	2年間の「緊急集中取組期間」と，新制度で弾みをつける「取組加速期間」により，待機児童の解消を図ろうとしている。
2015年　少子化社会対策大綱	子育て支援施策のいっそうの充実，若年齢での結婚・出産の希望の実現，多子世帯へのいっそうの配慮，男女の働き方の改革，地域の実情に即した取り組み強化を「重点課題」としている。

（出所）　筆者作成。

らない」としています。翌年には基本法の具体策を示した「少子化社会対策大綱」が閣議決定され，同年に出された「子ども・子育て応援プラン」は，大綱の重点課題に沿って，2009 年度までの 5 年間に講ずる具体的な施策の内容と目標を提示しました。このように 2000 年代後半には，支援対策における領域横断的な対応がいっそう進んでいきました。

2010 年には少子化社会対策基本法にもとづく新たな「大綱」として「子ども・子育てビジョン」が閣議決定されました。その後，2012 年には「子ども・子育て関連 3 法」が成立し，2015 年度から「子ども・子育て支援新制度」が施行されました。この新制度は，幼児期の学校教育・保育，地域の子ども・子育て支援を総合的に推進することをねらいとしています。2015 年には新たな「少子化社会対策大綱」が閣議決定されました。近年までの少子化・子育て支援対策の展開は以上のようになります。

錯綜する少子化・子育て支援対策と「公私」の境界線

このように，少子化・子育て支援対策は，近年ますます横断的で包括的なものへと変化してきました。その結果，表 2.2 にあるように，これまで子ども関連の福祉政策の主柱であった「保育サービス」は数ある施策メニューの 1 つとなりました。

では，「エンゼルプラン」以降，約 20 年にわたる日本の少子化・子育て支援政策は，上記のような不安や困難に対して十分な取り組みとなっているといえるでしょうか。この点について検討してみましょう。

これまでの少子化・子育て支援政策には，実に多種多様な「観点」が込められています。列挙すれば，①少子化や人口減少を食い止め出生率を上げようとする人口・家族政策的な観点，②子どもの人権と発達を保障しようとする児童福祉的な観点，③子育ての脱家族化を図ろうとするケアの社会化・共同化の観点，④家庭・母親の子育て力の低下に対処しようとする再家族化の観点，⑤地域の子育て力の低下に対処しようとするコミュニティ再生の観点，⑥女性の就労・労働力商品化を促進しようとする生産主義の観点，⑦児童虐待の防止と家族介入を図ろうとする秩序維持や社会統合の観点，などが見てとれます。

これらの多様な観点は，必ずしも両立できるものばかりではありません。た

CHART 表2.2 少子化・子育て支援対策の現状

子ども・子育て支援	次世代育成支援対策全般
	子育て支援
	保育関係
	児童虐待防止対策
	DV防止対策・人身取引対策等
	子育て世帯臨時特例給付金
	社会的養護
	母子家庭等関係
	母子保健および子どもの慢性的な疾病についての対策
職場における子育て支援	「育児・介護休業法」「次世代育成支援対策推進法」にもとづく仕事と家庭の両立支援

(出所) 厚労省ウェブサイト「子ども・子育て」分野に記載されている施策をもとに筆者作成。

とえば制度や市場を活用して子育ての「脱家族化」を図ろうとする観点と，育児の男女両性化を含め家族の子育て力を高めようとする「再家族化」の観点とが食い違うことは明白です。それらの観点をつなぎあわせて打ち出されるちぐはぐな政策は，不安を高めこそすれ，決して安心をもたらすようには思えません。

いずれにしても，これまでの少子化対策としての子育て支援の展開は，子育てが「私的領域」でなされることを前提にして，これを政府・企業・市民活動などからなる「公的領域」が支える，という発想に根ざしています。このことは上述した少子化社会対策基本法の理念からも明白です。つまり，多様な観点がひしめく少子化・子育て支援政策の底流には，「公的領域と私的領域の関係のあり方」という中核的な論点を見いだすことができる，ということです。子育てに関する公的責任と私的責任をどう考え，それぞれの役割をいかに設定するか。そうした根本問題をつきつめて考えていくことは，子育て支援のあり方を考えていくうえで不可欠であるといえるでしょう。

目を学問に転じると，これまでフェミニズム理論とそれをふまえた社会諸科学の研究では，公的領域と私的領域という二分法にひそむ歪みや抑圧が指摘されたり，両領域の望ましい関係について論じられたりと，さまざまな分析や議論が積み重ねられてきました（田村 2009；岡野 2012；ペイトマン 2014）。以下では，この難問を社会福祉とからめて考えていくうえで，その起点となりうる認

識や考察の視点として，アメリカの政治理論家である N. フレイザーの議論を手がかりにしてみたいと思います。やや難易度の高い議論なので，難しく感じられた場合は先に進んでもらってもかまいません。

脱政治化される必要解釈

一般化していえば社会福祉サービスの取り組みは，行政官僚や専門家が人々の社会的な必要（たとえば保育ニーズや所得ニーズ）を把握し，これを各種の資源（たとえば保育サービスや児童手当）を提供することで充足する，という一連のプロセスとしてとらえることができます。しかし，このプロセスのもとでは，必要に関する別様の見方や充たし方がありうるということが，しばしば背景に追いやられてしまいます。行政や専門家が設定した「必要（ニーズ）」とその充たし方は科学的・客観的なものであって，素人や一般市民が口を差し挟む余地はないように見えます。多くの市民は，せいぜい自分たちは，すでに決められたサービス（ニーズの見方と充たし方）について，その提供の仕方を選んだり，その内容に異議を唱えたりすることしかできない，と感じているのではないでしょうか。

フレイザーの「**必要解釈の政治**」論は，こうした社会福祉の現実に対して批判的な眼差しを向ける立脚点を提供してくれます（Fraser 1989；以下，同書の参照箇所は「F：頁数」と表記します）。彼女の議論は，現代の福祉国家体制のもとで，市民の必要をめぐる官僚や専門家による解釈が，異論や交渉の余地のないものとみなされていること（「脱政治化」されていること）を批判するとともに，そのメカニズムを説き明かしながら，必要をめぐる解釈が議論や交渉や駆け引きに開かれていること（「政治」であること）を強調します。

フレイザーは，必要解釈を脱政治化させ，その充たし方を制度化していく「しかけ」を，「司法的-行政的-治療的国家装置」（juridical-administrative-therapeutic state apparatus：JAT）と名づけています（F：154）。これは主としてアメリカの福祉制度を念頭に置いて導き出された概念です。しかしながら，フレイザーのいう JAT は，福祉制度の根本的な性質を言い当てており，アメリカにかぎらずどの福祉国家にもあてはめることができる一般性を有しているように思われます。

では，このJATという装置は，必要解釈をどのように脱政治化＝制度化していくのでしょうか。フレイザーによれば，福祉制度は，「司法」「行政」「治療」の各プロセスが緊密に結びつくことによって作動しているといいます。1つずつ説明します。

　まず「司法的プロセス」では，法にもとづいて人々に各種の権利が授けられたり否認されたりします。一般的な受給権を定めるのが司法的プロセスの役目です。次に「行政的プロセス」においては，その延長上で，受給資格に関するもっと具体的な認定基準に沿って，人々の多様な生活経験や生活問題が規格化され整序されていきます。そのようにして，人々の必要を，行政が扱えるものへと「翻訳」するのが，行政的プロセスの役目です。そして「治療的プロセス」では，認定された受給者を対象とするカウンセリングやソーシャルワークを通して，集合的・政治的であるはずの問題（たとえば育児資源・環境の不備不足）が，個人的・内面的な問題（たとえば「育児ストレス」や「育児不安」など）へとすり替えられていきます。このようにして，行政的プロセスでは「翻訳」しきれなかったギャップを埋めていくのが，治療的プロセスの役目です。なお「ギャップ」とは，人々の生活経験や生活問題と行政的認識とのズレ，あるいは，必要に関するクライエントの自己解釈と行政的解釈とのズレを指しています。

せめぎあう必要言説

　以上のようにして，JATという装置のもとで必要解釈が「脱政治化」され，争いの余地のないものとみなされていきます。ただしフレイザーは，JATのそうしたイデオロギー的な影響力（「事実」構成力）は，決して盤石なものではないことを繰り返し強調しています。フレイザーによれば，JATの必要解釈が影響力を行使している領域（言説空間）は，実は見かけ以上に多様性に富んでいるといいます。そうであるがゆえに，JATによって脱政治化された必要解釈は，常に別様の解釈にさらされている，というのです。この点をもう少し詳しく説明してみましょう。

　フレイザーは，その多様性に富んだ言説空間のことを，H.アレントという著名な政治哲学者の議論を下敷きにして，「社会的なもの」(the social) と名づ

けます（F：156）。この「社会的なもの」の領域は，これまで伝統的に「私事」とされてきた領域（「家庭領域」と「経済領域」）からあふれ出てきた必要のあり方や応じ方が語られる言説空間として新たに登場したといいます。そして，こうした伝統的な私的領域からあふれ出た必要のことを，フレイザーは「暴走する必要」（runaway needs）と呼んでいます（F：169）。保育や子育て支援のニーズはその典型といえるでしょう。

　この「社会的なもの」という新たな領域では，多種多様な必要言説が競い合っているといいます。主だったものとしては，①専門言説（"expert" needs discourses：ソーシャルワーカーや福祉行政の言説），②対抗言説（oppositional movement needs discourses：フェミニスト，各種マイノリティ，福祉受給者の言説），③再私化言説（"reprivatization" discourses：必要を家庭領域や経済領域へと送り返そうとする保守的な言説）の3つがあるとされます（F：157）。フレイザーは，これら3つの必要言説の相互作用が，現代社会における「必要の政治」を方向づけている（構造化している）と指摘しています（F：171）。

　では，本来ならば多様性と競合性に満ちているはずの言説空間において，どうしてJATの必要解釈ばかりが特権的な影響力を行使できるのでしょうか。フレイザーによれば，それは，「社会的なもの」が国家の新たな活動領域とみなされ，不当にもJATの本拠地や独壇場になってしまっているからだといいます（F：157）。そして，このJATのもとでは，対抗言説によって「政治化」（＝脱家族化・脱経済化）された「暴走する必要」が，その暴走を弱められるかたちで，福祉制度の対象へと「翻訳」されつつ制度化されていくことになるとされます（F：173）。

　具体例を用いれば，育児を女性と家庭領域から解放することが必要だとする女性運動の要求（「暴走する必要」）が，JATを仲立ちにして，ある場合には，労働時間の短縮やフリーアクセスの保育サービスによる育児の普遍的保障として制度化されたり，別の場合には，性別役割分業を前提とした制限的な育児休業や児童手当のようなかたちで制度化されたりする，ということです。いかなる制度化がなされるかは，上記3つの言説のせめぎあいがどういう政策に落ち着くかにかかっているのです。

　しかしながら，「社会的なもの」それじたいは，必要解釈をめぐって交渉や

競い合い（政治）がなされる領域であり，そこにおいて専門言説を中心とするJATは，あくまでも競合しあう解釈主体の1つにすぎない，ということをフレイザーは終始強調しています。

こうしたフレイザーの理論的な分析は，近年における日本の少子化・子育て支援政策に潜む「公的領域と私的領域の関係」という深層的論点を考えていくうえで，多くの示唆を与えてくれるはずです。フレイザーの議論に関する紹介はここまでにして，次節では，以上の議論からの示唆を交えながら，育児不安に挑み，「安心できる子育て」をめざすための道筋を展望してみたいと思います。

3 育児不安に挑む

「自分のことは自分でなんとかするしかない」のか

育児不安を抱いている養育者が，実際に個人としてできることといえば，各種の子育て支援サービスの活用や，地域の子育てサークルへの参加などが真っ先に思い浮かぶことでしょう。現在の日本では，保育サービス以外のメニューもそれなりに整ってきました（表2.3）。しかし現代社会では，個人ではどうにもならない状況に追いやられているにもかかわらず，個人として自らの不安や生活課題に対処するよう迫る圧力がいっそう強まっています。

第1章では，若者の雇用不安との関わりで「就活」（就職活動）に言及しました。現代に生きる私たちは，この「就活」にはじまり，「婚活」（結婚するための活動），「妊活」（妊娠するための活動），「保活」（認可保育所を利用できるようにするための活動），そして「終活」（人生終盤での老い支度）と，人生の要所要所に生じるさまざまな生活課題やリスクに，個人として能動的に対処することを求められています（その圧力の度合いにはジェンダーの不均衡が見られます）。

このような一連の「〜活」言説のもとでは，あたかも個人が生活を脅かすもろもろの事態への対処にあたり，十分な力量を備えているかのようにみなされます。たしかに，教育水準が上がり男女ともに高学歴化が進む一方で，情報通

CHART 表2.3 主な子育て支援施策——現物給付と現金給付

地域子育て支援拠点事業	地域の子育て中の親子の交流促進や育児相談等を実施し、子育ての孤立感、負担感の解消を図り、すべての子育て家庭を地域で支えるための事業。その実施形態には、一般型（常設の地域の子育て拠点を設け、地域の子育て支援機能の充実を図る取り組みを実施）、連携型（児童福祉施設等多様な子育て支援に関する施設に親子が集う場を設け、子育て支援のための取り組みを実施）、地域機能強化型（子ども・子育て支援新制度の円滑な施行を見据えて利用者支援体制の基盤の構築を行うとともに、地域において子の育ち・親の育ちを支援する地域との協力体制の強化を実施）がある。
乳児家庭全戸訪問事業（こんにちは赤ちゃん事業）	乳児のいる家庭と地域社会をつなぐ最初の機会とすることにより、乳児家庭の孤立化を防ぎ、乳児の健全な育成環境の確保を図る事業。具体的には、生後4カ月までの乳児のいるすべての家庭を訪問し、さまざまな不安や悩みを聞き、子育て支援に関する情報提供等を行うとともに、親子の心身の状況や養育環境等の把握や助言を行う。また、支援が必要な家庭に対しては適切なサービス提供につなげる。
養育支援訪問事業	育児ストレス、産後うつ病、育児ノイローゼ等の問題によって、子育てに不安や孤立感等を抱える家庭や、さまざまなことが原因で養育支援を必要としている家庭に対して、子育て経験者等による育児・家事の援助や、保健師等による具体的な養育に関する指導助言等を、訪問して実施することにより、個々の家庭の抱える養育上の諸問題の解決や軽減を図る事業。
ファミリー・サポート・センター事業	乳幼児や小学生等の児童を有する子育て中の労働者や主婦等を会員として、児童の預かりの援助を受けることを希望する者と、当該援助を行うことを希望する者との相互援助活動に関する連絡・調整を行う事業。
放課後児童健全育成事業（学童保育）	放課後児童（保護者が労働等のため昼間は家庭にいない10歳未満の児童）に対し、授業終了後に児童館等を利用して適切な遊びと生活の場を与えて、その健全な育成を図る事業。
児童館事業	児童福祉法第40条に規定する児童厚生施設の1つである児童館において、児童に健全な遊びを与えて、その健康増進や情操を豊かにすることを目的とした事業。
児童手当制度	家庭等の生活安定への寄与と、次代の社会を担う児童の健やかな成長に資することを目的に、国内に住所を有する児童に対し、月額で0歳から3歳未満は15,000円、3歳から小学校修了までの第1子・第2子に10,000円（第3子以降15,000円）、中学生には10,000円を支給する制度。所得制限がある。
児童扶養手当制度	ひとり親家庭の生活安定と自立促進への寄与と児童の福祉増進のために、18歳未満の児童を養育する世帯等に、児童1人につき月額41,020円（全部支給の場合）を支給する制度。児童2人以上の場合は2人目で5,000円、3人目以降1人につき3,000円が加算される。所得制限がある。

（出所）　厚労省ウェブサイト「子ども・子育て支援」の施策情報をもとに筆者作成。

信技術の進歩により，各種の資源へのアクセスも格段に向上しました。また，助言や相談を求める個人を支援する専門的サービス（各種のアドバイザー，カウンセラー，コンサルタント）も充実をみています。その結果，個人はかつてよりも強く賢くなった（少なくともその条件は整った）といえるかもしれません。

いずれにしても，「〜活」言説がはびこる現在の風潮は，個人に対して問題解決と責任をゆだねすぎているところがあります。にもかかわらず，そのことは自然な事柄であるかのように受けとられているようです。第1章でも指摘しましたが，私たちは，自分たちの行いを，社会のしくみによる影響とは無関係に，すべて自分自身がしでかしたことであるかのように受けとりやすくなっているのです。

ところで，少し立ち止まって考えてみると，「〜活」といわれている事柄は，ことごとく既存のルールや従来の慣習がうまくいかなくなったところで発生していることに気がつくはずです。それまでならば，おのずとなんとかなっていた事柄がなんともならなくなって，「個人」ががんばるしかないと感じられるようになった，ということです。誰も助けてくれないのだから，自分のことは自分でなんとかするしかない。自己決定，自己選択，自己責任，自助こそが基本だ。そういう空気がいっそう強まっているように見えます。

そうしたなかで，養育者たちは，自らが置かれた状況を問わず，不安だらけの育児に個人で挑むよう迫られ，そのプレッシャーがさらなる不安を招いていくという悪循環に陥っていると考えられます。**CASE−2**のような専業主婦の密室の育児にも，**CASE−3**のような母子世帯の育児にも，そのような悪循環を見てとることができます。なかでも，待機児童問題の深刻化のもとで泥沼化している「保活」は，こうした悪循環の見本といえるでしょう（その実態については，猪熊 2014 を参照）。

個人化された挑み方を超えて

この「保活」に見られる個人化された挑み方は，育児不安に対する挑み方としてどこかおかしいと感じている人もいるはずです。上述したフレイザーの議論が教えてくれるのは，「保活」のような個人化され脱政治化された挑み方を超えて，子育てを「（再）政治化」していくような挑み方の大切さと可能性で

す。それは「個人」としての挑戦には収まらない、社会的で集合的な挑み方であるともいえます。

　育児不安のなかには、たくさんの「ニーズ」（必要や要求や欲求）が、未分化のまま詰まっていると考えられます。行政によって無視され否認された「ニーズ」が行き場を失い、それが不安として感じられることもあるように思われます。たとえば、ほんとうはもっと養育費のバックアップが必要なのに、世の中ではサービス（現物給付）の充実ばかりがいわれていれば、表だって「もっとお金がほしい」とは要求しにくいでしょうし、金を求める自分が間違っているのではないかという気持ちになってしまうかもしれません。

　理不尽なまでに個人のがんばりを強いる行政の決めごと（専門言説）や、母親の責任を強調する世間の風潮（再私化言説）に抗って、育児不安を自分自身の必要・要求・権利の言葉（対抗言説）へと転換しつつ、育児不安を抱える人々の間でその共有を図っていくこと。それこそが「必要解釈の政治」論が教えてくれる育児不安への挑み方ではないでしょうか。

　私たちは実際にそうした挑戦を目の当たりにしたはずです。2013年3月に保育所を利用できなかった親たちのグループが声をあげ、待機児童問題にすみやかに対処せよと自治体に異議申し立てを行いました。これをメディアが「保育所一揆」「ママたちの一揆」などと報道したことを覚えている方も多いと思います。ジャーナリストの猪熊は、これらを「子育て界の『アラブの春』」と表現しています（猪熊 2014：134-39）。こうした動きは、東京都杉並区にはじまり、渋谷区、大田区、練馬区、目黒区、埼玉県さいたま市などへと広がっていきました。その結果、杉並区では認可および認可外の保育所の定員増が図られることになりました。

　繰り返しになりますが、フレイザーは、「社会的なもの」の領域で競い合っている主な必要言説として「専門言説」「対抗言説」「再私化言説」の3つを挙げ、これらの相互作用が現代社会における必要の政治を構造化しているという解釈を示しました。多様な観点がひしめく少子化・子育て支援政策の底流には、「公的領域と私的領域の関係」（あるいは領域間の境界線の引き方）という政治的争点が控えています。そしてこの争点をめぐって、子育てを社会化しようとする観点と、養育者・家庭の責任を重く見ようとする観点とが、鋭くせめぎあっ

ているのです（松木 2013）。

　そうしたなかで，市民としていかなる「対抗言説」を打ちだしていくかが，少子化・子育て支援政策の展開にとって重要な意味をもちはじめています。その際，脆弱な状況に置かれた市民たちの「声にならない声」をしっかりと聞き届け，政治の表現や言葉（必要・要求・権利の言葉など）に変えていくような取り組みが課題となるように思われます。学生，研究者，ソーシャルワーカー，ジャーナリスト，アーティスト，アクティビストなどが，それぞれの強みを活かし，市民としてそうした課題を遂行していくことが期待されます。

POINT

- □ 1 　育児不安を知り，考え，これに挑むことは，私たちの社会や政治のしくみを知り，考え，これに挑むことでもある。
- □ 2 　現代社会では，多くの人々が育児資源（所得・仕事・時間・関係・情報）のどれかが，あるいはすべてが足りないなかで，育児を行っている。
- □ 3 　子育て世帯において，「金」と「時間」という基礎的な育児資源が全般的に不足しているが，ひとり親世帯，特に母子世帯における育児資源の不足はきわめて深刻な状態にある。
- □ 4 　1990 年代以降，少子化対策の名のもとに，さまざまな政策が矢継ぎ早に打ちだされ，少子化・子育て支援対策はますます横断的で包括的なものへと変化してきた。
- □ 5 　近年の少子化・子育て支援政策には，多種多様な「観点」を見いだすことができるが，そこには「公的な事柄と私的な事柄との関係とあり方」という原理的な問題が見てとれる。
- □ 6 　子育てに関する公的責任と私的責任のあり方という根本問題をつきつめて考えていくことは，子育て支援のあり方を考えていくうえで不可欠であるが，フレイザーの議論は，この難問を社会福祉とからめて考える際の出発点となりうる。
- □ 7 　フレイザーの「必要解釈の政治」論は，現代の福祉国家体制のもとで，人々の必要（ニーズ）に関する官僚や専門家の解釈が「脱政治化」されていることを批判するとともに，必要解釈が「政治」であることを強調する。
- □ 8 　フレイザーの議論は，「保活」のような個人化そして脱政治化された挑み方を超えて，子育てを「政治化」していく挑み方の大切さと可能性を教えてく

れるが,そのためにはいかなる「対抗言説」を打ちだしていくかが重要な意味をもつ。

引用文献　　　　　　　　　　　　　　　　　　　　　　　　Reference

阿部彩,2008『子どもの貧困——日本の不公平を考える』岩波書店
阿部彩,2014『子どもの貧困Ⅱ——解決策を考える』岩波書店
赤石千衣子,2014『ひとり親家庭』岩波書店
Fraser, N., 1989, *Unruly Practices: Power, Discourse and Gender in Contemporary Social Theory*, Polity Press
猪熊弘子,2014『「子育て」という政治——少子化なのになぜ待機児童が生まれるのか?』角川書店
岩上真珠,2013『ライフコースとジェンダーで読む家族〔第3版〕』有斐閣
松木洋人,2013『子育て支援の社会学——社会化のジレンマと家族の変容』新泉社
NHK「女性の貧困」取材班,2014『女性たちの貧困——"新たな連鎖"の衝撃』幻冬舎
岡野八代,2012『フェミニズムの政治学——ケアの倫理をグローバル社会へ』みすず書房
ペイトマン,C.著／山田竜作訳,2014『秩序を乱す女たち?——政治理論とフェミニズム』法政大学出版局
田村哲樹,2009『政治理論とフェミニズムの間——国家・社会・家族』昭和堂

CHAPTER

第3章

老後の不安

どのような「共助」を創造するか？

KEYWORDS

終活　高齢化　老後保障システム　高齢社会対策基本法　地域包括ケアシステム　自助・共助・公助

QUESTION

　長寿化に合わせた経済社会のあり方や個々人の生き方が問われています。超高齢社会の現在，人々は老後に関してどのような不安を抱いているのでしょうか。高齢化が急速かつ劇的に進んでいくなかで，高齢者本人とその家族が安心できる暮らしを実現するために，これまで国はどのような取り組みを行ってきたのでしょうか。老後における種々の不安に，私たちはどのように挑んでいけばよいのでしょうか。

1 老後不安を知る

老後不安と「人生設計」の時代

　現代の日本社会では，「老い衰えゆくこと」（天田 2011）が社会的な関心事となっています。書店の一角には，老いをどう生きるかを指南する書籍のコーナーが設けられています。それらで扱われているテーマは，死生観を論じる深遠なものから，遺言書の書き方や終の住処の選び方といった実用的なものまで，実にバラエティに富んでいます。切り口も多様であり，シングル高齢者の積極的な生き方を論じるものもあれば，老後を生きる当事者の声を届けようとするものもあります（上野 2011；藤森・須之内 2014）。

　多くの書籍のなかでも，とりわけ「お金」と「健康」を主題としたものが目立ちます。もちろん老後の不安は，お金と健康の問題に集約できるわけではありません。ひとり暮らしの高齢者が増え，隣近所とのつきあいも希薄化するなかで，孤立死への不安も高まっています（詳細は⇨第 6 章）。無縁化した老後や終の住処を失った高齢者の姿を，多くの人々が他人事とは感じられなくなっています（NHK「無縁社会プロジェクト」取材班 2010；NHK スペシャル取材班 2013）。また，オレオレ詐欺や送りつけ商法といった，高齢者をねらった犯罪も懸念されています。

　老後への不安とも関わって，福祉制度（社会保障）への関心もいっそう高まってきました。社会保障は，人々の生活を支え，安心できる暮らしをもたらそうとする制度の体系です。しかし，社会保障にまつわる報道は「年金破綻」「医療崩壊」「介護難民」など，不安をあおるものばかりが目につきます（年金不信については⇨第 8 章）。

　メディアは社会保障が頼りにならないことを印象づけていますが，その一方で，老後への私的な備えに関する話題が人気を博しています。いわゆる「老後破産」を阻止するための投資・貯蓄・保険などのマネープランや，「健康寿命」をのばすための効果的な運動や食事といったヘルスプランは，雑誌記事や情報

番組の定番となっています。それらの人気の秘密は，こうした備えが「自分でできそうな事柄」に見える点にあるといえるでしょう。

　実際に近年では，老後の不安に個々人が自らの努力と才覚で対処できる環境が整ってきたことも確かです。多様な保険・金融商品が開発・販売され，手頃な有料老人ホームやケア付き住宅の整備も進んでいます。お金，仕事，健康，住居，相続，葬儀，お墓など，将来の心配事にどうやって備えるかということに関して，個々の市民はかつてないほど多くの選択肢を手にしています。個人の主体的な老い支度を意味する「**終活**」という言葉を耳にするようになりました。まさに現在は，自分の生活を能動的に組み立てていく「人生設計の時代」であると，多くの人々が実感しているはずです。メディアも時代の空気を反映し，個々人の人生設計に役立つ情報を発信し続けているともいえるでしょう。

　それでも，きちんとした人生設計を立て，計画どおりに人生を送れる人ばかりではありません。人生には思いもよらない出来事が発生しますし，一口に高齢者や老後といっても，そのありようは実に多様です。金銭面も健康面も，また人間関係の面でも満ち足りている人もいれば，そうでない人もいます。また，老後の不安に備える手立てが複雑化・多様化すればするほど，そうした手立てを活用することも難しくなります。こうして人生設計や終活へのプレッシャーが，新たな不安や脆弱性を招いているふしすらあります。本章では，一連の老後不安にどのように挑んでいけばよいのかについて考えていきます。

老後不安の事例

　現代日本社会において，人々が老後に対してどのような不安を抱いているかを，2つの事例を通して確認してみましょう。

CASE-1　●悠々自適の老後

　杉山浩一さん（70歳）は退職後，妻の宏子さん（70歳）とともに首都圏近郊のセカンドハウスと都内の自宅を往復しながら暮らしています。セカンドハウスでは晴耕雨読の日々を送っています。週末に子どもたちが孫を連れてやってくることもあります。日々の生活費は，月額で約20万円の厚生年金で十分にまかなえます。そのため，退職金は手つかずのままです。信託会社に資産運用

を任せてあり，それなりの配当もあります。目下の不安材料は自分たちの健康です。2人とも持病はありませんが，最近，宏子さんの物忘れがひどくなってきました。また，終の住処をどこにするかということも悩みの種です。資金の問題はないものの，自分たちが要介護状態になっても暮らせるよう自宅をリフォームするか，それとも自宅を売却して介護付きマンションを購入し夫婦で入居するかで迷っています。

CASE-2 ●貧しく孤立した老後

松田うめさん（85歳・女性）は持ち家でひとり暮らしをしています。夫と二人三脚で青果店を営んできましたが，10年前に夫は他界しました。子どもは授かりませんでした。夫の死後は店をたたみ，月額で約6万円の国民年金を頼りに，貯金を取り崩しながら細々と暮らしています。松田さんにとって唯一の身内である妹（82歳）は認知症が進行し，遠方のグループホームに入居しています。交流のあった友人や隣人たちも相次いで亡くなり，外出する機会もめっきり減りました。持病の膝関節痛のせいもあって，食料品は配達してもらっており，病院に通う以外にはほとんど外出はしていません。施設には入居せずに，このまま住み慣れた自宅で暮らし続けることを望んでいます。貯金がもうすぐ底をつきそうですが，生活保護には頼りたくないと考えています。お金の面でも健康の面でも悩みは尽きません。

CASE-1の杉山さん夫婦のように，家族に囲まれ悠々自適の豊かな老後を送る人もいれば，CASE-2の松田さんのように貧しく孤立した老後を送る人もいます。もちろん杉山さん夫婦も松田さんも，加齢にともなう脆弱化とその不安からは逃れられません。そうした意味で，老いは平等であるといえます。しかし，抱かれる困難や不安の中身そして対処能力には，歴然とした違いがあります。老いと死の平等性は，社会経済的な不平等と格差を前にすれば意味を失うといえるかもしれません。

ここで，平成27年版『高齢社会白書』（内閣府，第1章）をもとに，事例と関連する範囲で基本データを確認しておきましょう。現在，松田さんのように1人で暮らす高齢者が急増しつつあります。ひとり暮らし高齢者は，1980（昭和55）年において男性が約19万人（高齢者人口の4.3％），女性が約69万人（同

11.2％）でした。しかし，その30年後の2010（平成22）年においては，男性で約139万人（同11.1％），女性で約341万人（同20.3％）となり，男女ともひとり暮らし高齢者の比率は倍増しました。高齢者世帯（65歳以上の高齢者のいる世帯）は，2013（平成25）年現在で，全世帯の44.7％を占めていますが，その半数は事例のような「単独世帯」と「夫婦のみ世帯」で占められています。

　白書によれば，ひとり暮らし高齢者の4人に3人が，経済的な暮らし向きに心配を感じていないといいます。毎月の収入が5万円未満であってもその56.6％が「心配ない」としており，ひとり暮らし高齢者は，経済面については心配や不安を表明しない傾向が見られます。日常生活の不安については，「健康や病気のこと」が最も多く58.9％となっており，次いで「寝たきりや身体が不自由になり介護が必要となる状態になること」が42.6％，「自然災害」が29.1％，「生活のための収入のこと」が18.2％，「頼れる人がいなくなること」が13.6％となっています。ここからは，経済状況よりも健康状態のほうが，ひとり暮らし高齢者にとっては重大な不安材料となっていることがうかがえます。

　次に経済状況を見てみましょう。高齢者世帯の年平均所得（2012年）は約309万円です。これは全世帯平均（約537万円）の半分強ですが，世帯人員1人当たりで見ると全世帯平均と大差ありません。高齢者世帯の所得の内訳を見ると，「年金（公的年金・恩給）」が総所得の約7割を占め，「稼働所得」が約2割となっています。年金を受給している高齢者世帯に限っていえば，年金が唯一の収入源（所得の10割が年金）となっている世帯は57.8％，所得に占める年金の比率が8〜10割未満の世帯は11.9％となっています。ここからは，ほとんどの高齢者世帯において，所得の大部分を公的年金給付が占めていることがうかがえます。

　上記2つの事例からもうかがえるように，高齢期には所得格差ばかりでなく，あるいはそれ以上に，資産格差が深刻化する傾向が見られます。図3.1が示しているように，高齢期の所得格差（所得再分配後）は，他の年齢階級とおおむね同程度となっています。しかしながら，世帯主の年齢が65歳以上の世帯（2人以上）の17.6％が4000万円以上の貯蓄を有している一方で，65歳以上の生活保護受給者（つまり貯蓄・資産が皆無の者）は2013年で88万人となっています。こうしたデータは，不利や不運が蓄積される高齢期において，フロー

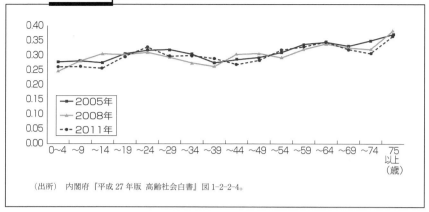

図3.1 日本の高齢者の所得格差

(出所) 内閣府『平成27年版 高齢社会白書』図1-2-2-4。

(所得)にもましてストック(資産)の格差が深刻であることを示唆しています。次に老後不安の背景に迫ってみたいと思います。

老後不安の背景としての「超高齢化」

現代の老後は「老いていく社会における個々人の老い」として特徴づけられます。社会が老いるというのは,人口の**高齢化**を意味します。よく知られているように,日本では高齢化率(総人口に占める65歳以上人口の比率)が7％を超えた社会を「高齢化社会」(ageing society),その倍の14％を超えた社会を「高齢社会」(aged society)と呼んでいます。日本社会が高齢化社会に突入したのは1970(昭和45)年であり,高齢社会となったのは1994(平成6)年です。その間わずか24年にすぎません。これに対してヨーロッパ諸国では,フランスが126年,スウェーデンが85年,やや短いドイツでも40年と,同じ変化に長い年月をかけています。日本の高齢化のスピードがいかに速いかがわかります。

さらに,高齢化率が21％を超えた社会は「超高齢社会」とも呼ばれます。2014(平成26)年の高齢化率は26.0％であり,すでに日本は超高齢社会に突入しています。国立社会保障・人口問題研究所の推計では,今後,総人口が減少するなかで高齢化率は上昇を続け,2035年には33.4％,さらに2060年には39.9％となり,約2.5人に1人が高齢者の社会になると見積もられています(図3.2)。高齢化社会の目安である7％の5倍以上の高齢化率ですから,2060年の日本は「超超高齢社会」と呼ばれることになるかもしれません。

CHART 図3.2　日本の高齢化の推移と将来推計

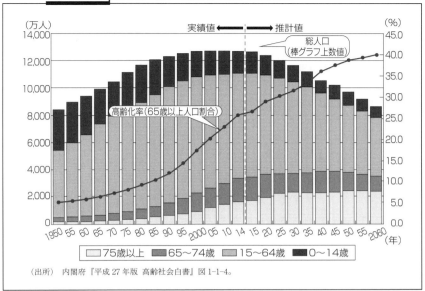

(出所)　内閣府『平成27年版 高齢社会白書』図1-1-4。

　今後は，こうした急速な高齢化と人口減少が進んでいくなかで，75歳以上の後期高齢者とひとり暮らし高齢者が増加していくことになります。それらはただちに認知症を含む要介護高齢者や孤立死の急増を意味するわけではないにしても，心身の健康を維持・向上させていくための取り組みや，孤立を防ぐための対策の充実が急務であることに変わりありません。

　今後を見据えて，誰もが安心できる老後を実現していくためには，経済社会のしくみそのものに大きな見直しが必要であることはいうまでもありません。しかし，何をどのように見直していくかについては，多様な考え方があります。次節では，国の取り組みの現状を確認したうえで，何をどう見直していけばよいかを考えてみたいと思います。

老後不安を考える

老後保障システム（高齢社会対策）の形成

　安心できる老後の暮らしに向けて，これまで国はどのような取り組みを進めてきたのでしょうか。ここでは，長期化する市民の老後がもたらす影響に対処しようとする政府の取り組みの総体を**老後保障システム**と呼ぶことにします。所得・医療・介護・住宅の保障をはじめ，自立と社会参加に向けた各種の社会政策プログラムが，日本における老後保障システムの基盤をなしています。日本では1980年代を過ぎたあたりから「高齢社会対策」として，超高齢社会を見据えた老後保障システムの構築が急ピッチで進められてきました。

　1986（昭和61）年に閣議決定された「長寿社会対策大綱」は，「人生50年時代」に形成された既存の制度や慣行を見直して，「人生80年時代」にふさわしい経済社会システムに転換することをねらいとしました。その後のさらなる高齢化を受けて，1995（平成7）年には**「高齢社会対策基本法」**（以下，基本法）が制定されました。

　基本法には法制定の趣旨が述べられています。その前文によると，日本では「高齢者が安心して暮らすことのできる社会」の形成が望まれながらも，「高齢化の進展の速度に比べて国民の意識や社会のシステムの対応は遅れて」いるので，「高齢社会対策の基本理念を明らかにしてその方向を示し，国を始め社会全体として高齢社会対策を総合的に推進していくため」にこの法律を制定したとされています。

　また基本法第2条は，次のような社会を構築することが，高齢社会対策の基本理念であるとしています。それはどういう社会かといえば，①国民が生涯にわたって就業その他の多様な社会的活動に参加する機会が確保される公正で活力ある社会，②国民が生涯にわたって社会を構成する重要な一員として尊重され，地域社会が自立と連帯の精神に立脚して形成される社会，③国民が生涯にわたって健やかで充実した生活を営むことができる豊かな社会，であるとされ

CHART 表3.1 高齢社会対策大綱における6つの基本的考え方

(1) 「高齢者」のとらえ方の意識改革	「支えが必要な人」という高齢者像を変え，意欲と能力のある65歳以上の者には支える側に回ってもらうよう意識改革を図る。
(2) 老後の安心を確保するための社会保障制度の確立	自助・共助・公助の最適バランスに留意し，自立を家族，国民相互の助け合いのしくみを通じて支援する。国民1人ひとりの安心感を高め，持続可能な社会保障制度の構築を図る。
(3) 高齢者の意欲と能力の活用	どの年齢でも働ける社会をめざすために，柔軟な働き方が可能となる環境整備を図る。社会参加の機会を確保し，高齢者の「居場所」と「出番」をつくる。
(4) 地域力の強化と安定的な地域社会の実現	高齢者の社会的孤立を防ぎ家族介護者を支えるために，地域のつながりの構築を図る。「顔の見える」助け合いによる「互助」の再構築に向けて取り組む。地域で尊厳をもって生きられるような，医療・介護体制の構築を進める必要がある。
(5) 安全・安心な生活環境の実現	バリアフリーを進めつつ，医療や介護，職場，住宅が近接した集約型のまちづくりを推進し，地域の公共交通システムの整備等に取り組む。高齢者を犯罪等から守るために，地域で孤立させないためのコミュニケーションの促進が重要である。
(6) 若年期からの「人生90年時代」への備えと世代循環の実現	健康でいきいきとした高齢期を過ごすためには，若年期からの健康管理，生涯学習，自己啓発が重要である。仕事時間と生活時間（育児や介護，自己啓発，地域活動等）との調和の推進を図る。高齢期の経済的自立のために，資産の形成を支える取り組みを図る。高齢者の築き上げた資産を次世代が適切に継承できるしくみの構築を図る。

（出所）大綱を整理して筆者作成。

ています。

そして，基本法第6条の規定にもとづき，政府が推進すべき総合的な高齢社会対策の指針として，これまで3つの大綱が定められてきました。最初は1996（平成8）年，次は2001（平成13）年，やや時間が空いて2012（平成24）年に現行の高齢社会対策大綱が定められました。次に，現行の大綱に依拠して老後保障システムの概要を確認します。

老後保障システムの概要——高齢社会対策大綱より

大綱には，6つの「基本的考え方」が示されています（表3.1）。そして，これをふまえて，分野別の指針とともに，具体的な数値目標が掲げられています（表3.2）。ここからは，参加型の市民像（高齢者や地域住民の能動的なイメージ）を掲げながら，年金・医療・介護にかぎらず，多方面にわたる横断的な取り組

CHART 表3.2 高齢社会対策大綱における6つの施策分野と主な数値目標

施策分野	指針の概要	主な数値目標
①就業・年金等分野	1) 全員参加型社会の実現のための高齢者の雇用・就業対策の推進 2) 勤労者の生涯を通じた能力の発揮 3) 公的年金制度の安定的運営 4) 自助努力による高齢期の所得確保への支援	60〜64歳就業率（H23：57.3%→H32：63%），年次有給休暇取得率（H22：48.1%→H32：70%），在宅型テレワーカーの数（H23：490万人→H27：700万人）
②健康・介護・医療等分野	1) 健康づくりの総合的推進 2) 介護保険制度の着実な実施 3) 介護サービスの充実 4) 高齢者医療制度の改革 5) 住民等を中心とした地域の支え合いのしくみづくりの促進	介護サービス利用者数（H24：452万人→H37：657万人），介護職員数（H24：149万人→H37：237〜249万人），1日あたりの在宅医療等（H24：17万人分→H37：29万人分）
③社会参加・学習等分野	1) 社会参加活動の促進 2) 学習活動の促進	大学への社会人入学者数（H23：約4.6万人→H32：9万人），「新しい公共」への参加割合の拡大（H22：26%→H32：約50%）
④生活環境等分野	1) 豊かで安定した住生活の確保 2) ユニバーサルデザインに配慮したまちづくりの総合的推進 3) 交通安全の確保と犯罪，災害等からの保護 4) 快適で活力に満ちた生活環境の形成	高齢者人口に対する高齢者向け住宅の割合（H17：0.9%→H32年度末：3〜5%），不特定多数の者等が利用する一定の建築物のバリアフリー化率（H22年度末：48%→H32年度末：約60%）
⑤高齢社会に対応した市場の活性化と調査研究推進	1) 高齢者向け市場の開拓と活性化 2) 超高齢社会に対応するための調査研究等の推進と基盤整備	健康関連サービス産業と雇用の創出（H19：市場規模13.1兆円・雇用150万人→H32：市場規模25兆円・雇用230万人）
⑥全世代が参画する超高齢社会に対応した基盤構築	1) 全員参加型社会の推進	25〜44歳の女性就業率（H23：66.9%→H32：73%），男性の育児休業取得率（H23：2.63%→H32：13%）

（出所）大綱を整理して筆者作成。

みが進められていることがわかります。

　また，大綱からは，老後保障システムの構築にあたって，政府がどのような政策課題を見いだしているのかを読み取ることができます。たとえば，表3.2の①「就業・年金等分野」に関する指針からは，高齢者の雇用・就業機会が確

保されておらずそのサポートも不十分である，ケア（介護・育児）と仕事の両立を支援するしくみが不十分である，公的年金制度は持続可能性という点でも産業構造や働き方の変化への対応という点でも難点を抱えている，自助努力による老後の備え（企業年金，退職金，資産形成等）に関する支援が不十分である，といった課題認識が読み取れます。また，②の「健康・介護・医療等分野」に関する指針からは，生涯にわたる健康づくりに関して，特に若年期からの取り組みが必要である，介護サービスや高齢者医療の充実を図るうえで「**地域包括ケアシステム**」の実現が必要である，といった課題認識が読み取れます。

　さらに，大綱では，政府の考え方として，老後における「仕事」「お金」「健康」「住まい」に関する国民的な不安を解消するために，国家，市場，社会の役割分担を明確にし，**自助・共助・公助**のバランスを整えることが，老後保障システムづくりの中心課題であることが強調されています。なかでも，「地域包括ケアシステムの構築」という課題は，自助・共助・公助（さらには互助）のバランスのあり方が問われる政策構想として，老後保障システムづくりにとって中心的な位置を占めはじめています。その詳細については次節で解説します。

自助・共助・公助のバランス

　近年，日本政府は，「自助・共助・公助のバランス」を重視しながら，老後保障システムの見直しや構築を図っています。2012（平成24）年には，社会保障制度改革推進法（以下，推進法）が成立しました。推進法は，改革の基本的な考え方について，「自助，共助及び公助が最も適切に組み合わされるよう留意しつつ，国民が自立した生活を営むことができるよう，家族相互及び国民相互の助け合いの仕組みを通じてその実現を支援していく」（第2条第1項）としています。この点について，推進法にもとづいて設置された「社会保障制度改革国民会議」（以下，国民会議と表記）は，その報告書（2013年提出）で次のように解説しています。

　日本の社会保障制度は，自助・共助・公助の最適な組合せに留意して形成すべきとされている。／これは，国民の生活は，自らが働いて自らの生活を支え，

自らの健康は自ら維持するという「自助」を基本としながら，高齢や疾病・介護を始めとする生活上のリスクに対しては，社会連帯の精神に基づき，共同してリスクに備える仕組みである「共助」が自助を支え，自助や共助では対応できない困窮などの状況については，受給要件を定めた上で必要な生活保障を行う公的扶助や社会福祉などの「公助」が補完する仕組みとするものである。／この「共助」の仕組みは，国民の参加意識や権利意識を確保し，負担の見返りとしての受給権を保障する仕組みである社会保険方式を基本とするが，これは，いわば自助を共同化した仕組みであるといえる。／したがって，日本の社会保障制度においては，国民皆保険・皆年金に代表される「自助の共同化」としての社会保険制度が基本であり，国の責務としての最低限度の生活保障を行う公的扶助等の「公助」は自助・共助を補完するという位置づけとなる。なお，これは，日本の社会保障の出発点となった1950（昭和25）年の社会保障制度審議会の勧告にも示されている。／社会保障制度改革においては，こうした自助・共助・公助の位置づけを前提とした上で，日本の社会経済の情勢の変化を踏まえて，その最適なバランスをどのように図るのかについて議論が求められている。(『社会保障制度改革国民会議報告書——確かな社会保障を将来世代に伝えるための道筋』: 2-3。「／」は改行)

　整理すると，報告書は，国民・市民が自ら働いて生計を立て健康の維持に努めることを「自助」とし，各種生活リスクに共同で備えるしくみとしての社会保険を「共助」としたうえで，公費を財源とする「公助」によって両者を補完するとしています（なお「互助」には言及されていません）。そして，「自助の共同化」である共助としての社会保険制度こそが，社会保障の基本であると位置づけています。

　報告書の見解はとてもシンプルですが，「共助」に関する理解がやや一面的であるように思われます。共助のポテンシャルを発揮させていくには，これとは別様の解釈が必要です。本章では解釈の幅を広げるために，「共助」を「自助・公助・互助」という3つの「助」の混合であり，それら3つの要素をもったハイブリッドな「助」概念であるととらえます。そのイメージを図示すると図3.3のようになります。以下，この図に沿って「共助」に関する本章の解

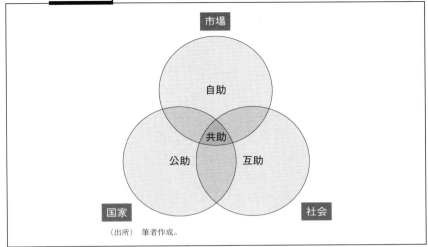

図3.3 共助の3層モデル——自助・公助・互助と共助

（出所）筆者作成。

釈（共助の3層モデル）について説明します。

共助の3層モデル

この図3.3について解説します。私たちは「市場」「国家」「社会」という3つの領域のもとで，生きるために必要なもの・ことを充たしています。自助や公助というときの「助」とはいったい何かといえば，各領域での必要充足を「助ける／助長する」ことを意味していると見てよいでしょう。つまり，市場においては，労働の対価を通じて，自分自身と家族の必要充足を助ける「自助」がなされ，国家においては，公的なしくみのもとで市民の必要充足を助ける「公助」がなされ，社会においては，家族や仲間どうしが互いの必要充足をインフォーマルに助け合う「互助」がなされる，ということです。このように，自助・公助・互助は，領域別の「助」概念としてとらえることができます。

先に見たように，国民会議の報告書は，共助を社会保険と同一視し，これを「自助の共同化」ととらえていますが，共助はもっと多面的で複合的な概念であると考えられます。社会保険の給付は，被保険者である個々人が（被用者の場合は企業も）納める社会保険料と，制度の運営や財政調整のために投入される公費でまかなわれています。市民による保険料の拠出は「自助」の側面をもち，公費の投入は「公助」の側面をもつといえます。また社会保険は，歴史的

② 老後不安を考える ● 73

に見れば仲間どうしの「相互扶助」（＝互助・互酬）に起源があり，こんにちでもそれは社会的な連帯（一般化・抽象化された互助）の精神に支えられています。こうしたことを考えあわせれば，「共助」を，自助・公助・互助の要素から構成されるハイブリッドな概念ととらえる本章の解釈は，それほど不自然なものとはいえないはずです。

こうした共助の3層モデルは，決して国民会議による共助解釈と食い違っているわけではありません。なぜなら国民会議のいう「自助の共同化」とは，自助が公助や互助と接近・融合していくことを意味していると考えられるからです。つまり，社会保険のもとでは，自助による私的な備えや扶養が，公費の投入された互助的な備えあいのシステムへと組み込まれている，ということです。このように考えれば，「自助の共同化」とは「自助の公助化と互助化」とほぼ同義であるといえるでしょう。ただし3層モデルでは，共助は「自助の公助化と互助化」であるだけでなく，「公助の自助化と互助化」でもありうるし，また「互助の自助化と公助化」でもありうる，ととらえています。それゆえ3層モデルの共助解釈と国民会議の共助解釈とは決して食い違うわけではないにしても，3層モデルからすれば国民会議の解釈は共助の一面しかとらえていないということになります。

この3層モデルの強調点は2つあります。その1つは，共助を「脱領域的な助」としてとらえることにあります。自助は市場領域，公助は国家領域，互助は社会領域に根ざしています。これに対して共助は，図3.3に示したように，これらの各領域が交わり重なるところで追求・実現されるのであって，どれか特定の領域に根ざしているわけではありません。ただし，共助は根無し草の営為であるわけではなく，既存の領域を脱した「共」（共同性，共生）の場や関係を，新たに創出していくと考えられます。つまりこの「共」の場と関係は，市場・国家・社会という特定・既存の領域には根ざさない，という意味で「脱領域的」なのです。

もう1つの強調点は，共助と他の「助」とが相互規定関係にある，ととらえることにあります。これは，まず自助・公助・互助が相互に結びついて共助が形成されると，この共助を前提にして自助・公助・互助の役割や水準が定められ，それがまた共助のあり方を決めていく，といったダイナミックな連動関係

にある,という解釈です。たとえば,共助としての公的年金の給付水準が十分であれば,自助としての貯蓄や資産運用等も,公助としての生活保護も,その役割を縮小させるでしょうし,互助としての老親扶養や慈善活動も低調になるかもしれません。反対に,共助の水準が不十分であれば,自助・公助・互助にはそれを補填するような役割が期待されていくことになるかもしれません。

実際にそのような連動や相互規定の関係が成り立つかどうかは,史実や調査に依拠して確かめなければなりません。ともあれ,この3層モデルは,経験的検証のための理論仮説ではなく,あくまで共助解釈の幅を広げるための分析モデルであり,共助のあり方を考えていく規範的議論のたたき台として提案されている,ということをご理解ください。

近年,地域包括ケアシステムという「次世代の共助」が創出されようとしています。次節では,以上の3層モデルの共助解釈をふまえて,この地域包括ケアシステムのもとで老後不安に挑んでいくとはどういうことなのかについて考察してみたいと思います。また次節では,老後不安への挑戦がグローバルな課題でもあることを再確認します。

老後不安に挑む

地域包括ケアシステム構想と諸主体の役割

現在,厚生労働省は,団塊の世代が75歳以上となる2025年をめどに,高齢者が住み慣れた地域で安心して暮らせることをめざして,「地域包括ケアシステム」の構築を進めています。この地域包括ケアシステムとは,「ニーズに応じた住宅が提供されることを基本とした上で,生活上の安全・安心・健康を確保するために,医療や介護のみならず,福祉サービスを含めた様々な生活支援サービスが日常生活の場(日常生活圏域)で適切に提供できるような地域での体制」と定義されています(地域包括ケア研究会 2009, 2010)。なお,こうした構想は,決して日本独特のものではなく,「地域居住」(ageing in place;住み慣れた地域で高齢者の生活を支える)という世界的な潮流をふまえたものだとされ

ています（地域包括ケア研究会 2010：18）。介護保険法の第5条第3項は，その法的裏づけとなっています。

　この構想について検討を重ねてきた地域包括ケア研究会によれば，地域包括ケアシステムは「介護・リハビリテーション」「医療・看護」「保健・予防」「生活支援・福祉サービス」「すまいとすまい方」という5つの構成要素（分野）から成り立つものであって，これらを各地域・自治体が，その実情や特性に応じて組み立てていく際の「方法」ないし「視点」が，「自助・互助・共助・公助」であるとされています（地域包括ケア研究会 2013：1）。その概要は図3.4のように整理されています。

　地域包括ケア研究会は，この「自助・互助・共助・公助」について，2009年の報告書で次のように定義しています。それによると，自助とは「自ら働いて，又は自らの年金収入等により，自らの生活を支え，自らの健康は自ら維持すること」，互助とは「インフォーマルな相互扶助。例えば，近隣の助け合いやボランティア等」，共助とは「社会保険のような制度化された相互扶助」，公助とは「自助・互助・共助では対応できない困窮等の状況に対し，所得や生活水準・家庭状況等の受給要件を定めた上で必要な生活保障を行う社会福祉等」とされています（地域包括ケア研究会 2009：3）。

　また2013年の報告書には，「地域包括ケアシステムは，元来，高齢者に限定されるものではなく，障害者や子どもを含め，地域のすべての住民にとっての仕組みである。専門職，介護事業者，行政だけでなく，本人（高齢者）や家族，町内会等の住民組織，コンビニや商店，郵便局などさまざまな地域の諸主体，すなわちすべての住民が関わり，『自助』『互助』『共助』『公助』を組み合わせて，『住まい』『生活支援・福祉サービス』『医療』『介護』『予防』の面で相互に支えあうことによって実現する」という認識が示されています（地域包括ケア研究会 2013：7）。ここからは，構想の射程が広範囲にわたっていることがわかるはずです。

　こうした認識に立ち，報告書は「地域の諸主体」が構想の実現に向けていかなる役割を果たすことが期待されるかについて解説しています（同前：8-15）。その要点をまとめると表3.3のようになります。地域包括ケアシステムは，市民の1人ひとりが，こうした自助や互助の主体として期待されるそれぞれの

CHART 図3.4　地域包括ケアシステムの概要

○ 高齢者の尊厳の保持と自立生活の支援の目的のもとで、可能な限り住み慣れた地域で生活を継続することができるような包括的な支援・サービス提供体制の構築を目指す「地域包括ケアシステム」。

地域包括ケアシステムにおける「5つの構成要素」

[介護、医療、予防」という専門的なサービスと、その前提としての「住まい」と「生活支援・福祉サービス」が相互に関係し、連携しながら在宅の生活を支えている。

[すまいとすまい方]
- 生活の基盤として必要な住まいが整備され、本人の希望と経済力にかなった住まい方が確保されていることが地域包括ケアシステムの前提。高齢者のプライバシーと尊厳が十分に守られた住環境が必要。

[生活支援・福祉サービス]
- 心身の能力の低下、経済的理由、家族関係の変化などでも尊厳ある生活が継続できるよう生活支援を行う。
- 生活支援には、食事の準備などサービス化できる支援から、近隣住民の声かけや見守りなどのインフォーマルな支援まで幅広く、担い手も多様。生活困窮者などには、福祉サービスとしての提供も。

[介護・医療・予防]
- 個々人の抱える課題にあわせて「介護・リハビリテーション」「医療・看護」「保健・予防」が専門職によって提供される（有機的に連携し、一体的に提供）。ケアマネジメントに基づき、必要に応じて生活支援と一体的に提供。

[本人・家族の選択と心構え]
- 単身・高齢者のみ世帯が主流になる中で、住宅を選択することの意味を、本人家族が理解し、そのための心構えを持つことが重要。

「自助・互助・共助・公助」からみた地域包括ケアシステム

[費用負担による区分]
- 「公助」は税による公の負担、「共助」は介護保険などリスクを共有する仲間（被保険者）の負担であり、「自助」には自分のことを自分でする他、市場サービスの購入も含まれる。
- これに対し、「互助」は相互に支え合っているという意味で「共助」と共通点があるが、費用負担が制度的に裏付けられていない自発的なもの。

[時代や地域による違い]
- 2025年までは、高齢者のひとり暮らしや高齢者のみの世帯がより一層増加。「自助」「互助」の概念が求められる範囲、役割が新しい形に。
- 都市部では、強い「互助」を期待することが難しい一方、民間サービス市場が大きく「自助」によるサービス購入が可能。都市部以外の地域は、民間市場が限定的だが「互助」の役割が大きい。
- 少子高齢化や財政状況から、「公助」の大幅な拡充を期待することは難しく、「自助」「互助」の果たす役割が大きくなることを意識した取組みが必要。

(出所) 厚生労働省ウェブサイト「地域包括ケアシステム」より。

3　老後不安に挑む

表 3.3 「地域の諸主体」に期待される役割

地域の諸主体	期待される役割
本人（高齢者）	①自らの生活を自ら支える「自助」の主体（自己決定，セルフケア，自己管理の義務を負い，自らの金銭的負担により一般的な市場サービスを購入し自らの生活を支える）。②自ら能動的に地域で活躍する「参加」の主体（有償ボランティアや生きがい就労を通じて社会に参加し，生活支援サービスの担い手となる）。
家族介護者	介護保険導入後も家族介護者は大きな役割を果たしている。今後も家族介護者の身体的・精神的負担は完全に除去できない。それゆえ介護者支援の強化が必要である。要介護者の在宅生活の継続やQOL向上，仕事や学業を断念して介護者になることで生じる社会的損失といった観点からも介護者支援は欠かせない。
市町村	地域包括ケアシステムの構築において中心的な役割を担う。介護保険の「保険者」としての機能を果たすとともに，住民に身近な「基礎的自治体」として，介護保険だけではカバーしきれない部分（「自助」の活用や「互助」の組織化，「公助」による支援など）について問題解決を図る。
事業者・専門職	事業者は「介護」事業を担う主体であり在宅医療の担い手と連携して地域包括ケアシステムの主要部分を担う。専門職は，一定の訓練を受けた専門的な知識・技術を有するサービスの「担い手」である。地域包括ケアシステムでは，これらの事業者・専門職が，互いに情報共有しつつ，連携することによって利用者を支える。多職種連携とそのコーディネートは最重要テーマの1つとなる。
民間企業，NPO，地域の諸団体	経済的に余裕のある高齢者の多様なニーズに応えるために，一般的な市場サービス等が多様に提供されていることも重要である。これまで地域の資源として活動してきたNPO，社会福祉協議会，老人クラブ，自治会，民生委員といった主体に加え，今後は，地域の商店やコンビニ，郵便局や銀行などの地域の事業者も，地域包括ケアシステムを支える主体として活動に巻き込んでいくことが重要である。とりわけ都市部では，企業・団体の組織力や機動力が重要になるだろう。

（出所）　地域包括ケア研究会 2013：8-15 をもとに筆者作成。

役割を果たすことで，老後不安の払拭が図られていくようなシステムであるといえるでしょう。

「第二世代の共助」としての地域包括ケアシステム

　老後の不安に挑んでいくにあたって，多くの市民がこうした構想に巻き込まれていくことになります。構想されている地域包括ケアシステムは，前節で示した共助の3層モデルに即していえば，「共助」の一形態としてとらえることができます。そして，私たち市民はこの新たな「共助」づくりに参加することを通して，老後不安に挑んでいくことになる，というのがここでの結論です。

しかしながら，読者のなかには，そうした「共助」のとらえ方はおかしいのではないかと感じた方もいるはずです。というのも，地域包括ケアシステムは，上述のように「自助・互助・共助・公助」が繰り広げられる枠組みとみなされているからです。つまり「共助」を構成要素とする上位システム自体を「共助」とするのはおかしい，ということです。では，地域包括ケアシステムを「共助」としてとらえることは間違いなのでしょうか。

　この点については，地域包括ケア研究会の報告書等でいわれている社会保険としての「共助」は「第一世代の共助」であり，地域包括ケアシステムは「第二世代の共助」であると考えれば辻褄は合います。つまり，地域包括ケアシステムは，年金・医療・介護を保障する社会保険の成立を前提にした「次世代の共助」として解釈できるのではないか，ということです。こうした解釈は，これまでの歴史的展開と照らしても，決して奇異なものではないはずです。

　また，地域包括ケアシステム構想に対しては，自助と互助の役割を強調することで，公助の役割を縮小させようとしているのではないか，と危惧する向きもあるかもしれません。こうした危惧に対しては，地域包括ケアシステムは，「第二世代の共助」として，新たな「共」（共同性や共生）のあり方を模索するためのプラットフォームとなりうるという点で，大きな可能性を秘めており，その可能性は（理論上は）公助の再生にもつながりうる，とだけ述べておきたいと思います。

　ただし，地域包括ケアシステム構想のもとで創造される新たな「共（助）」が，老後不安の払拭に役立つ公算は高いとはいえ，市民の自律性を損なわないという保証はどこにもありません。たとえば，老後不安（ケアの不在と孤立への不安）は緩和されたとしても，他律的な動員と節約重視の考え方のもとで，管理社会のような息苦しい「共」の場と関係がもたらされてしまう，といったシナリオも十分にありえます。いずれにしても，最終的にどういう性質の「共（助）」が形成されることになるかは，私たち市民がその構想の実現にどのように関わっていくかにかかっているはずです。私たちは，いかなる「共」とそのプラットフォームを創造すべきかについて，もっと踏み込んで考えていく必要があります。その際，「共」のあり方は，第**2**章3で述べたのと同じ意味で，私たちの議論と実践に開かれたものであるということを忘れてはならないで

しょう。

老いる世界とともに挑む

日本社会の人口高齢化は，水準と速度の面で世界のなかでも突出していますが，世界全体もまた急速に高齢化しています。最後に，老後不安への挑戦はグローバルな課題であり，世界とともに挑んでいかなければならないということを確認してみたいと思います。

世界保健機関（WHO）のホームページには，健康に関わるさまざまなトピックが示されています。その「Ageing」（加齢，老い）という項目には，老いる世界に関するさまざまなデータが掲載されています。図3.5のイラストにはWHOのメッセージが要約されています。

最上段には，「2000年から2050年の間に，60歳以上の人々は2倍となると見込まれている」「2050年には5人に1人以上が60歳かそれ以上になる」「2050年頃には，高齢者の80％は低所得国ならびに中所得国で暮らしているだろう」とあります。

最初の見出しは「高齢者はみな違っている」とされ，左側には「身体機能が30歳のレベルの者もいる」，右側には「日常生活に常時手助けが必要な者もいる」，下には「どういう老いを迎えるかは健康が決め手となる」とあります。

CHART 図3.5 加齢と健康

（出所） WHO, 2015, *World report on ageing and health*. (http://www.who.int/ageing/events/world-report-2015-launch/healthy-ageing-infographic.jpg?ua=1)

2番目の見出しは「高齢期の健康に影響を及ぼすもの」とされ，左側の「個人」には上から「(日頃の)行動」「老いにともなう変化」「遺伝的特徴」「疾患」とあり，右側の「生活環境」には上から「住宅(住環境)」「補助技術」「移動手段」「社会的設備」とあります。

　3番目の見出しは「健康な老いに必要なもの」とされ，上から順に「老いと高齢者に関する考え方を変えること」「高齢者に優しい環境をつくること」「医療のしくみを高齢者の必要に合わせること」「介護(長期ケア)のための制度を発展させること」とあります。

　そして最下段には，「健康な老いとは，自分が大切にしている事柄をできるかぎり長く続けられることである」とあります。

　このWHOのイラストからは，「老いる世界」のもとで，保健・医療や介護(長期ケア)の必要性が差し迫ったものになっていることが確認できると思います。こうして老いがグローバルな課題となるなかで，未曾有の超高齢社会に突入した日本の取り組みは，今後ますます注目されていくはずです。

　高齢化にともなう諸問題をめぐる「グローバルな学び合い」に貢献するために，私たちは，上述の地域包括ケアシステムの構築をはじめ，いま目の前にある課題への取り組みを着実に進めていかなければならないでしょう。私たちはそうした学び合いを通して，「共」の場と関係をグローバルなレベルまで広げていくことができるかもしれません。

POINT

☐ 1　「老い」と社会保障が人々の強い関心事となっている現在は，老後不安に個人が対処できる環境が整った「人生設計の時代」でもある。

☐ 2　日本政府は高齢社会対策基本法に則して，参加型の市民像（高齢者や地域住民の能動的なイメージ）を掲げつつ，年金・医療・介護にかぎらず，多方面にわたる横断的な取り組みを進めてきた。

☐ 3　政府は，老後における国民的な不安を解消するために，国家・市場・社会の役割分担を明確にし，公助・自助・互助・共助のバランスを整えることが，老後保障システムづくりの中心課題であるととらえている。

☐ 4　政府文書で示されている「共助」解釈は一面的であるため，本章では「共

助」を「自助・公助・互助」という3つの「助」の混合であり，それら3つの要素をもったハイブリッドな「助」概念であると解釈し直した。
- ☐ 5 こんにちの老後保障システムのもとでは，新たな（第二世代の）「共助」として「地域包括ケアシステム」が創出されようとしている。
- ☐ 6 最終的にいかなる性質の「共（助）」が形成されるかは，私たち自身の構想実現への関わり方にかかっている。

引用文献　　　　　　　　　　　　　　　　　　　　　　　　　　　Reference

天田城介，2011『老い衰えゆくことの発見』角川学芸出版
地域包括ケア研究会，2009「地域包括ケア研究会報告書——今後の検討のための論点整理」
地域包括ケア研究会，2010「地域包括ケア研究会報告書」
地域包括ケア研究会，2013「地域包括ケアシステム構築における今後の検討のための論点」
藤森洵子・須之内玲子，2014『活き逝き術のススメ——ニューシニアは語る』現代書館
NHK「無縁社会プロジェクト」取材班，2010『無縁社会——"無縁死"三万二千人の衝撃』文藝春秋
NHKスペシャル取材班，2013『老人漂流社会——他人事ではない"老後の現実"』主婦と生活社
西村周三監修，国立社会保障・人口問題研究所編，2013『地域包括ケアシステム——「住み慣れた地域で老いる」社会をめざして』慶應義塾大学出版会
上野千鶴子，2011『おひとりさまの老後』文藝春秋

第2部
「不利」と社会福祉

CHAPTER
1
2
3
4 教育の不利
5 健康の不利
6 参加の不利
7
8
9

CHAPTER

第4章

教育の不利

平等な社会に貢献する教育とは？

KEYWORDS

ワーキングプア　相対的貧困率　子どもの貧困　児童養護施設　特別支援教育　メリトクラシー　ポスト近代型能力　希望格差社会　意識化　セツルメント　スクールソーシャルワーカー

QUESTION

　日本は経済的に発展した豊かな国です。高校進学率は98％以上で，大学進学率も50％を超え，国民は高度に整備された教育制度の恩恵を受けることができるはずです。それにもかかわらず，貧困な状況に陥る人や，就職できない人，進学の夢がかなわない人がいます。どのような背景から，そうした不利が生みだされているのでしょうか。教育とはそもそも学校教育を前提に考えるべきものでしょうか。教育の不利を克服するには，どのような取り組みが可能なのでしょうか。

1 教育の不利を知る

▶「なぜ貧困は連鎖するの？」

ワーキングプアの生活状況から

　戦前の日本において大学教育とは社会のある一定層にのみ開かれた特別なものでした。大学にかぎらず，戦前の日本では，義務教育が施行されていたものの，実態としては教育の機会が国民に対して平等に提供されてはいませんでした。

　戦後，GHQ の主導により教育の機会均等が推進され，いつしか日本の大学進学率は 50％を超えるまでになりました。社会で活躍するための機会は多くの人に開かれたはずですが，それにもかかわらず，低所得者数は近年増加傾向にあり，生活保護受給者数も過去最大にまで増加しています。なぜそのような事態に陥っているのでしょうか。

> **CASE　●低学歴が導くワーキングプア**
> 　1 カ月ほど前から東京都内の某無料低額宿泊所で生活を始めた吉田育男さんは，富山県出身の 32 歳男性です。両親と弟の 4 人家族で育ち，22 歳まで実家で暮らしていました。父親はパチンコ店の店員，母親もパートで働いていましたが，一家の暮らし向きはかなり厳しいものでした。中学校の頃から不登校となり，友人宅に入り浸ることが増えました。家にお金がないとわかっていたので，高校進学は早くからあきらめていました。
> 　中学卒業後にアルバイトを探し，居酒屋で働くことになりましたが，未成年であることから 1 日 4 時間，店の掃除や片づけを手伝う程度の仕事に就きました。あまりお金にならないので，その後，父親の紹介で電気工事の仕事をしたり，土木建設の仕事をしたり，警備の仕事に就いたりもしましたが，どれも安定した収入を得ることができず長続きしませんでした。
> 　安定した仕事が見つからないことに嫌気がさして，しばらく働かないでいたら，それが原因で親とうまくいかなくなり，結果的に家を飛び出して，岐阜県

の工場で住み込みの仕事に就くことになりました。派遣の仕事をいくつか転々としましたが，どれも勤務時間がかぎられていて，手取りの給与は少なく，まったく貯金をすることができませんでした。仕事がなくなると寝泊まりする場所もなくなり，野宿することもありました。その後，仕事を求めて東京に移ったものの，仕事が見つからないまま路上生活を続け，喘息になり2回入院することになりました。退院後は，病院の紹介で緊急一時保護施設を訪ね，東京都の一時保護施設に2カ月滞在することになりました。体調の回復を図りつつ，施設の紹介でアルバイトを始めましたが，給与は少なく，結局長続きはしませんでした。1カ月前に都内の某区役所へ相談に行き，無料低額宿泊所への入所を申請して今に至ります。現在も就職活動をしていますが，希望するような仕事は見つかりません。

　吉田さんのような不安定就労層，いわゆる**ワーキングプア**と呼ばれる人たちは年々増加しています。彼のように20代や30代で生活が行き詰まる人たちは少なくありませんが，はたしてそれは吉田さんの自己責任として片づけられるべきことでしょうか。それとも親から受け継いだ不利，すなわち社会構造上の問題であり，避けられないこととして理解するべきことでしょうか。日本の教育や福祉の制度が親から受け継いだ不利を克服できるようなしくみになっているのか，考えてみましょう。

「子どもの貧困」の実態

　2014年，OECD（経済協力開発機構）が公表した貧困の国際比較調査結果によると，日本における子どもの**相対的貧困**率は15.7％で，これは調査の対象となったOECD諸国の平均（13.3％）を上回る数値でした。このことはすなわち，子どものいる世帯の15.7％が国民の平均所得の半分以下で生活しているということを意味します。相対的貧困率ではなく，固定貧困率を用いたユニセフによる調査では，日本の子どもの**貧困**率は19.0％とはじき出されています（ユニセフ・イノチェンティ研究所 2014）。

　より深刻なデータは，日本のひとり親世帯の貧困率です。日本の場合，ひとり親世帯の親が働いていても，それらの世帯の50.9％が貧困世帯にあたり，この数値はOECD諸国の平均（20.9％）と比較すると大幅に高い数値で，他の諸

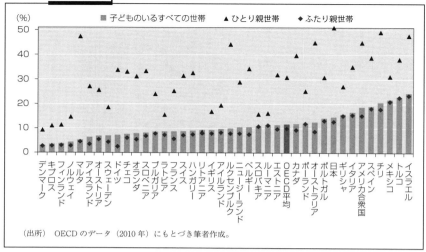

CHART 図 4.1 世帯類型別子どもの貧困率

(出所) OECD のデータ (2010年) にもとづき筆者作成。

国のなかでも最も高い数値となっています (図 4.1)。ちなみに，ひとり親世帯の親が働いていない場合は，世帯の貧困率が 50.4％ と若干減少していて，親が働いている世帯よりも数値が低下しているのは日本にかぎられた現象です。このことは，日本のひとり親世帯は働いても貧困から脱出することが困難だということを示しています。

日本で子どもを育てるということは，それだけで貧困に陥るリスクが高まることになり，離婚や死別することによりそのリスクがさらに高まるということが示されています。そのような点において，日本は子どもをもつことに積極的になりにくい国というだけでなく，仮に子どもをもったとしても，その子どもたちが貧困な環境のなかで育てられる可能性が高い国ということがいえます。

児童養護施設の児童と退所後の生活

一方，子どもの貧困とともに注目されているのが児童養護施設出身の児童が抱える不利です。**児童養護施設**とは家庭に何らかの事情があり親や親族のもとで暮らすことができない 18 歳以下の児童に対して，児童福祉法にもとづいて社会的な養護を提供する施設です。具体的には各地の児童相談所が入所を決定する権限を有していて，児童相談所の措置によって入所が決まった子どもは，他の子どもと施設で共同生活を営むことになります（社会的養護の方法は児童養

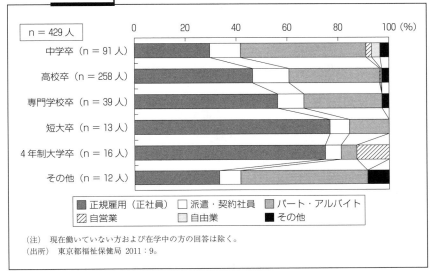

図 4.2 「最終学歴」と「現在の雇用形態」の関係

(注) 現在働いていない方および在学中の方の回答は除く。
(出所) 東京都福祉保健局 2011：9。

護施設以外に里親制度がありますが、日本では要保護児童に占める里親委託児童の割合が 12％程度と低くなっています。ちなみにイギリス、アメリカでは 70％を超え、ドイツやフランスでも 50％前後であり、日本が圧倒的に低いことがわかります）。

児童養護施設は 2014 年 10 月の時点で全国に 601 カ所あり、約 2 万 8000 人の子どもが施設で暮らしています。また、1 歳未満の乳児を主な対象とする乳児院は全国に 133 カ所あり、約 3000 人の乳児が入所しています。少子化で子ども全体の数は減少しているため、施設に入所する子どもの数は 2005 年をピークに減少していますが、児童養護施設と乳児院の数は過去 10 年間増加する傾向にあります。

児童養護施設に入所する最大の理由は虐待で、入所児童の約 3 人に 1 人が虐待を理由に入所しています。そのほかにも父母の死亡や行方不明、入院、就労、精神疾患、拘禁などが理由で入所しています。

施設入所児童のうち、高校に進学する子どもは 95.4％で、全中学卒業者の 98.4％と比較して進学率が若干低い程度ですが、大学進学となるとその傾向はより顕著で、全高校卒業者の大学進学率が 53.8％であるのに対して、施設入所児童の進学率は 11.4％となり、約 70％が就職を選んでいます。

児童養護施設の退所者を対象に東京都が行ったアンケート調査でも、最終学

1 教育の不利を知る ● 89

歴は中学卒が23.4％，高校卒が58.3％，専門学校卒が8.5％，短大卒が2.7％，4年生大学卒が3.9％となっています。さらに，最終学歴による現在の就労状況を比較すると（図4.2参照），学歴と正規雇用の関係は明らかで，多くの中卒者と高卒者が不安定な雇用についていることが読み取れます。

上記に加えて，退所者の生活保護受給率は7.9％で，回答者の多くが稼働年齢であることをふまえると，この数字が異常に高いことが読み取れます。ちなみに，日本の保護率は2012年度で3.24％ですが，40歳未満の保護率は1％にも達しません。

これらの数値から，教育が児童養護施設で育つという「不利」を克服することに貢献できていない現状がわかります。

生活保護受給世帯の子どもたち

生活保護受給世帯出身の子どもが成人後に再び生活保護を受給する，いわゆる貧困の世代間連鎖の問題は以前から指摘されてきましたが，生活保護率の上昇，特に若年層の保護率の上昇とともに放置できない課題として認識されるようになりました。

被保護世帯の貧困の世代間連鎖について調査した道中隆は，被保護世帯の4人に1人は生家での生活保護受給歴があり，それが母子世帯となると約4割になることを明らかにしました（道中 2009）。

また，被保護母子世帯を調査した駒村康平らによると，約55％の被保護世帯の母親の最終学歴が中卒もしくは高校中退ということで，低学歴と貧困が深く関係していることがこの調査結果からも読み取れます（駒村・道中・丸山 2011）。一方，先にも述べたように社会全体の高校進学率は98％以上にまで上昇しているなかで，被保護世帯の子どもに関しては2011年4月1日時点で89.5％と，依然一般世帯の進学率98.2％よりも10ポイント近く低くなっています。

近年では被保護世帯の子どもの学習塾費用を補助する自治体や，生活困窮者自立支援制度の一環として学習支援を提供する自治体も増えていますが，児童養護施設に入所する子ども同様に被保護世帯の子どもにとって，学外における学習機会は長年かぎられていました。

特別支援教育の現状

　教育の不利というとき，それは経済的な側面にかぎられません。実際には経済的な側面以外の要因が教育の不利を生みだしてしまうことも少なくありません。学習障害等の発達障害を抱えていることもその1つです。

　文部科学省の2012年の全国実態調査によると，小中学校の通常学級においておよそ6.5％の児童生徒が学習面や行動面で困難を示しています。それに加えて，小中学校で通級による指導を受ける子どもと特別支援学級に所属する子ども，さらに特別支援学校の子どもを加えると，9.2％（100万人弱）の子どもが**特別支援教育**を受けていることになります。

　特別支援教育とは，「従来の特殊教育の対象の障害だけでなく，LD（学習障害），ADHD（注意欠陥多動性障害），高機能自閉症を含めて障害のある児童生徒の自立や社会参加に向けて，その一人一人の教育的ニーズを把握して，その持てる力を高め，生活や学習上の困難を改善又は克服するために，適切な教育や指導を通じて必要な支援を行うもの」と定義されます（「今後の特別支援教育の在り方について」〔最終報告〕，カッコ内は筆者注）。この定義に沿って，障害の種類や程度のみに着目するのではなく，子ども1人ひとりの視点に立った総合的な支援が提供されるような制度改革が進められてきていますが，一方で，上記の学習面や行動面の困難を抱えている子どものうち，40％弱の子どもは何も特別な支援を受けていないということも明らかになってきています（『平成25年版 障害者白書』：27）。

　そもそも教育現場ではまだ発達障害の理解が十分に進んでいないため，発達障害を抱えた児童・生徒・学生に対する適切な対応ができていない状況があります。

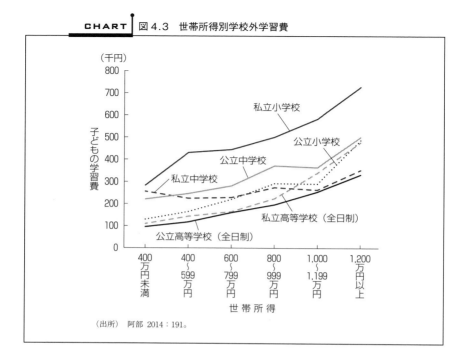

CHART 図 4.3 世帯所得別学校外学習費

(出所) 阿部 2014：191。

教育の不利を考える

なぜ教育の不利が生まれるのか

　身分制度が存在した前近代において，一部の例外を除き，身分にともなう不利を乗り越えることはありえないことでした。一方，近代以降，身分とは関係なく，業績を通して人の地位が決められる社会になりました。しかし，そのことは社会に格差が存在しないという意味ではありません。むしろ，「公平な競争の結果として生まれる富や地位の不平等な配分を正当な不平等として承認する『業績主義的不平等社会』」(耳塚 2014：3) になったということができます。それを**メリトクラシー**と呼びます。

　現代社会のメリトクラシーにおいて，教育は格差を解消するための鍵となります。なぜなら，公平な競争の機会が提供されていなければ，メリトクラシー

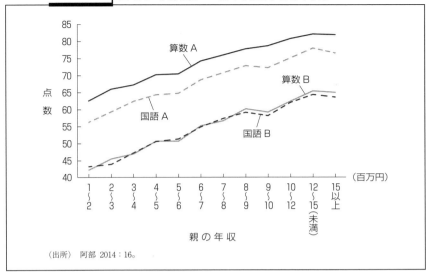

図4.4 学力格差——親の年収と子どもの学力

(出所) 阿部 2014：16。

は人々を出自にともなう不利から解放することなく，不利を再生産するしくみとなってしまうからです。しかし，実際には冒頭の CASE にも見られるように，親から受け継いだ不利はそのまま教育の不利として子どもに継承され，結果的に不利な条件は親から子へと再生産されてしまう実態があります。

　それは統計からも明らかです。世帯所得と学校外学習費の相関を示した図4.3 からは，親の年収が高ければそれだけ塾などの学校外学習に費やされる費用が増えることが確認できます。その結果，図4.4 が示すように，親の年収が高ければ，それだけ子どもの学力が高くなる傾向が明らかとなっています。メリトクラシーの実態は，家庭条件によって不利が規定される結果となっています。

　そのように親の富と願望が子どもの学力を規定する社会を P. ブラウンは「ペアレントクラシー」と呼んでいます。親に経済力があり，子どもに学力を身につけさせることを望んでいれば，結果として子どもが学力を身につけるということです。いいかえるならば，親の不利が子へと受け継がれる社会ということになります。

機会の平等という言説

　日本の義務教育のような公教育はすべての国民に対して平等に提供されているものであり，不利の連鎖を断ち切ることに対する効果が期待されます。近代国家は，19世紀後半から20世紀初頭にかけて公教育の設置を進めました。公教育の制度は，「その社会に生まれた子どもたちを一定の学齢期になると義務的に修学させ，同じ科目や技術を学ばせる」（岡田 2013：16）ものであり，平等主義的な機能をもつものでした。しかし，そこでの問題は，公教育を導入してもなお，前近代的な分離は存在し続けたということです。すなわち，歴史的に存在してきた階級制度や身分制度にもとづく教育は引き続き提供され，たとえばイギリスにおいては上流階級の児童は高額な学費と特別な入学試験によって特徴づけられるエリートスクールに通うという慣習は継続したのです。

　日本においても，明治維新により事実上身分制度が廃止され，20世紀の初頭には明治政府によって義務教育が確立されていました。しかし，そのように公教育が提供されても，当初は中退率が高く，浸透するまでに時間がかかりました。

　つまり，たとえ初等教育において平等な機会が提供されたとしても，経済的に余裕のある者は教育を受け，余裕のない者は十分にその恩恵を受けることができないという構造が生みだされてしまいました。第二次世界大戦後になると，各国政府は中等教育機関，さらには高等教育機関を整備することにより公教育を浸透させ，機会の平等の幅を広げようと試みました。しかし，そうした教育政策はあくまでも平等な機会を提供していたにすぎず，岡田昭人の言葉を借りれば「形式的平等」（岡田 2013：22）であったといえます。

　このように近代国家は教育の機会を通して国民の格差の解消を試みてきたわけですが，結果的には業績主義的な土壌のなかにおいても，親から受け継いだ不平等が再生産されてしまうメリトクラシーやペアレントクラシーと呼ばれる状況が生みだされてきたわけです。

希望のもてない教育システム

　その一方で，教育社会学者の本田由紀はハイパー・メリトクラシーという概

図4.5 パイプライン・システムの概念図

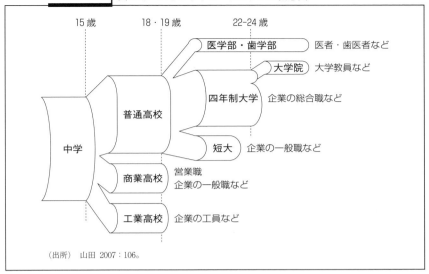

(出所) 山田 2007：106。

念を用いて，**ポスト近代型能力**をめぐる新たな状況について言及しています（本田 2005）。近代国家は第二次産業を中心とする産業構造のなかで，モノを大量に生産するしくみを必要とし，そのしくみを起動させるための存在として均一化された知能を有する人材を求めました。メリトクラシーのもとで輩出される人材は，試験などによる共通の尺度によって均一化されるため，そうした産業側からの要請に合致するものでありました。

図4.5は，日本に戦後普及した教育システムを図示したものです。教育というパイプを通って，均一化された人材が産業構造のなかに階層化されて送り込まれるしくみを示しています。第1章で述べた日本型雇用とは，まさしくこのパイプと連動するしくみでした。

ところが，産業構造が第二次産業を中心とするものからサービス業などの第三次産業を中心とするものへと移行するなかで，メリトクラシー下で求められていた基礎学力や標準化された知識などではなく，個性や「生きる力」というような能力（本田はそれを「ポスト近代型能力」と呼んでいます）が求められるようになりました。前提条件が平等ではないにしろ，メリトクラシー下では，努力して習得することができる能力が求められるのに対して，ハイパー・メリトクラシーのもとでは，テストを用いて測定することができない不定形な能力が

求められるため，競争の平等性を担保することがますます困難になります。

教育を通して習得可能な能力と産業が求めている能力との間のミスマッチに加えて，そもそも戦後日本の高度経済成長を支えてきた教育システムのパイプライン自体が機能しなくなり，高等教育を受けた人たちのなかには安定した職を得ることなく，パイプから漏れ落ちた水のようにフリーターとして底辺に滞留する者が出てきたという見方があります。教育のパイプラインは努力した結果が将来の就職と収入に結びつくはずのしくみでありましたが，いくら努力しても，努力では習得できない能力によって判断され，結果として安定した職を得られないのであれば人は希望を失ってしまいます。それが山田昌宏のいうところの「**希望格差社会**」なのです（山田 2007）。

山田によれば，希望をもてる人ともてない人の格差が歴然とひらいてしまったのが現代社会なのです。「親や能力に恵まれたものは，努力が報われリスクが少ないパイプに入り込むことができる。……一方，親に恵まれないものは，努力してもパイプラインから漏れやすい」（山田 2007：232）。冒頭の **CASE** で紹介した吉田さんのような人は，まさしく希望をもてない人の典型例といえるでしょう。

フォーマル教育，ノンフォーマル教育，インフォーマル教育

これまでは，学校教育という教育システムを前提に議論してきましたが，教育が提供される「現場」は学校教育にかぎられるものではありません。人が人生で受ける教育全体のなかで学校教育はごく一部にすぎません。たとえば，大人になってからも英会話教室や料理教室などに通うことがあるかもしれません。もしくは，各地にある公民館が提供するプログラムなども学校以外の教育の場にあたります。教育システムが十分に機能しない社会においては，学校以外の学びの場が重要になります。

初等教育から高等教育までの高度に制度化された教育システムをフォーマル教育とすると，同様に，組織化され体系的に提供されているものの，フォーマル教育システムの外側で提供されるものはノンフォーマル教育と呼ばれます。たとえば，公民館の生涯学習プログラムもその1つですし，各種の職業訓練などもノンフォーマル教育に該当します。高齢者に対する認知症予防プログラム

や，テレビやインターネット等を使用して提供される教育プログラムもノンフォーマル教育に含まれることを考えると，年齢や学歴と関係なく幅広い層に提供されるものであることがわかります。

　一方，フォーマル教育とノンフォーマル教育以外にも，親から子どもへの知識の伝達など，私たちの日常はさまざまな教育の機会で溢れています。それらは組織的に提供されるものではなく，各人の生活環境や就業環境などによって差が生まれるものの，すべての人が生涯享受するもので，インフォーマル教育と呼ばれます。

　そのように考えると，フォーマル教育だけが格差を解消する手段ではないということがいえるでしょう。事実，さまざまなノンフォーマル教育が社会的弱者に提供されてきており，途上国支援など国際開発の領域においては，ノンフォーマル教育こそが主流なアプローチであることが少なくありません。

　ソーシャルワークにおけるエンパワーメントの概念に多大な影響を与えたブラジルの教育実践家P. フレイレの識字教育の実践は，ノンフォーマル教育の代表的なものといえます。ブラジルの農村地域の貧困層を対象とした教育プログラムを提供したフレイレは，ブラジルの公用語であるポルトガル語の読み書きをすることができない農夫たちに識字教育を提供する過程を通して，当時のブラジル社会のなかで農夫たちが置かれている状況について自ら考え理解することを促しました。農夫たちは言語を習得することを通して，社会構造における自分たちの不利な立場について，またその構造に埋め込まれた抑圧者と被抑圧者の関係性について理解を深めました。フレイレはそれを「意識化」と呼びました（フレイレ 2011）。しかし，フレイレが促したことは，抑圧者に対立することではありませんでした。彼は，被抑圧者がその構造を認識し，抑圧的な関係とは異なる新しい関係性を生みだすために，被抑圧者自らが変容すること，またそのために行動することを促しました。

　社会において不利な立場に置かれた当事者が，そのいびつな社会構造について認識を深め，学習を通して自らを変容させ，社会関係にまでその変容を拡大するというのがフレイレの考え方であり評価されている点であります。そうしたフレイレのアプローチは，社会教育や市民教育，福祉教育の分野におけるノンフォーマル教育の代表例といえます。

文化資本と人格的交流

　不利な状況に置かれた集団やコミュニティに対しては，フレイレの実践のようにノンフォーマル教育を提供することで不利を克服するアプローチが存在しますが，一方で，インフォーマル教育に関しては家庭環境が強く影響するために，不利の連鎖が起こりやすくなります。しかし，それは家庭内の学習機会を促進することで解消されるような単純な問題ではありません。

　フランスの社会学者の P. ブルデューは文化資本という概念を用いて，生育環境による資格や能力，性向への影響について説明しています（ブルデュー＆パスロン 1997）。高い学歴を保持し，社会的な地位を獲得するためには，そのために努力するという目的意識をもつ必要がありますが，その目的意識を抱く段階において，自分の出身階層が共有する文化的特徴の影響を受けることになります。たとえば，身近に本を読める環境があることや，芸術に触れる機会があることにより，自然とそのような文化的な志向を獲得することになるでしょうし，大学に進学することがあたりまえの環境で育つことによって，高い学歴を獲得し，そのことは高い地位と職業，収入を保証することにつながります。つまり，家庭環境から得た文化資本は，社会的地位や人間関係としての社会資本や，金銭や財産といった経済資本として蓄積されるのです。こうした考えは前述したペアレントクラシーにも通じるものですが，ペアレントクラシーは意識化された親の願望が子どもの学歴を規定するものであるのに対して，ブルデューのいうところの文化資本は，生活全般に関わる文化のなかに埋め込まれたものであり，単純に学歴の問題として片づけられない厳しさがあります。つまり，子どもに学力をつけるだけでは不利の連鎖は断絶できないということが示唆されるのです。

　それでは，子どもの教育にとって大きな影響を及ぼす家庭環境に対して，どのようなはたらきかけが可能でしょうか。19 世紀末にイギリスやアメリカの都市ではじまったセツルメントの実践は，貧困世帯の親子との人格的交流を通して文化資本の創出を試みた実践としてとらえることができます。ソーシャルワークの原点として考えられているセツルメントの実践は，ロンドンやニューヨーク，シカゴといった大都市に出現した貧困街のなかに施設を建設し，その

施設にワーカーが住み込んで，すなわち住民と同じ地域のなかに居住して支援を提供した点が特徴的でした。

20世紀初頭から活躍した教育哲学者である J. デューイの考え方にも影響を与えたその実践内容には，教育的な視点が多く含まれていました。貧困世帯の母親に単に保育を提供するだけではなく，子育てに必要な知識を学ぶ機会の提供や，ダンスや音楽，絵画などの文化活動も幅広く提供していました。そして，活動を通してワーカーと住民が人格的交流をすること，すなわち援助する側とされる側という関係ではなく，同じ地域に住む住民として交流することで，文化資本を構築する土壌が創り出されていたのです。このように，100年以上前から社会福祉の実践者たちは教育格差の問題に挑み続けてきました。

3 教育の不利に挑む

政府による対策

親から子どもへの貧困の連鎖の問題が国会においても議論されるようになり，近年では政府も国を挙げて子どもの貧困対策に取り組むようになってきています。その1つの対策が2010年度から実施されている高校の授業料無償化です。冒頭の CASE にもあるように，学費を支払うことができないために高校進学を早くからあきらめてしまうと，低学歴であることがさらなる貧困を招いてしまうという悪循環が起こってしまいます。定時制や通信制を含めると日本の高校進学率は98％以上で，高校に進学しないことはその人の人生にとって大きな不利になります。

高校の授業料無償化を定めた法律により，国は全国の高校に対して，その学校の学生の数に応じて補助金を支給することになりました。公立学校の生徒は実質無償で高校教育を受けることができるようになり，私立学校においても，世帯の収入に応じて一定額の補助金が国から学校へ支払われるようになりました。児童養護施設の児童の高校進学率が，全中学卒業者と比べてほとんど変わらないまでに上昇した背景にはそうした対策の効果もあったといえます。

CHART 表 4.1 特別支援教育に関係のある主な法律等

障害者基本法	2004 年 6 月改正, 2011 年 8 月改正
発達障害者支援法	2004 年 12 月成立, 2005 年 4 月施行
障害者自立支援法	2005 年 12 月成立, 2006 年 4 月施行
学校教育法施行規則	2006 年 3 月改正, 2006 年 4 月施行
学校教育法	2006 年 6 月改正, 2007 年 4 月施行
高齢者障害者移動円滑化促進法（バリアフリー新法）	2006 年 6 月成立, 12 月施行
教育基本法	2006 年 12 月改正, 施行
学校教育法施行令	2007 年 3 月改正, 4 月施行
障害者総合支援法	2012 年 6 月改正, 2013 年 4 月施行
障害者差別解消法	2013 年 6 月成立, 2016 年 4 月施行

（注）　近年になって成立または改正されたもの。
（出所）　柘植 2013：30 を一部修正。

　経済的支援の充実が図られてきている一方、特別な支援を必要とする子どもに対する政府の対策も近年めまぐるしく変わってきています。2003 年 4 月に障害者福祉サービスにおける支援費制度がはじまったことを皮切りに、2005 年 4 月には発達障害者支援法が施行され、**表 4.1** のように、特別支援教育に関わる法律が整備されてきました。これらの一連の施策の意図は、発達障害を含む障害者に対する支援が総合的に提供されるようにすることです。発達障害に対する社会的な理解が深まり、それが法として整備されたことにより、ようやく教育の現場や福祉の現場でも不利を解消するための対策が講じられるようになってきています。

子どもの貧困対策法と大綱

　2013 年 6 月、「子どもの貧困対策の推進に関する法律（通称、子どもの貧困対策法）」が国会で成立し、2014 年 1 月から施行されました。この法律の目的は、同法第 1 条に掲げられているように「子どもの将来がその生まれ育った環境によって左右されることのないよう、貧困の状況にある子どもが健やかに育成される環境を整備するとともに、教育の機会均等を図るため、子どもの貧困対策に関し、基本理念を定め、国等の責務を明らかにし、及び子どもの貧困対策の基本となる事項を定めることにより、子どもの貧困対策を総合的に推進すること」と示されました。

この法律の目的を達成するために，同年8月に「子供の貧困対策に関する大綱」が策定されました。この大綱では，本章で取り上げてきた子どもの貧困に関する現状を示したデータを指標に，それらの状況を改善するための支援方策を「重点施策」として整理して具体的に示しています。重点施策のなかには，**スクールソーシャルワーカー**の配置をするなどして学校を中心とした子どものための教育環境を整えることや，児童養護施設退所者への就労支援を含む生活に対する支援の強化，生活保護受給世帯における子どものアルバイト収入を大学等進学の経費にあてることを可能にするような経済的な支援のしくみ，といったように具体的な提案がなされています。また，子どもの支援を考えるうえで，保護者の就労支援や保育の確保を進めることなど，子どもにとっての生育環境を包括的に改善するように提案されています。

　序章で，「病原的脆弱性」という表現を用いて説明したように，問題を解決するための制度が，それぞれバラバラに運用されることによって機能不全を起こしてしまい，結果的にその制度を使用する当事者にとって使いづらいものになってしまっているかもしれません。この大綱では，そうした制度の狭間の問題や機能不全といった状態に陥ることがないように，さまざまな制度や施策によって貧困の世代間連鎖を防ぐという目的に向かって，政府が施策の推進体制を整備することも含めて提案しています。

スクールソーシャルワーカーの配置

　スクールソーシャルワーカーとは文字どおり学校に配属されたソーシャルワーカーです。日本ではスクールソーシャルワーカーに先駆けて，1995年ごろから全国の中学校にスクールカウンセラーの配置がはじまりました。スクールカウンセラーは臨床心理士の資格保持者が担当し，主として子どもの心のケアを担う存在です。一方，スクールソーシャルワーカーは子どもが抱えている家庭の問題や生活上の課題などの相談に乗り，関係機関と連携協力しながら，子どもが抱えている問題の改善をめざし，学校教育を受けるうえで不利が発生しないように支援することが役割です。

　現在，全国の自治体で教育委員会が中心となりスクールソーシャルワーカーの配置を進めていますが，各学校に常駐のスクールソーシャルワーカーが配置

されている事例はほとんどなく，1人のスクールソーシャルワーカーが複数の学校を掛けもちで担当する形態が一般的です。

　スクールソーシャルワーカーの具体的な業務は，たとえば，学校を休みがちな子どもの自宅を訪問して家族の話を聞くことや，もしその家庭が被保護世帯であれば，福祉事務所と連絡調整することなどで，教員では手が回らないきめ細やかな支援を提供します。貧困の問題にかぎらず虐待やいじめなど，こんにちの子どもが直面する課題は多様であり複雑です。また，そうした課題は家庭環境に起因するところが少なくありません。かつてセツルメントのワーカーが人格的交流を通して子どもの成長を支援したように，こんにちではスクールソーシャルワーカーに同様の役割が期待されています。

学習支援と反貧困学習

　2015年度から生活困窮者自立支援事業がはじまり，そのなかに子どもの学習支援という事業が位置づけられました。この事業はまさしく貧困の連鎖を断ち切るための方策で，各地に無料の学習支援の環境を整え，教員OBや大学生ボランティアなどの協力を得て，学外で子どもの学習支援を提供する，ノンフォーマル教育の実践といえます。先駆的な実践事例としては，埼玉県の生活保護受給者チャレンジ支援事業では2012年，プログラムに参加した被保護世帯の中学生の97％が高校に進学した実績を上げて注目されました。

　一方，自治体の取り組み以外でも，各地で学習支援の活動が推進されています。なかには，母子家庭出身の若者や生活保護受給世帯出身の若者が中心となり，同じ境遇に置かれた児童のための支援を提供する実践など，支援を受けていた当事者が支援を提供する側にまわるような新たな取り組みもはじまっています。

　日本の三大ドヤ街（低料金の簡易宿泊所が集中する地域）の1つ大阪市の西成にある西成高校では，高校生自身が自分たちが直面している貧困や生きづらさなどの社会状況について学び，自覚することで，そうした問題に対して主体的に考えるための「反貧困学習」の取り組みを進めています。「反貧困学習」には7つの視点が掲げられています。第1に自らの生活を「意識化」すること，第2に現代的な貧困を生みだしている社会構造に気づくこと，第3に「西成学

習」を通して，地域における差別と貧困との関係に気づくこと，第4に現在ある社会保障制度についての理解を深めること，第5に非正規雇用労働者の権利に気づくこと，第6に究極の貧困である野宿問題を通して生徒集団の育成を図ること，そして最後に「新たな社会像」を描き，その社会を創造するための主体を形成すること，です。

換言すると「反貧困学習」とは，フレイレのいうところの意識化を通して自分たちが置かれた状況について理解を深め，次にその状況の背景となっている社会状況や地域の環境に目を向け，その実態を理解し，自分たちのもつ資源を知り，そしてその状況を変えるためにどのような取り組みが可能なのかその方策について思考を巡らせることで，高校生自身が置かれた状況に対して主体的に向き合うことができるということです。

結果として高校生たちは受験勉強をして大学に進学するということを選択するかもしれませんが，ここでは学歴を得ることや高い偏差値を獲得することが目標として掲げられているわけではありません。あくまでも，自分自身を知ること，自分自身を社会との関係で理解することにより，将来自分が何をするべきなのかを理解するということです。

ハイパー・メリトクラシーといわれるようなこんにちの状況のなかで，単純に学力をつけることだけでは，社会のなかで自分が望む生活を得ることはできないでしょう。そもそも，人の能力を試験結果や偏差値によって評価しようとしてきた日本の受験制度は，工業化社会において労働力となる人間を標準化し，効率的に市場に供給するためのしくみであり，人間を非人間化する制度といえます。そのような制度は時代遅れですし，そもそも人間にとって望ましいものではないでしょう。教育の不利とは，時代遅れで非人間的なそうした教育制度のなかで生みだされてきたのです。

教育の不利を克服するには，自分自身がどのような不利に直面しているのかを理解したうえで，自分の決断で道を切り開くことが求められます。それは，いわゆる「自己責任論」の押しつけではありません。社会保障などの制度を活用して生きていくことや，必要に応じて既存の制度の改善を求めて声を上げること，そして他者と協力して自分たちの望む社会を創り出すこと，そうした自律した市民としての力を養うことが求められているのです。

> **POINT**
>
> - [ ] **1** 義務教育や高校の授業料無償化など，教育システムは国民にある程度開かれたものであるが，生活保護受給世帯や児童養護施設出身であること，発達障害を抱えていることなどの不利を克服できるしくみにはなっていない。
> - [ ] **2** 仮に高等教育を受けることができたとしても，教育を受けることが就労を保証するとはかぎらず，親や生育環境の差が就職の差や生涯の所得の差につながっている。
> - [ ] **3** 教育には学校教育のようなフォーマル教育のほかに，学校以外の機関や場で提供されるノンフォーマル教育，家庭における親から子への知識の伝達といったインフォーマル教育があり，教育の不利の克服には，3つを合わせて考える必要がある。
> - [ ] **4** 学歴を得ることだけが教育の不利を克服する手段ではない。むしろ，学歴偏重の社会の問題点を理解し，そうした社会のなかで自分に何ができるかを考える力を身につけることが重要である。

引用文献 Reference

阿部彩，2008『子どもの貧困――日本の不公平を考える』岩波書店
阿部彩，2014『子どもの貧困Ⅱ――解決策を考える』岩波書店
ブルデュー，P. & J.C. パスロン著／石井洋二郎監訳，1997『遺産相続者たち――学生と文化』藤原書店
フレイレ，P. 著／三砂ちづる訳，2011『被抑圧者の教育学〔新訳〕』亜紀書房
本田由紀，2005『多元化する「能力」と日本社会――ハイパー・メリトクラシー化のなかで』NTT出版
駒村康平・道中隆・丸山桂，2011「被保護母子世帯における貧困の世代間連鎖と生活上の問題」『三田学会雑誌』103（4）
道中隆，2009『生活保護と日本型ワーキングプア――貧困の固定化と世代間継承』ミネルヴァ書房
耳塚寛明，2014「学力格差の社会学」耳塚編『教育格差の社会学』有斐閣
岡田昭人，2013『教育の機会均等』学文社
東京都福祉保健局，2011『東京都における児童養護施設等退所者へのアンケート調査報告書』
柘植雅義，2013『特別支援教育――多様なニーズへの挑戦』中央公論新社
ユニセフ・イノチェンティ研究所，2014『不況の中の子どもたち――先進諸国における経済危機が子どもの幸福度に及ぼす影響』日本ユニセフ協会
山田昌弘，2007『希望格差社会――「負け組」の絶望感が日本を引き裂く』筑摩書房

CHAPTER

第5章

健康の不利

病人は「落伍者」か？

KEYWORDS

スティグマ　　健康格差　　病人役割　　健康至上主義　　社会的入院　　地域包括ケアシステム　　無保険問題　　自己負担軽減制度　　介護予防　　患者学

QUESTION

　どんなに健康に見える人でも，突発性の病気や怪我，内臓疾患など，いつどのような理由で健康を損なうかは予測不可能です。今の日本において，健康を損なうと，どのような不利に直面するのでしょうか。また，健康を損なうリスクにさらされている人には，何かしらの傾向があるのでしょうか。そもそも，健康というのはどういう状態のことをいうのでしょうか。そして，健康の不利を抱えながら，また克服しながら生きていくにはどのような取り組みが可能なのでしょうか。

1 健康の不利を知る

病気という不利は誰にでも突然訪れる

　かつては，自らががんであることを告白して仕事を継続する人はかぎられていました。しかし近年，たとえば芸能人のなかにはがんの手術をしたことを告白し，闘病しながら活動を継続する人が増えてきました。その理由として，1つには，かつては不治の病と考えられていたがんが，その種類や発見の時期によっては，治療可能な病気になったということがあります。もう1つには，がんという重い病気と向き合う姿が，非日常的なものであり，人に見せてはいけないもの，という世間の認識がしだいに変化し，病気と向き合いながら生きていく姿も日常の一部であるという認識が市民権を得るようになったことが作用しているといえます。その結果，がん患者に付随するスティグマが薄まり，がんという病を乗り越えて，もしくはがんと闘いながら仕事を継続する人がみなさんの周りにも増えてきていると思います。

　健康を害することは，健康であったときと同じ生活が維持できなくなるという点において不利なだけでなく，社会的に「患者」や「病人」としての役割を押しつけられ，そのスティグマを受容しながら生活を送っていくという点においても不利な立場に立たされます。

　治癒可能な病気になりつつあるがんに比べて，不治の病である難病にはいまだに強いスティグマがともないます。以下では，難病を発症したことを公表し，作家として活動する大野更紗さんの著書（大野 2011）を通して，病人が直面する不利の実際について考えていきます。

> **CASE** ●『困ってるひと』
> 　大野さんの著書『困ってるひと』は，原因不明の難病を突然発症した自身の体験にもとづいて書かれています。難病を発症した当時，大野さんは24歳の大学院生でした。大学院でミャンマーの難民について研究していた大野さん

は，ある日高熱に襲われ，身体中が腫れ上がり，関節が曲がらなくなってしまいました。タクシーで総合病院へ行くと，整形外科では原因がわからず，翌日内科を受診し，そこでも判明しなかったので，次に大学病院を紹介されました。しかし，そこでも正確な診断は下されず，経過観察と告げられ，そのまま家に帰らされました。その後も一向に病状が回復しないまま，皮膚科や膠原病内科などを転々とし，まさに「医療難民」となってしまったのです。途方にくれた大野さんは，最後に自らインターネットで検索して，専門医を見つけ出して連絡をとり，MRIや内視鏡などさまざまな検査を繰り返し，ようやく「筋膜炎脂肪織炎症候群」と「皮膚筋炎」という指定難病（当時は特定疾患と呼ばれていた）と診断されました。

　現代の医学では有効な治療方法が明らかになっていない難病にかかると，一生その病気とつきあっていく必要があります。難病患者として生きるということは，病気による痛みとの闘いにはじまり，生活上の不便や，就労困難による経済的困窮，社会的な差別など，さまざまな不利と向き合いながら生活していく必要があるのです。

　幸いだったことは，大野さんの病気が指定難病として認められていたということです。2015年7月1日時点で厚生労働省は306の病気を指定難病として認めています。指定難病患者と認められた場合，難病医療費等助成制度など，検査や治療にかかる医療費を助成してもらうことができます。このリストのなかに含まれていない病気の場合，そうした政府の支援すら受けることができません。

　一方で，そうした公的な支援を受けるためにはさまざまなハードルがあります。大野さんの場合，難病医療費等助成制度を受けるために必要な書類は全部で9種類あったそうです。そのなかには手元にある書類だけでなく，役所に取りに行かなければならない書類や，病院に用意してもらう書類などがあり，自由に身動きがとれなかった大野さんは友人にお願いして役所の書類を集めてもらいました。

　身近に支援してくれる存在がいない場合，おそらく医療ソーシャルワーカーが頼りになるでしょう。しかし，大野さんによれば，患者の数に対して医療ソーシャルワーカーの数は圧倒的に不足しているということです。また，ソーシャルワーカーという存在は，患者の手足となって支援してくれるわけで

> はなく，あくまでも本人が行う手続きの相談に乗るだけであり，手続きの代行はしてくれません。制度の狭間でもがき苦しみながら，大野さんはその不利に自ら立ち向かっていかなければならなかったのです。

2013年の時点で，特定疾患医療受給者証保持者は約86万人でした。がんの罹患数が98万例，死亡数が年間37万人と考えると，決して少なくない数字です。それだけ身近にある難病ですが，患者の支援体制はまだまだ未整備な状況です。

大野さんの事例は，難病患者が直面するさまざまな困難を描いてくれていますが，現代社会では健康を害するということ，すなわち「病人」になるということには，多くの不利がともないます。以下では健康とは何か，医療とは何かについて考えてきます。

日本人の健康と日本の医療制度

70億人を超える地球上で日本国民は最も長寿な集団です。国の厚生労働白書によると，2012年の日本の女性の平均寿命は86.41歳でこれは世界のどの国よりも長寿でした（厚生労働省 2014a：45）。長寿ということはそれだけ国民が健康な生活を送ることができていると考えられますが，その一方で，OECDの調査によると，自分は健康であると感じている人の割合において，日本は他国に比べて圧倒的に低くなっています（図5.1）。日本では15歳以上の人口の30％が自分は健康であると感じていますが，この数値はOECD加盟34カ国のなかで最低になります。平均寿命で日本と同等のスイスでは81.3％の国民が自分は健康であると感じています（OECD 2013：41）。各国が異なる方法で調査を行っているためにこれらの比較データを鵜呑みにすることはできませんが，長寿であることと国民が健康だと感じることが必ずしも正の相関関係にあるわけではないということが，これらのデータから読み取れます。

一方，GDP（国内総生産）に占める医療費の割合において日本はOECD加盟国のなかでは平均を若干上回る10.3％となっており（表5.1），他の先進諸国同様に医療にコストをかけている国家であることが読み取れます。日本の総人口は2008年ごろを境に減少に転じていますが，医療費はその後も継続して増

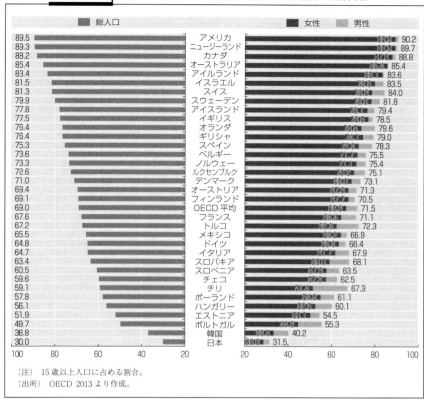

図5.1 自分は健康であると感じる人の割合の国際比較

（注） 15歳以上人口に占める割合。
（出所） OECD 2013 より作成。

加しており，今後も継続して増加することが予測されています。なぜなら，医療費の多くは高齢者の医療のために費やされているからです。人口の高齢化が進む日本では，今後も医療費の増加をいかにして抑えるか，そのために現在軽減されている高齢者の自己負担をいかに増額するかが政策上の課題になっています。人口の4割近くが高齢者となる2050年ごろには，高齢者に対する医療費の負担軽減施策はなくなっているかもしれません。

また，今後，混合診療（保険診療と保険外診療の併用）が法的に認められるようになると，一定の富裕層にとって高度な医療を受けやすくなるなど，被保険者の間でも格差が生まれてくるかもしれません。そのような意味において，現在の医療制度には改善の必要性が突きつけられているといえます。

1 健康の不利を知る ● 109

表 5.1 OECD 加盟国の医療費の状況（2012 年）

国 名	総医療費の対GDP比(%)	順位	一人当たり医療費(ドル)	順位	備考	国 名	総医療費の対GDP比(%)	順位	一人当たり医療費(ドル)	順位	備考
アメリカ	16.9	1	8,745	1		イタリア	9.2	19	3,209	19	
オランダ	11.8	2	5,099	4		オーストラリア	9.1	20	3,997	13	※
フランス	11.6	3	4,288	11		フィンランド	9.1	20	3,559	16	
スイス	11.4	4	6,080	3		アイスランド	9.0	22	3,536	17	
ドイツ	11.3	5	4,811	6		アイルランド	8.9	23	3,890	14	
オーストリア	11.1	6	4,896	5		スロバキア	8.1	24	2,105	27	
デンマーク	11.0	7	4,698	7		ハンガリー	8.0	25	1,803	29	
カナダ	10.9	8	4,602	8		韓 国	7.6	26	2,291	26	
ベルギー	10.9	8	4,419	10		チェコ	7.5	27	2,077	28	
日 本	10.3	10	3,649	15		イスラエル	7.3	28	2,304	25	
ニュージーランド	10.0	11	3,172	20	※	チ リ	7.3	28	1,577	30	
スウェーデン	9.6	12	4,106	12		ルクセンブルク	7.1	30	4,578	9	
ポルトガル	9.5	13	2,457	23		ポーランド	6.8	31	1,540	31	
スロベニア	9.4	14	2,667	22		メキシコ	6.2	32	1,048	33	
スペイン	9.4	14	2,998	21	※	エストニア	5.9	33	1,447	32	
ノルウェー	9.3	16	6,140	2		トルコ	5.4	34	984	34	
イギリス	9.3	16	3,289	18							
ギリシャ	9.3	16	2,409	24		OECD平均	9.3		3,484		

（注）1　上記各項目の順位は，OECD 加盟国間におけるもの。
　　　2　※の数値は 2011 年のデータ。
（出所）厚生労働省「医療保障制度に関する国際関係資料について」。

国民健康保険制度と保険未納者

　日本の医療制度は，1961 年に国民健康保険事業が全市町村で開始されたことによって「皆保険」が実現しました。皆保険とはすなわち，国民全員が加入することを前提とした保険制度であり，加入世帯が支払う保険料によって運営されることになります。しかし，実際には保険料収入は国保の財源の半分にも満たない金額であり，足りない額は国や都道府県の交付金や国庫負担金によって補塡されています。すなわち，純粋な保険制度としてはすでに機能していない制度といえます。

　皆保険制度のメリットは，収入や疾病の有無によって保険加入を拒否されることがなく，日本の健康保険制度に関しては，収入に応じた保険料さえ支払え

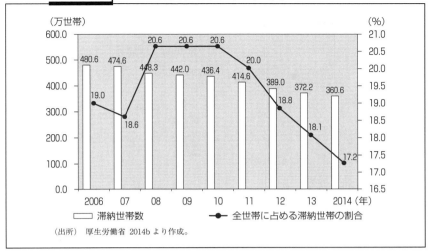

図 5.2 保険料の滞納世帯数等の推移

(出所) 厚生労働省 2014b より作成。

ば，日本国籍を有していなくても一定の条件を満たすことで加入できる点にあります。ところが，保険料を支払わないために，もしくは支払えないために無保険状態となる人は常に存在します。保険料滞納世帯の割合は，2008 年に，前年度の 18.6％から一気に 20.6％まで上昇し，その後 2010 年まで同率でしたが，2011 年以降毎年減少傾向にあり，2014 年は 17.2％まで減少しました（図 5.2）。この数値は，2008 年のリーマンショックにより多くの人が失業したことと深く関係していると考えられます。

ある実証研究によると，低所得や失業が原因で，経済的な見通しが立ちにくいため保険料を未納や滞納するケースが多くなることが明らかになっています（湯田 2006）。一方で，主観的健康感がよいほど滞納する確率が高くなり，高額療養費制度などの制度について知っているほど滞納する確率が低くなるという調査結果もあります（四方・田中・大津 2012）。言い換えると，自分は健康だから大丈夫と思って保険に加入しない人や，制度をよく知らないために制度への不信を高め保険料を滞納する人が，無保険状態になる傾向にあるということです。ちなみに，保険料を長期間滞納していた人が保険への加入を希望した場合，過去 3 年間分の保険料を納めることが求められるため，再加入は容易ではありません。

こうした問題を解消するためには，たとえばイギリスの国民保健サービス

(National Health Service：NHS) のように，社会保険ではなく税金を財源とした普遍的な制度への転換を模索することが必要かもしれません。また，制度を上手に活用して，健康を維持するためには，定期的に検診をして自分の健康状態を常に把握しておくことと，制度をよく理解することも重要といえます。

健康格差

病気になる原因は，遺伝や身体的な側面など，個人的な因子が強く影響すると思われがちですが，実は健康は社会的に影響されるということが研究により明らかになっています。

たとえば，医療制度について知らないことが保険料の滞納と関係するという調査結果がありましたが，教育年数が短いほど健康診断を受診したことがない割合が高くなることが別の調査で明らかになっています（松田ほか 2005）。

公衆衛生を専門に健康格差の問題について研究してきている近藤克則は，愛知県の高齢世帯を対象に行った大規模な実証研究にもとづき，社会的な因子が健康に影響を与えていることを明らかにしてきました（近藤 2005）。上記の松田ほか（2005）の調査結果以外にも，たとえば，所得階層と要介護高齢者率の関係では，所得が低くなるほど要介護状態になる割合が高いということが明らかになっています。高齢者の孤立の問題でいうと，低所得であるほど，また教育年数が短いほど，閉じこもりがちになる（外出頻度が週１回未満）という調査結果もあります。孤立していても健康な人はいるという指摘があると思いますが，近藤の調査によると，高齢男性のうつ状態の割合が，ふたり暮らしの場合の 6.5% に比べて，ひとり暮らしの場合は 17.7% と高くなっていることがわかり，また，教育年数が低い男性ほどひとり暮らしになる割合が高いという結果も出ています。

近藤はこのように，健康には生物学的な因子が作用するものの，その生物学的な因子には，社会的な因子や心理的な因子が複雑に絡み合っていることを明らかにしました。図 5.3 はその関係性を示したものです。

図 5.3 の地域レベルの因子のなかには第 **6** 章や第 **8** 章でも取り上げているソーシャル・キャピタル（社会関係資本）が含まれています。ソーシャル・キャピタルの醸成，すなわち地域住民の間に強い信頼関係があり，ネットワー

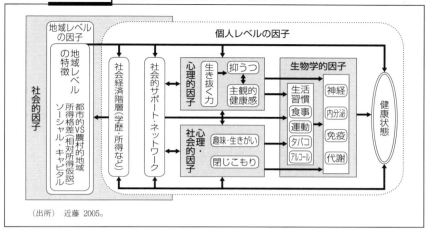

図5.3 健康の生物・心理・社会モデル

(出所) 近藤 2005。

クで結ばれていると，犯罪発生率の抑制に効果があることが実証されていますが，近藤はアメリカの同様の研究を参考に，ソーシャル・キャピタルが健康にも影響を及ぼすことを指摘しています。ソーシャル・キャピタルが豊かな地域では，規範がしっかりしているため，子どもの喫煙防止など望ましい健康行動を促すような作用があり，また，地域のラジオ体操のように，身体運動をする機会も豊富です。治安がよいため，心理的なストレスは少なく，ソーシャル・キャピタルが高いと政治に積極的に関わるため，保育所や保健・医療関係の施設が整備される傾向にあるということです。

アメリカでは，生まれ育った地域のZIPコード（郵便番号）によって平均寿命が異なるといわれています。たとえ同じ都市で生まれ育ったとしても，地域によって所得格差や教育格差があり，同様に健康格差が存在するということです。日本では，まだそこまで地域間の健康格差が確認されていませんが，今後，国民健康保険制度が制度疲労を起こし，国民の健康維持がアメリカのように地域や個人の努力に委ねられることになると，健康の不利に直面する人が増えていくでしょう。

健康の不利を考える

CASE で紹介した大野さんのように，健康を損なうことで，健康時には想像しなかった不利を経験することになります。それは，社会の設計が，健康であることを前提としたものとなっており，そのメインストリームの社会からこぼれ落ちた「病人」にとっては生きづらいものになっているということです。

「病気」とは何か

病気の子どもの世話をする病児保育士が主人公の『37.5℃の涙』という漫画があります（2015年にはテレビドラマ化されました）。病児保育とは，発熱などの症状により通常の保育所に通うことができない子どもをあずかる保育のことです。一般的な保育所では，子どもに発熱があった場合登園を認めません。登園後に熱が上がった場合であっても，勤務中の親はすぐに子どもを迎えに行かなくてはなりません。タイトルにある「37.5℃」というのは，その基準となる児童の体温を指しています。すなわち，37.5℃を超えると，たとえそれが一時的な発熱であったり，0.1℃だけ基準より高かったりして，他に症状が出ていなくても，保育所は子どもを「病児」として扱うのです。

病気とはそのようにして社会的に規定される，と考えるのが医療社会学です。実際に，同じ症状であったとしても，社会によってそれを「病気」と規定するかどうかが変わってきます。たとえば，食欲がなくまったく食べ物を口にしなかったり，もしくは食べたものをすべて吐き出してしまったりする病気を，現代社会では摂食障害（拒食症や過食症）と呼びます。実は，古代ローマの貴族は宴会に招かれた際に振る舞われた食事をすべて食べなくてはならないために，喉にクジャクの羽を突っ込んで食べたものを吐き出してはまた食べるという行為を繰り返していたといわれています。症状は現代社会でいうところの摂食障害に当たりますが，病気とは考えられませんでした。そのような意味において，「病気」とはあくまでもその社会が付与するラベルであると考えられます。

現代社会では「病人」ラベルを付与する最大の権限が医師に与えられていま

す。医師は国家が認めた教育訓練を受け，国家資格を取得することにより，病に対する正しい知識を有していると考えられています。しかし，近代医学であっても，難病のようにその原因や治療方法が解明できていない病気はたくさんあります。また，がんの治療方法が進化し続けているように，近代医療は発展途上にあるのです。したがって，医師の診断や判断が必ずしも絶対的なものとはかぎらないのです。

それでも社会が「病気」というラベルを付与するのには理由があります。1つには，痛みや苦しみを感じている人に対して，何かしらの対処が必要であると社会が認めるために，「病気」というラベルを付与しています。次に，病気を抱える人がその社会の多くの人にとって迷惑もしくは奇異とみなされるような行動をとるとき（たとえば，危険とみなされる薬物を繰り返し使用するとき）に，その人に何かしらの対処をするために「病気」というラベルを付与します。また，社会学者のT. パーソンズは，「病気」のラベルがあることにより，人は期待された役割を免除されると述べています（パーソンズ 1974）。

病人役割，スティグマ，健康至上主義

上記の理由によれば，「病気」というラベルが付与されることは必ずしも悪いことではなく，社会のなかで「適切な」処置を受けるうえで必要な手続きのようにも思えます。パーソンズによれば，病人は健康時に期待される役割を免除される代わりに**病人役割**を期待され，同様に周囲の人も通常とは異なる役割を期待されると述べ，以下の4つに整理しています（パーソンズ 1974）。

第1に，病人には，できるだけ早く健康な状態に回復するために努力する役割が期待されます。第2に，病人には，自身の病気に関して医師に相談し，その医師の指示に従う役割が期待されます。第3に，周囲の人は，病人が健康時のように振る舞うことができなくてもそれを問題視しないという役割が期待されます。第4に，周囲の人は，病人が病気の状態になったことを咎めないという役割が期待されます。このように，病人とその周囲の人は，お互いが健康時と異なる役割をこなすことで，病気という非日常性を受け止めて，お互いの関係を継続するということです。

しかし，このような役割は絶対ではありません。慢性疾患のような病気の場

合，病気であることが日常であるため，周囲が健康な人間としての役割を期待することがあります。また，病人が必ずしも医師の指示に従うとはかぎりません。誰しも病院で処方された薬を最後まで飲まないことを経験したことがあると思います。

病気になると，周囲に気を遣われること（周囲から病人として対応されること）がかえって気になり，あえて病気であることを黙っていたり，もしくは，病気によってはスティグマがともなうため，病人であることを隠す行動や，周囲に気を遣わせないように振る舞ったりする行動があります。

ここでいうスティグマとは，社会的に与えられた否定的な烙印のことであり，社会学者の E. ゴッフマンによれば，スティグマは，①肉体上の奇形，②罪人や精神疾患など個人の性格上の欠点，③人種，民族，宗教などの集団に帰属されるもの，という 3 つに大別されます（ゴッフマン 2001：18）。そうしたスティグマが病人にもともなうと考えられます。

たとえば，抗がん剤治療にともなう脱毛などはその 1 つです。がんという病気は回復に向かっていても，脱毛という外見の変化によって「病人」として見られるため，実際の差別の有無にかかわらず，外見を重視する職種や企業への就職をあきらめるといった選択をすることが起こりえます。別の例として，痛風の場合も，薬で症状を抑えているかぎりは日々の仕事や業務に支障をきたさないため，なかには接待のために，痛風であることを隠して，本来飲むべきでないビールを口にする人もいます。

このように，私たちの社会には健康を価値あるものとし，健康ではない状態を望ましくないものと考える傾向があります。医療社会学者の黒田浩一郎は，健康に価値を置く考え方である「**健康至上主義**」(healthism) という欧米由来の概念を日本に紹介するなかで，以下のように定義しています（黒田 2010：42）。

1) 生活上の追求すべき価値として健康が高く位置づけられること
2) 健康の追求は，他の何かを実現するための手段としてではなく，それ自体が目的としてなされること
3) その価値を実現することを，他者から強制されるのではなく，自ら進んで追求すること
4) 健康の実現のために，個人的な努力によって実行可能な健康維持・増

進あるいは病気予防のための行動を行うこと

　すなわち，健康至上主義とは社会全体が健康であることを称賛し，人々が進んで自身の健康のために行動をとる社会のありようですが，そうした考え方は日本においても1960年代以降注目されるようになったと考えられています。たとえば，新聞や雑誌などで健康についての特集が組まれることや，健康補助食品や健康増進のための商品，ジョギングやヨガといったエクササイズの流行など，私たちの日常生活の至るところで健康を意識させられる機会が溢れていることに気がつかされます。そのように健康の維持が個人の努力に委ねられている状況は，第**2**章③で述べている「就活」や「婚活」「保活」といった一連の「〜活」言説になぞらえて「健活」と呼ぶべき状況です。個人が努力によって健康な身体の獲得を要求されるなか，健康至上主義の流行や表象からは病人やエクササイズできない人などが排除されていることに気づかされます。

「健康」の定義

　そもそも「健康」とはどのように定義されるのでしょうか。こんにち健康増進というとき，その定義の原点は1946年に世界保健機関（WHO）が示した次の憲章前文における記述に依拠するところが大きいです。「健康とは，単に病気がないとか病弱でないということではなく，身体的にも精神的にも社会的にもすべてが満たされた状態をいいます」。この時点で，すでに社会的な側面も含めて健康が定義されていました。

　なお，1999年，WHOではこの定義に対する改正案が提案されました。その改正案では，健康とは「身体的にも精神的にも<u>スピリチュアル</u>にも社会的にもすべてが満たされた<u>ダイナミック</u>な状態」と下線部を加筆することが提案されましたが，この改正案に対する反対意見も多く，いまだに承認されていません。スピリチュアルな側面とは伝統医学によって治療される疾患などを意識したものであり，近代西洋医学を前提とした健康観の否定としてとらえることができます。一方，ダイナミックな状態とは，健康と疾病を二元論ではなく，連続するものととらえるという，これもまた，「病気とは治療するもの」という近代西洋医学の考え方に疑義を唱えるものといえます。

　WHOの憲章前文は70年間変更されていませんが，健康をめぐる考え方は

時代とともに変化してきています。1978 年にアルマアタ（現カザフスタン共和国）で開催された「プライマリー・ヘルスケアに関する国際会議」（WHO とユニセフの共催）ではプライマリー・ヘルスケアの導入が提唱されました。プライマリー・ヘルスケアとは，健康増進，予防，治療，リハビリテーションの各種サービスを住民に最も身近な地域で提供することで，この考え方には，日常生活のなかで人が病気と向き合いながら健康な生活を継続できるようにという視点が含まれています。

1986 年，カナダのオタワで開催された WHO の国際会議では「健康づくりのためのオタワ憲章」が採択されました。この憲章では，健康づくりに欠かせない，健康の前提条件として，「平和，住居，教育，食料，収入，安定した環境，持続可能な資源，社会正義と公平」が明示されました。このことはすなわち，健康増進が個人の努力や地域の取り組みのみによって達成されることではなく，社会全体のあり方として，人が健康で生活するための環境を整えることが重要であるということを意味します。前節で紹介した近藤による健康格差の実証研究は，これらの健康の前提条件が重要であることを裏づけるものであるといえます。

このように，国際機関による健康のとらえ方が徐々に変化する一方，健康とは人間にとっての基本的な「必要」であり，普遍的なものとする考え方があります。経済学や哲学における「必要」をめぐる議論の基盤を提示した L. ドイヨルと I. ゴフは，「人間の基本的必要とは，単に生存そのものというよりも身体的健康なのである」（ドイヨル & ゴフ 2014：71）と述べ，人間が存在するうえで身体的健康は欠かすことのできないものであると論じています。また，彼らは，身体的健康が，近代西洋医学的な理解にもとづいて評価されていることに関して，文化横断的に考えたとしても，医学的に治療の効果が認められる医療を受けることは基本的必要であると述べています。健康な状態であること，そしてその状態を維持するために医療を受けることは，どのような環境に置かれた人間にとっても欠かすことはできないものといえます。

医療の世紀の終焉

WHO による健康の定義に関する議論にも見られるように，かつては健康と

疾病が相反するものととらえられる傾向にありましたが，そうした考え方がしだいに変わり，健康と疾病を連続するものとしてとらえるような傾向が強くなってきています。

　社会政策学者の猪飼周平は『病院の世紀の理論』という著書のなかで，20世紀の日本が，病院における入院を中心とした医療システムを推進してきたこと，そしてそのシステムが終焉を迎えつつあり，新たなシステムへと移行しはじめていることを指摘しています（猪飼 2010）。

　著書のなかで猪飼は，日本の医療システムは海外と比べて特殊なシステムであると述べています。1つの特徴として，日本には「**社会的入院**」と呼ばれる問題が存在します。社会的入院とは，「病院という本来医学的治療を行う場にその必要性の低い高齢者が入院している状態」（猪飼 2010：233）と説明されます。ケアの担い手がいないなどの事情で退院できないそうした「社会的入院」を減少させるため，政府は近年医療報酬の改革を行ってきましたが，「社会的入院」の増加もまた政府が政策的に誘導してきたと見ることができます。

　日本政府は，20世紀前半から，開業医や個人病院のように，医師の経済的な負担にもとづいて医療を全国に整備していくという，政府にとって「安上がり」な政策を進めてきました。そうして整備された20世紀の病院に期待されたことは，治療の可能性を高めることでした。20世紀の病院で提供される医療においては，生活よりも治療を優先させる価値観が主流であり，その結果，治療を期待されて病院に入院したものの，その必要性が低い高齢者が，治療を最優先としない一般病床に滞留し，「社会的入院」の事例が増加したと考えられています。

　しかし，病院の役割における治療を優先する考え方が近年変化してきたと猪飼は指摘します。治療医学が中心的な20世紀における健康が「病気と認められないこと」と考えられていたのに対して，こんにちの健康に対する考え方は，身体的・心理的な状態の悪化やそれにともなう生活上の問題に対する支援として，治療医学だけではなく，生活の質（**QOL**）を中核とする多義的なものとして考えられるように変化しました。要するに，何を生活の質と考えるかは人によって千差万別であるため，健康な状態を決定するのもまた個人であるという意味で，健康とは多義的にとらえなければならないものなのです。

そうした考え方にもとづいて，近年では医療のあり方そのものが見直されてきています。在宅における介護サービスや，配食や見守り訪問といった生活支援サービス，介護予防などの保健サービスなどと連携して，地域で医療が柔軟かつ連続的に提供されるためのしくみは**地域包括ケアシステム**（⇨第 **3** 章 ③）と呼ばれ，政府は今後の医療や介護のあり方として提唱しています。病院において患者を治療することは，今も昔も欠かすことのできない医療システムの機能ですが，近年では，生活習慣病などの慢性疾患が主な病気となってきたこともあり，病気を治療しながら，また病気とうまくつきあいながら，各々が求める生活が継続できるような環境を提供することが，医療システムの機能として付け加えられたのです。

健康の不利に挑む

自己（患者）負担軽減制度

　保険料の滞納などの理由から，国民健康保険制度が，「皆保険制度」としては機能せず，無保険者が一定数存在することの問題はすでに指摘しました。この問題を未然に防ぐために，国民健康保険は保険料の負担能力がない低所得者に対して，保険料軽減制度や減免制度を設けています。それでも，国民の 1％弱の人は無保険状態にあるという試算もあります（阿部 2010）。

　無保険問題に加えて，所得が低いため，医療の利用を控える人も少なくありません。ある調査結果では，医療機関に行くことができなかった理由として，「医療費の支払いができなかった」と回答した人の割合が，20 〜 64 歳で 18.0％，65 歳以上で 12.1％でした（国立社会保障・人口問題研究所 2013）。

　そうした利用控えへの対策として，政府は**自己負担軽減制度**を設けています。**CASE** の大野さんも利用した制度として，高額療養費制度というものがあります。この制度は，公的医療保険に加入していれば年齢にかかわらず誰でも利用できる制度で，1 カ月あたりの医療費の自己負担額が一定の金額を超えた場合に，その基準以上の医療費が免除される制度です。表 5.2 が示すように，所

CHART 表5.2　1カ月あたりの医療費の自己負担限度額（70歳未満）

所得区分	1カ月あたりの負担の上限額	4回目以降の上限額
年収約1,160万円以上	252,600円+（医療費−842,000円）×1%	140,100円
年収約770万円〜約1,160万円	167,400円+（医療費−558,000円）×1%	93,000円
年収約370万円〜770万円	80,100円+（医療費−267,000円）×1%	44,400円
年収約370万円未満	57,600円	44,400円
住民税非課税	35,400円	24,600円

（出所）　厚生労働省ウェブサイトより。

得によって5段階に区分され基準が設けられています。表中にある「4回目以降の上限額」が示すように，直近12カ月以内に3回以上高額療養費の支給を受けている人の場合，4回目以降はさらに低額の上限が設定されることになっています。

　高齢者に関しては，1973年に70歳以上の高齢者の医療費の自己負担分をすべて無料にする国の制度ができましたが（一部自治体ではそれ以前から取り組まれていました），その10年後には一部自己負担を求めるようになり，2002年には年齢を75歳以上に引き上げ，2007年からは自己負担額が1割に設定されました。高齢化の進行もあり，高齢者であっても自己負担を求められるようになってきていますが，それでも一般世帯の3割負担に比べて負担が軽減されています。

　一方，乳幼児にかかる医療費の自己負担分を自治体が補助する乳幼児医療費助成制度は近年急速に整備されてきました。この事業は都道府県および市町村のレベルで実施されており，2012年度以降，すべての市町村で実施されています（「乳幼児医療費無料化を求める全国ネットワーク」ウェブサイトより）。2000年の時点では24.2%の自治体が乳幼児の入院費を，9.9%の自治体が乳幼児の通院費を助成していたことを考えると，10年ほどで一気に全国的に普及したことが，この制度が社会的に求められていることを表しています。ただし，その事業内容は各地で異なり，4歳未満までを対象とする自治体から，22歳年度末までを対象とする自治体まで多様で，78.6%の自治体は義務教育が終了する15歳年度末までの子どもの入院にかかる医療費を，65.1%の自治体は同年齢の子

どもの通院にかかる医療費をすべて補助しています（厚生労働省 2014c）。

あまり広く知られていませんが，全国の医療機関の一部では，生計困難な人に対して無料または低額で診療行為を提供する無料低額診療事業に取り組んでいます。具体的には，低所得者やホームレス，DV 被害者，外国人などがこの制度を利用しています。この事業は社会福祉法に規定されているもので，医療機関は，のべ患者数の 10％以上がこの事業の利用者であることを条件に，法人税や法人住民税，固定資産税など税制上の優遇措置を受けることができます。民医連によると，2015 年時点では，全国では 332 の医療機関がこの事業に取り組んでいます（全日本民医連ウェブサイトより）。

このように，経済的な理由などから医療制度の利用控えを回避し，すでに整備された医療システムを活用することで，健康の不利を克服するための公的な制度が整備されています。一方で，医療システムの新たな方向性や可能性を模索する民間の取り組みもあります。

健康づくり

病気の治療を優先していた 20 世紀型の医療システムに対して，こんにちの医療システムには，患者が慢性疾患や介護が必要な状態と向き合い，個々人が求める生活の質を満たしながらその生活を維持・継続することが求められます。それを地域単位で可能にするためのしくみである地域包括ケアシステムでは，**介護予防**が重要なアプローチとして考えられています。介護予防とは，要介護状態になる前の元気な高齢者に対して，手先や体全体を動かす機会を提供することで身体の機能を高め，各種の活動を通して生きがいを見つけ，地域において参加する場が増えることを目的に提供されています。

介護予防の取り組みには決まったプログラムが用意されているわけではなく，行政や委託を受けた事業者が工夫を凝らしながら推進しています。医療者が開発した健康体操やウェイトを手足につけた運動を取り入れるなどして，まるで高校の部活動のように高齢者がメニューに従って体を鍛えているところもあります。しかし，そうした介護予防に取り組む高齢者が，本心から楽しんでメニューをこなしているのでしょうか。介護予防は，本人が長く健康に生活するためのものでありますが，社会全体の介護費用を抑制するという意味において

CHART 表5.3　急性疾患と慢性疾患の医療の対比

	急性疾患	慢性疾患
医療の場	病院	生活の場
主導権	医療者	患者
医療者患者関係	指導協力型	相互参加型
医療の方向	治療的要素	教育的要素
安静と運動	安静？	運動可能範囲の設定

（出所）　加藤 2014。

は，政府のためのものでもあります。高齢者が体操に黙々と取り組む姿を見ると，政府の予算削減のために必死に運動させられているようにも見えてきます。

そうしたなか，全国各地で「ご当地体操」というものが開発されています。ご当地体操とは，その土地オリジナルの体操で，なかにはその土地の伝統文化や特産品など，地域住民が帰属意識を感じる要素を歌詞や動きに取り入れたものもあります。保健師などの医療専門職が一緒に開発した体操もあれば，医学的な知識をもたない地域住民やボランティアがなんとなくつくったものなどもあります。しかし，大切なことは，その体操に取り組む人たちが，体操させられているのではなく，体操をやりたいと思って取り組むことです。また，体操を通して住民同士に帰属意識が生まれ，コミュニティができていくことが，生きがいにもつながります。こうした活動により，たとえ体調を崩して体操ができなくなったとしても，地域のつながりのなかで生きていくことができるでしょう。

患者の力

患者学という考え方があります。病気を治すのは医者ではなく患者であるという前提で，医療従事者と患者が対等な立場に立ち，その病気の当事者である患者の視点や患者が経験したことを尊重し，病気の治療に生かすという考え方です。表5.3で示された対比のように，慢性疾患においてはそうした考え方が特に求められます。

患者同士がお互いの経験を語り合い，よりよい医療のあり方を模索し，医療従事者とともに治療のあり方を模索する事例も少なくありません。また，病気の治療にかぎらず，手術痕が見られることをためらい温泉や公衆浴場に行くこ

とを我慢している当事者のために，そうしたスティグマを克服する「1, 2, 3 で温泉に入る会」を主催する乳がん経験者もいます（中西・上野 2003）。

　また，アメリカの事例ですが，精神疾患の経験者が精神疾患専門の薬を販売する薬局を開設した例があります。当事者が中心となって設立した NPO 法人が運営するその薬局では，薬剤師とは別に，薬剤助手として精神疾患の経験者が窓口で薬の副作用などについて相談に乗っています。この実践は，患者が病気の体験を通して得た知識に注目するだけではなく，薬の消費者である患者が，薬を販売する立場に立つことにより，経済活動を通して力を蓄え，市場に自分たちの声を反映させるという点において，新たな可能性を示しています（Mandiberg & Warner 2012）。

　患者が自分たちを組織して，活動を行ったり，声をあげたり，起業したりすることによって，社会的に付与された病人や患者という役割から自らを解放し，新たな役割を獲得することに成功しているといえます。

POINT

☐ **1** 日本には国民健康保険制度もあり，先進諸国の平均以上に医療にお金をかけている国であるが，国民が必ずしも健康と感じているとはかぎらない。

☐ **2** 皆保険制度であっても，保険未納・滞納者が一定数存在し，低所得などの理由から医療へのアクセスを失う人がいる。また，制度を利用できたとしても，その利用には煩雑な手続きがともなうことがある。

☐ **3** 心身に異常をきたす背景には，教育年数が短いことや地域で孤立しているといった，社会的な因子が作用しており，そうした社会的な格差が健康格差に影響している。

☐ **4** 病気とは社会的に規定されるものであり，時代やその社会によって病気や健康のとらえ方は異なる。現代社会では，個人が努力によって健康を維持することを強要する風潮がある。

☐ **5** 健康とは，人間にとっての基本的必要であり，政府はそれを保障するための制度を整備している。その一方で，地域や当事者コミュニティが健康のあり方，病気とともに生きる生き方を自ら示す取り組みもある。

引用文献

阿部彩，2010「医療費軽減制度」埋橋孝文・連合総合生活開発研究所編『参加と連帯のセーフティネット――人間らしい品格ある社会への提言』ミネルヴァ書房

ドイヨル，L. & I. ゴフ著／馬嶋裕・山森亮監訳，2014『必要の理論』勁草書房

ゴッフマン，E.／石黒毅訳，2001『スティグマの社会学――烙印を押されたアイデンティティ』せりか書房

猪飼周平，2010『病院の世紀の理論』有斐閣

加藤眞三，2014『患者の力――患者学で見つけた医療の新しい姿』春秋社

近藤克則，2005『健康格差社会――何が心と健康を蝕むのか』医学書院

厚生労働省，2014a『平成26年版 厚生労働白書 健康長寿社会の実現に向けて――健康・予防元年』厚生労働省

厚生労働省，2014b「平成24年度国民健康保険（市町村）の財政状況＝速報＝」(http://www.mhlw.go.jp/)

厚生労働省，2014c「乳幼児等医療費に対する援助の実施状況」(http://www.mhlw.go.jp/)

国立社会保障・人口問題研究所，2013『生活と支え合いに関する調査――結果の概要』(http://www.ipss.go.jp/)

黒田浩一郎，2010「健康至上主義」中川輝彦・黒田浩一郎編『よくわかる医療社会学』ミネルヴァ書房

Mandiberg, J.M. & R. Warner, 2012, "Business Development and Marketing within Communities of Social Service Clients," *Journal of Business Research*, 65 (12)

松田亮三・平井寛・近藤克則・斎藤嘉孝，2005「(日本の高齢者――介護予防に向けた社会疫学的大規模調査) 高齢者の保健行動と転倒歴」『公衆衛生』69 (3)

中西正司・上野千鶴子，2003『当事者主権』岩波書店

OECD, 2013, *Health at a Glance 2013*, OECD

大野更紗，2011『困ってるひと』ポプラ社

パーソンズ，T. 著／佐藤勉訳，1974『社会体系論』青木書店

四方理人・田中聡一郎・大津唯，2012「国民健康保険料の滞納の分析」『医療経済研究』23 (2)

湯田道生，2006「国民年金・国民健康保険未加入者の計量分析」『経済研究』57 (4)

CHAPTER

第 **6** 章

参加の不利

多様な生き方を認め合う社会はどのようにつくれるのか？

KEYWORDS

孤立死　社会的排除　社会的孤立　自殺対策基本法　排外的な差別　コミュニティ　ポジティブ・アクション　能動的福祉　包摂政策　個別化　コミュニティソーシャルワーク

QUESTION

「向こう三軒両隣」の近所づきあいがあたりまえだった時代に比べ，こんにちでは隣の住人の顔も名前も知らないなかで，人々は孤立して生き，そして孤立したまま死んでいくことが少なくありません。人によっては他者との関与を好まない人もいるかもしれませんが，私たちは本当に自ら選択して孤立しているのでしょうか。そもそも，社会に参加する機会，そして他者と知り合う機会が乏しく，その結果，不利な立場に立たされている，生きづらさを抱えているということはないでしょうか。つながりが希薄になった現代社会において，私たちはどのように他者とつながり，社会に参加することができるのでしょうか。

1 参加の不利を知る

▶「なぜ孤立死が存在するの？」

「孤立死」の現場から

　近所づきあいがなく，孤立して生活する高齢者。そんなひとり暮らしの高齢者が，誰にも看取られることなく亡くなっています。いわゆる**孤立死**や**無縁死**と呼ばれるそうした人生の終焉は，まれに新聞の紙面に取り上げられることはあるものの，私たちはいつからかそのような死のあり方に慣れてしまい，話題にのぼることも少なくなってしまいました。現代社会とは，誰も知らないところで人が死に，そのことを誰も気にも留めない，そんな希薄な人間関係の上に成り立っています。なぜ，そしていつからそのような冷たい社会になってしまったのでしょうか。

CASE ●誰にでも起こりうる孤立死

　村山茂男さん（男性・享年77歳）もそうした孤立死を迎えた1人です。第二次世界大戦前に生まれた村山さんは戦後自ら事業を興し，日本が高度経済成長を迎える頃には，一代で大きな財産を築くようになっていました。都心に一軒家を構え，妻と子ども2人の4人家族で幸せな生活を送っていました。しかし，バブル経済の崩壊とともに事業が滞り，多額の借金を背負うことになりました。結局，自己破産の手続きをするとともに，家族関係の悪化から妻と離婚し，家族離散になりました。

　村山さんはそれ以来，家族と一度も連絡をとることがないまま，都市近郊のアパートでひっそりと暮らしていました。自己破産後は60歳の定年になるまで小さな工場で働き，その後は貯金と年金を頼りに慎ましく暮らしていました。アパートの他の住人との交流は一切なく，お互い名前も知りませんでした。訪ねてくる人のいない村山さんの遺体は，死後2週間過ぎたある日，異臭から異変を感じた隣人が家主に連絡をして，やっと発見されました。

　村山さんの遺体が発見されたあと，家主から連絡を受けた警察が検死を行い

事件性がないことが確認されると，残りの手続きは行政に一任されました。行政職員は村山さんの遺品から家族や親族の連絡先を調べましたが，結局連絡先は見つかりませんでした。村山茂男さんという人物とつながっている人は1人もいなかったのです。

村山さんのような死を遂げた人は行旅死亡人と呼ばれます。2010年NHKが「無縁社会」という切り口で孤立死の実態を放映したことにより，身寄りのいない人たちが，自宅で1人で亡くなる「無縁死」（孤立死）の問題が社会的に認知されるようになりました。NHKの取材班が調べたところによると，2008年時点で年間約3万2000人が日本国内で無縁死を遂げています（NHK「無縁社会プロジェクト」取材班編 2010）。3万2000人というと，自殺による死者の数をしのぐほどの人数です。この数値は，国が発行する官報に掲載される行旅死亡人（身元不明のまま亡くなった人）のリストから導きだされたものです。

村山さんのように，死後その家族や親族と連絡をとることができない人の場合，行政が所持品や財産の処分を行います。その際に，特に遺体の腐敗がひどい場合，特殊清掃と呼ばれる業者に依頼して故人の部屋の後片づけを専門的に行ってもらいます。そのような稼業が成立するほど現代社会には孤立死があふれているのです。その後，行政が火葬の手続きを行い，通常は自治体が遺骨を保管します。数年の時間が経過し，引き取り手が現れなければ，遺骨は無縁墓地に合葬されることになります。こうして，村山さんのような行旅死亡人は，誰にも看取られず，誰に知られることもなく，ひっそりと自治体職員と特殊清掃業者の手によって，事務的に処理されていくのです。

戦後の包摂型社会

なぜ現代社会では，そのような死があたりまえになってしまったのでしょうか。それとも私たちが意識していなかっただけで，実は昔から孤立死というものは存在したのでしょうか。現代のように情報通信が発達していなかった前近代，身元不明のまま亡くなる行旅死亡人は珍しいことではなかったでしょう。しかし，孤立した個人が死亡し，その遺体が腐敗した状態で発見され事務的に処理されるという事態が頻繁に起こるようになったのは2000年代以降のこと

です。

　第二次世界大戦後，日本社会が経済的な発展を遂げようとしている時代の日常を切り取った映画として『ALWAYS　三丁目の夕日』があります。人情あふれる東京の下町の近所づきあいの様子が描かれたその世界のなかで，仮に死後1週間経過した遺体が発見されていたら，おそらく大事件になったことでしょう。

　戦後の高度経済成長期は，日本社会全体が1つの方向を向いていた時代として理解されています。空襲により各地が焼け野原となり，その何も残っていない世界において，平和に生きること，仕事があること，家庭を築くこと，お腹いっぱいご飯を食べること，今ではあたりまえのそうした日常に，当時の日本人が憧れ，希望を抱いて生活していた様子がこの映画のなかには描かれています。

　そうした高度経済成長期に福祉の問題は存在しなかったのかというと，そのようなことはありません。戦争孤児のための児童福祉や，傷痍軍人のための障害者福祉，戦争未亡人のための母子・寡婦福祉など，戦後の社会福祉制度は戦争を背景に整備されてきました。その一方，一家の大黒柱である父親が元気に仕事をしているかぎり，家庭で発生する福祉の課題は家族内で解決される傾向がありました。祖父母に介護が必要となれば，専業主婦の母親が介護を担当し，子育ても母親の仕事でした。子どもが障害をもっていても父親が安定した収入を得ているかぎりはその子どもは生きていけました。

　その代わり，同じことは子どもにも求められました。すなわち，男性であれば学歴をつけ，いい仕事に就くこと，女性であれば花嫁修業をして，結婚して子どもを育てることです。「仕事したくない」や「結婚したくない」といった希望が認められにくい環境がありました。社会の構成員が決められたライフコースに包摂されることで社会が成立していたのです。

　そのように多くの人を1つの価値観に包摂してきた時代と異なり，現代社会では仕事をしなくても，結婚しなくても，家に閉じこもっていてもお互いに干渉しない傾向にあります。その代わり，**CASE** の村山さんのように孤立死を遂げる人が年間3万人以上います。

　以下では，そのような現代社会のなかで周辺に追いやられ，生きづらい生活

CHART 表 6.1　近年における社会経済環境の変化

(1) 経済環境の急速な変化
・産業構造の変貌とグローバリゼーション
・成長型社会の終焉
・終身雇用など雇用慣行の崩れ
・企業のリストラの進行
・企業福祉の縮小〜競争と自己責任の強調
(2) 家族の縮小
・世帯規模の縮小
・家族による扶養機能のますますの縮小
・非婚・パラサイトシングルなどの現象
(3) 都市環境の変化
・都市機能の整備
・高層住宅，ワンルームマンションなど住宅の変化
・消費社会化
・都市の無関心と個人主義
(4) 価値観のゆらぎ
・技術革新や社会経済変化の中で，人間や生活，労働をめぐる基本的価値観の動揺

(出所)　厚生省 2000。

を強いられている人たちの現状について概観し，そのような時代における社会福祉のあり方について考えてみます。

福祉課題の多様化

2000 年，厚生省（当時）から「社会的な援護を要する人々に対する社会福祉のあり方に関する検討会」報告書が発表されました。この報告書は，時代の変化とともに多様化する社会福祉の課題に，従来の社会福祉の制度や実践が対応できなくなってきていることを指摘し，社会福祉のあり方を見直すことを提言するものであり，現代の社会福祉を考えるうえで，非常に有意義な提案を行っています。

まず，この報告書は表 6.1 に示すような多様な社会問題が発生する背景として，社会経済環境の変化を例示しています。その内容を端的にいうと，かつて生活の基盤となっていた雇用，家族，地域の形態が変化し，多様な形態が出現するようになったということです。すなわち，『ALWAYS 三丁目の夕日』の時代のように，大多数の国民が，「あたりまえの生き方」（＝あたりまえの働き方・家族のあり方・近所づきあいのあり方）という，社会によって提示された人生

CHART 図6.1 現代社会の社会福祉の諸問題

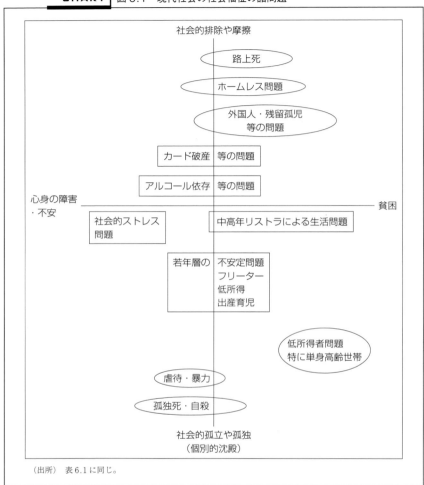

(出所) 表6.1に同じ。

の目標に向かって歩むのではなく,「(4) 価値観のゆらぎ」のなかに書かれているように,「人間や生活,労働をめぐる基本的価値観」がゆらぐようになり,それにともなって,個々人の生活のあり方が多様化してきたということです。

その結果,かつての「あたりまえの生き方」のなかでは限定的にしか出現しなかった生活問題が,社会のいたるところで表面化するようになってきました。この報告書ではそうした生活問題を図6.1のような座標軸を用いて整理しています。この図では,社会福祉が従来対象としてきた「貧困」に加え,「心身

の障害・不安」と「社会的排除や摩擦」「社会的孤立や孤独」という3つの対象が座標軸として設定され，生活問題とは，それらの要因が複合的に作用することにより表面化されるものとして整理されています。以下では，図6.1で示されたものを中心に，現代の社会福祉が対峙しなければならない生活問題のいくつかを取り上げ，その実態について概説します。

孤立死

　孤立死の実数を把握することは困難を極めます。その理由の1つに，孤立死をどのように定義するかという問題があります。冒頭で紹介した行旅死亡人を孤立死とするのか，それとも家族や親族と連絡をとっていた人であっても，死後数日間発見されることがなかったケースは孤立死と考えるのか。もしくは，病院等で亡くなったとしても，身寄りがいなければ孤立死なのか。孤立死には大きく分けて，誰にも看取られずに死亡するという側面と，身寄りがいないという2つの側面が含まれるわけですが，それらの一方を条件として考えるか，両方を考えるかで孤立死の実数は異なるものになります。

　もう1つには，現行制度における実数把握の難しさがあります。孤立死の把握は警察で行われるわけですが，警察では孤立死（誰にも看取られずになくなった死者）をすべて変死者として分類します。しかし，医師によって看取られていない死体はすべて変死に分類されるため，そこには自殺や殺害等により亡くなった人たちも含まれます。そのため，統計的に孤立死の数のみを把握することが現行制度では困難なのです。

　しかし冒頭でも紹介したように，NHKの取材班は遺体の引き取り手がいない行旅死亡人の件数を調査するために，全国の自治体が税金により火葬・埋葬した件数を調べ，2008年時点で年間約3万2000人がそうした行旅死亡人に該当するという結論を導きだしました。この数字は，日本における孤立死の規模を把握するうえで，有効な手がかりとなります。

　一方，孤立死の増加傾向については，東京都福祉保健局のデータが参考になります。図6.2にあるとおり，東京都では23区内において，自宅で死亡した65歳以上のひとり暮らし高齢者の統計を公表しています。これを見てもその増加傾向は明らかです。東京都区部の人口は約875万人で，うち65歳以上の

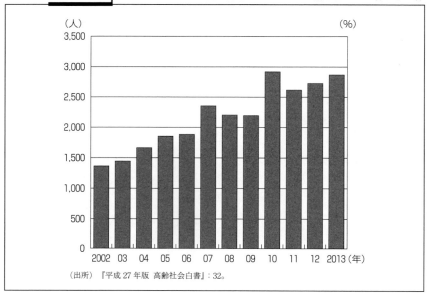

図 6.2 東京 23 区内で自宅で死亡した 65 歳以上ひとり暮らしの者

（出所）『平成 27 年版 高齢社会白書』：32。

高齢者は 192 万人（高齢化率は約 22％）で，全国の 65 歳以上高齢者 3300 万人の 17 分の 1 以下にすぎません。東京都区部と全国を同等に扱うことはできませんし，ひとり暮らしの状況も異なりますが，単純に計算すると，全国で年間 4 万 7000 人程度が 1 人で亡くなっていることになります。

　孤立死が増加する背景には，ひとり暮らし高齢者の増加という実態があります。したがって，人口の高齢化が進むにつれ，孤立死が増加することは当然の結果と考えられます。しかし，大都市圏のひとり暮らし高齢者を対象に調査を行った河合克義によれば，高齢者の社会的孤立の背景には，人口の高齢化以上に孤立している個人の生活歴が大きく作用しています。とりわけ，不安定就労層について，家族を形成できないままひとり暮らしを継続するなかで，地域のつきあいも乏しく，職場環境も固定されていないため，高齢になったときに孤立してしまうという実態を明らかにしています。そのうえで，河合は高齢者の孤立を予防するには，そうした生涯における労働と生活の不安定性にも対処することの重要性を説いています（河合 2009）。

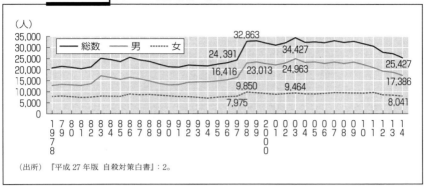

CHART 図6.3 自殺者数の推移

(出所)『平成27年版 自殺対策白書』: 2。

自 殺

　自殺とは文字どおり自ら命を絶つことです。言い換えれば，自殺とは，当事者が思いとどまることで回避できるものと考えられがちです。そのような誤った認識から，自殺の根本的な要因を個人に求め，自己責任として片づける傾向がかつてありました（そして，今でも残っています）。しかし，自殺に対する社会的な理解が進んだ昨今，自殺は個人のパーソナリティの問題だけではなく，社会経済的な背景や精神保健面も含めて包括的に解釈されるようになってきました。

　日本の自殺者数は1998年に年間3万人を超え，それ以来3万人を下回ることはありませんでしたが，2012年，15年ぶりに3万人を下回り，以来減少傾向にあります（図6.3）。それでも，年間5000人以下の交通事故死との対比で，その数字の多さが強調されることが少なくありません。

　年間自殺者3万人という数字を記録した1998年は「3万人ショック」と呼ばれています。年間2万5000人程度だった自殺者数が，1年間で突如3万2863人にまでふくれあがったのです。特に1998年3月の決算時に自殺者数が急増（とりわけ中高年の男性の自殺者が急増）したことで，当時の金融危機やそれにともなう企業の倒産と自殺との関連がきわめて強いことが明らかになりました。

　また，2006年には**自殺対策基本法**が施行され，それを契機に自殺を予防する取り組みや，自殺者数を減少させるための啓発活動などが盛んに行われるよう

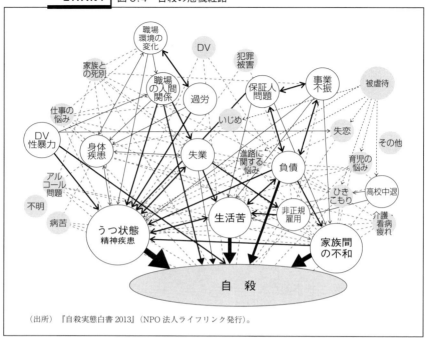

CHART 図 6.4　自殺の危機経路

(出所)『自殺実態白書 2013』(NPO 法人ライフリンク発行)。

になりました。なかでも NPO 法人自殺対策支援センターライフリンクの活動は，自殺対策の政策化に大きな影響を与えてきています。ライフリンクでは，自殺で家族を失った遺族に対する大規模な調査を行い，その調査結果をもとに，自殺の危機要因や自殺で亡くなるまでの経過など，これまで明らかにされてこなかった自殺の実態を明らかにしてきました。

　図 6.4 は調査から明らかにされた自殺の危機経路を示したものです。この図が表すように，自殺の要因は家庭問題や健康問題，経済・生活問題，勤務問題，男女問題，学校問題などが複合的に連鎖しあうものであり，調査の結果，自殺に至るには平均して 4 つの「危機要因」が存在するということも明らかになりました。こうした調査結果は，今後の自殺対策を推進するうえで有効な手がかりと考えられています。

外国人

　社会のなかで孤立しているという意味では，親戚や知り合いを母国に残し，

単身もしくは家族で見ず知らずの土地に移住してきた在留外国人こそ，最も社会との接点が希薄な集団といえるかもしれません。母国を離れて暮らす人々は，自らの選択で居住地を選んでいると思われがちですが，強制的に母国を追われた難民や亡命者にかぎらず，ほとんどの移民にとって海外への移住を選択した背景には経済的な要因をはじめ，さまざまな社会的な要因があるといわれています。よりよい生活を求めて海外へ移住する人が多いことは事実ですが，裏を返せばそれだけ母国で生活に困難を抱えていたということがいえます。

　法務省によると，2014年末時点の在留外国人の数は212万1831人で，前年から約2.7％増加しました。近代以降増加し続けていた在留外国人数は，経済危機に見舞われた2008年を境に減少に転じていましたが，2013年に再び増加に転じました。このことは，国際的な移住の背景に経済的な要因が深く関係していることを証明しています。経済が不安定になり，企業が人員を削減するときに，最初に足切りされる対象が外国人労働者であり，そのような点において，外国人労働者が雇用の「調整弁」として扱われてきたのです（労働政策研究・研修機構 2009）。

　在留外国人の多くは首都圏および大阪と愛知の三大都市圏に居住していて，国籍別では中国出身者が最も多く，続いて韓国，フィリピン，ブラジルの順です。外国人労働者が就労している産業としては「製造業」が最大で34.7％，ほかに「サービス業（他に分類されないもの）」が13.0％，「卸売業・小売業」が11.6％，「宿泊業，飲食サービス業」が11.6％と続きます。「製造業」に就労する外国人労働者の20.0％，「サービス業（他に分類されないもの）」に就労する外国人労働者の68.2％が派遣労働など間接雇用であることからも，外国人労働者が雇用の調整機能を担っていることが確認されます。

　2014年7月，最高裁は在留資格を有する外国人でも生活保護受給資格は有しないという判決を下しました。生活保護法では日本国籍を有するものに保護受給者を限定してきましたが，法務省や厚生省の通達などにより，在留外国人にまでその適応範囲が拡大されていました。しかし，今回の判決で在留外国人の保護受給資格について国家の決断が下された結果となりました。

　このように，外国人には日本人と同等の権利を有していないという不利に加え，日本語を流暢に話せないという不利や雇用面における不利もあり，さらに

ヘイトスピーチに見られるような**排外的な差別**の対象とされることも少なくありません。そうした状況は単に制度を整えるだけでは改善されないでしょう。労働の現場や教育現場，福祉や医療などの現場において外国人が参加できるためのしくみを整備していくことが求められます。

参加の不利を考える

「主流社会」の形成とゆらぎ

　戦後，高度経済成長を遂げた日本において「一億総中流」という言葉が生みだされました。1960 年代後半に日本の人口が 1 億に達したことと，同時に，国民のなかに自分は中流にあたるという意識が定着したことからそのような言葉が出現しました。日本の完全失業率は 1960 年代以降 1％台を推移するようになり，いわゆる貧困の問題があたかも解消されたかのように思われました。また，当時の日本は，産業構造の変化により，職を求める人々が農村部から都市部へと一気に流動したため，都市部の人口が増え続けました。その結果，都市近郊にはたくさんのベッドタウンが形成され，同じようなつくりの集合住宅や住宅街が日本全国に建設されていきました。そのようにして近代日本のなかに「主流社会」というものが形成されたのです。冒頭で取り上げた『ALWAYS 三丁目の夕日』においても，青森から東京に出稼ぎに来た少女が都会のなかで少しずつ「主流社会」の一員となっていく姿が描かれていました。

　イギリスの犯罪社会学者の J. ヤングはそのような社会を「包摂型社会」と呼んでいます（ヤング 2007）。包摂型社会では，周縁化された人々はそのまま排除されるのではなく，社会の中心へ連れ戻され，その主要な部分に同化させられます。かつての完全失業率が 1％であったということは，失業者がわずかながらも存在していたということであり，正確には「総中流」ではなかったことになります（より正確には，専業主婦や就労不能とみなされた人など，「中流」に該当しない人はほかにも多く存在していました）。包摂型社会において，その 1％の失業者たちは「よそ者」とみなされるのではなく，いつか「主流」の一部に包摂

されるべき存在として更生や治療の対象となります。ヤングによれば，福祉国家には，そうした更生や治療を推進する役割が備わっており，福祉事務所などがその実施機関として機能してきたのです。

　しかし，そのような包摂型社会は長くは続きませんでした。1970年代のオイルショックを契機に日本の完全失業率は2％台を推移するようになり，1990年代後半からは3％を下回ったことはありません。そもそも日本における包摂型社会では，企業における新卒一括採用と年功序列，終身雇用という，いわゆる日本型雇用慣行がその基盤となっていました。景気の後退や経済のグローバル化により，そうした雇用慣行は崩壊し，その結果，社会の中心からはかつてのような求心力が失われました。福祉国家がそれまでに包摂してきた周縁化された人々は，むしろ社会から排除されるようになりました。

　ポーランド出身の社会学者Z.バウマンは，そのような時代を「リキッド・モダニティ」（液状化する現代）と呼んでいます（バウマン 2001）。リキッドとは，文字どおり液体のことを意味します。すなわち，現代社会とは個体のように軸がしっかりしたものではなく，流動的でつかみどころがなく，軸がどこにあるかもわからないようなものなのです。ヤングはそうした社会を，包摂型社会に対して「排除型社会」と呼び，湯浅誠は「すべり台社会」（湯浅 2008）と呼んでいます。包摂型社会の時代に周縁化された人々を中心へ連れ戻していた福祉国家の諸制度は，排除型社会においてはその機能を十分に果たせなくなります。そのため，排除型社会で職を失うということは，社会の中心から端まであっという間にすべり落ちてしまう危険性を意味するのです。前節で取り上げた生活課題の出現は，排除型社会のなかですべり落ちた人々の実態を表しています。

つながりの新たなかたち

　リキッド・モダニティの概念を示したバウマンは，『コミュニティ』という著書のなかで次のようなことを述べています。人はコミュニティという言葉を聞くと何かとても温かくて，お互いを見守り合えるような関係を想像します。しかし，いざコミュニティのなかで生活をすると，そこでの人づきあいや従わなければならない細かいルールなどに辟易とします。つまりコミュニティに所属することで人は安全を得ることができますが，一方で自由が制限されるとバ

ウマンは述べているのです（バウマン 2008）。

　ここでバウマンが述べているコミュニティとは自分で選ぶことができないコミュニティ，すなわち地理的居住空間に規定される共同体コミュニティのことを意図しています。日本では，そのようなコミュニティにおける関係性を「地縁」と呼びます。

　ドイツの社会学者 F. テンニエスは地縁や血縁などにもとづく社会集団のことを「ゲマインシャフト」，それに対して，近代国家や企業，大都市のように，ある利害関係にもとづき人為的につくられた社会集団のことを「ゲゼルシャフト」として整理しました（テンニエス 1957）。日本では，工業化が進み，人口が都市部へ流動したことにより，村落共同体のなかに成立していた地縁が失われ，その代わりにカイシャという新たな帰属が生まれたと考えられています。そうした帰属は「社縁」と呼ばれます。すなわち，近代化によりつながりのかたちが「地縁」から「社縁」へと変化したわけです。

　「社縁」とは雇用によって規定されるつながりであり，「包摂型社会」における１つの大きな軸でありました。しかし，「包摂型社会」から「排除型社会」へと移行した現代，カイシャを通して得られる社縁も失われつつあります。日本型雇用慣行が成立していた時代は，仕事のない週末もカイシャの同僚とピクニックやテニス，ゴルフなどの趣味の時間を過ごすことが珍しくありませんでした。全国各地の観光地や温泉地には企業の保養所が建てられ，社員旅行が毎年企画され，同僚と家族ぐるみでつきあうことが当然でした。まさにかつての村落共同体のように，カイシャという組織のなかに共同体が築かれていたのです。

　しかし，日本型雇用慣行が失われた今，人々は新たな帰属を必要としています。社会学者の上野千鶴子は『おひとりさまの老後』などの著書のなかで，かつての夫婦仲むつまじい老後のあり方ではなく，個々が自立した関係性のなかで老後の生活を築くことができる社会のあり方を提示しています。そうした新たな人間関係におけるつながりを上野は「選択縁」と呼んでいます（上野 2011）。

　政治学者の宮本太郎は，そうした新たなつながりのことを「必要縁」と呼んでいます（宮本編 2011）。必要縁とはすなわち，人々の生活形態が変化し，こ

れまで家族のなかで担ってきた育児や介護，障害者のケアなどに地域全体で取り組まなければならなくなっているなかで，そうした必要にもとづいて生まれる地域のつながりのことを指しています。

また，NPOや市民活動に参加する個人の間に築かれるつながりのことを「志縁」と表現することもあります。それは文字どおり，市民活動やボランティア活動などを通して志を共有する仲間同士のつながりのことです。そのように組織や集団が外向きに広がっていくつながりのことを，「橋渡し型のソーシャル・キャピタル」と表現することもあります。

湯浅は「すべり台社会」には「溜め」が必要であると述べています（湯浅 2008）。湯浅のいう「溜め」とは，生活するなかでつまずき，何かの拍子に社会から排除されてしまいそうになったときに踏みとどまることができる，生活の余裕のようなものです。無駄に思えるそうした「溜め」が生活のなかに多く存在することで，危機に瀕したときに個人を社会につなぎ止めてくれるのです。社会保障制度や相談援助のしくみを充実させることと同時に，「選択縁」や「必要縁」「志縁」といった新たなつながり（ソーシャル・キャピタル）を構築することは，多くの人にとっての「溜め」として機能すると思われます。

待遇的正義

社会から排除されるということは，生きづらさを抱えることになります。不安定な雇用や経済状況によって生じる生きづらさや，社会的に孤立することで生じる生きづらさがあると同時に，自身の存在を社会的に認められていないことから生じる生きづらさというものもあるでしょう。たとえば，性的マイノリティや外国人のように，自分の性的アイデンティティを隠しながら生活しなければならなかったり，常に肩身の狭い思いをしながら生活を送ったりすることがそれにあたります。

そうした生きづらさの問題は，待遇的正義の問題といわれます。雇用や所得，教育，医療などの物質的な財の配分によって平等化が図られる配分的正義に対して，待遇的正義では機会や評価，威信，承認といった非物質的な財を割り振ることで政治的な平等化が図られなければなりません。すなわち，いくら経済的な手段によって包摂されたとしても，社会的な待遇が変わらなければ，個人

の尊厳はいつまでたっても回復しえないのです。

そのような待遇を改善するための政策として**ポジティブ・アクション**（もしくはアファーマティブ・アクション）という方法があります。これは，たとえば障害者の雇用機会が均等ではない場合に，不平等を意図的に改善させるための規制を設けるといった方法で推進されます（例として，被雇用者の一定の割合は障害者でなければならない，などの規制）。しかし，ポジティブ・アクションには通常スティグマ（負の烙印）がともないます（例として，「あの人は，能力は劣っているのに，障害者だから雇用された」といった偏見）。また，逆差別という問題（例として，能力が高くても障害者に雇用の機会を奪われる健常者）も発生してしまいます。しかし，こうした考え方も何を能力と規定するかによって変わってくるでしょう。たとえば，障害者やマイノリティなど多様な人が社会に参加するほど，その社会は活性化され，社会全体としての価値が高まるため，多様性を提供できること自体を能力とする考え方があります。

待遇を改善するための古典的な方法としては，啓発活動や政治的なパワーを誇示するためのデモなどの方法がとられてきました。そうした活動はボランタリーに組織される運動体が基盤となることが多く，その基盤が存在しないかぎり活動の継続性は望めません。そうした活動においても，第 **4** 章で取り上げた P. フレイレの考え方を参考に，弱い立場に置かれた当事者が自己を変革すること（エンパワーメント）と，社会のなかで主流となっている考えや価値観が変革することが同時に起こることが重要になります。

参加の不利とは

ここまでをまとめると，参加の不利とは次のような観点から整理することができます。

① かつての包摂型社会においても参加の不利の問題は存在していました。それは「主流社会」に参加できない周縁化された人々のことです。しかし，包摂型社会は，そうした周縁化された人々さえも同化させながら包摂してきました。むしろ本章が取り上げてきた参加の不利の問題は，包摂型社会から排除型社会へと移行し，「主流社会」の求心力が低下したときに発生する排除の問題であります。包摂型社会の中心的な存在であったカイシャ

は人々を包摂することができなくなり，結果として不安定な雇用が生みだされました。孤立死や自殺，ホームレスなどの原因となっているのは，まさしくそうした不安定な雇用です。すなわち，1番目の参加の不利とは雇用を中心とする包摂型社会の崩壊によって生みだされた社会経済的な不利の状況です。

② 共同体社会において，その構成員にはさまざまな参加の機会が設けられていました。地域のお祭り等の行事への参加や，普請や結と呼ばれる相互扶助活動など，生活の基盤を共有している共同体ではあらゆることが共同体単位で決定され，実施されました。住民は，半強制的に参加を義務づけられ，もし参加しなければ村八分（共同体内で交流を絶たれること）にされました。近代化を経て，そうした共同体は徐々に崩壊し，代わりにカイシャが人々の参加の場となりました。そのように地縁や社縁を通して人は参加の機会を得ていましたが，日本型雇用慣行が崩壊し，ついにカイシャという参加の場さえも失われた現代，互助活動や市民活動など，参加の機会を自らつくらないかぎり私たちには共通の参加の場が与えられていないのです。

③ 社会のなかの経済活動の一端を担っていても，障害者や性的マイノリティ，外国人のように社会的な承認の面において不利を抱えている人たちが存在します。そうした人たちが平等な参加の機会を獲得することは容易ではありません。ポジティブ・アクションのような規制政策を推進したとしても，そこには，スティグマや逆差別の問題が付随してしまいます。歴史的には，社会運動を通して参加の不利を克服してきた例はありますが，運動とは本来自然発生的なものであり，かつ社会的なインパクトを与えることが保証されているものではありません。マイノリティの参加の不利はそのような確率性のなかに委ねられているのです。

3 参加の不利に挑む

包摂政策

　1990年代，EU諸国において，特に若者や外国人の失業率が高くなり，社会的排除の問題が政治的な問題として取り上げられるようになりました。その結果，EU諸国（特にイギリス，フランス，北欧国家）では若者や外国人に対する社会保障制度の充実や就労訓練を含む教育制度のあり方が見直されました。そこでの基本的な考え方は，労働を通した社会への参加です。当然その背景には，福祉依存の回避という前提があり，したがって自立支援を強調するものとなりました。

　それらの政策は地域を基盤に展開され，自治体と地域のボランタリー組織（民間非営利団体）が協力して就労訓練プログラムの実施や起業支援などを行ってきています。そうした支援のあり方は，「競争社会から転落した者や排除された者を保護し受け止める従来の受動的・消極的対応にとどまることなく，個々人が自由で自立的な生を送るための基礎となる『能力』にまで踏み込んで，これを積極的に形成・促進しようとする役割」（坂 2011：228）を求める考え方で，**能動的福祉**と呼ばれます。

　日本においてもリーマンショック後の2009年度から，EU同様の**包摂政策**の検討がはじまりました。2010年度から内閣府のモデル事業としてパーソナル・サポート事業がはじまり，同事業を引き継ぐかたちで2015年度からは生活困窮者自立支援制度が全国で推進されています。

　この事業は，就労困難層など生活に困窮する者を対象に自立相談支援を提供し，職業訓練や就労支援，家計相談などを提供するプログラムです。伴走型の支援ということが掲げられ，当事者が得意とすることを伸ばし，社会参加を達成することが意識されています。また，どうしても就労することが困難な対象に対しては，就労以外の方法で社会参加の機会を提供するなどの配慮と工夫もこらされています。

個性と支援

　排除型社会における参加の不利を克服するには，徹底的な**個別化**が重要になります。図6.4で示したように，自殺の危機経路には一定の傾向があることが明らかになりましたが，その要因の組み合わせは多様です。自殺予防プログラムを一様に提供していては，効果は発揮されないでしょう。同様のことは孤立死にも該当しますし，路上生活者の支援にも該当します。人がホームレス状態になるにはそれぞれ個別の理由があるはずです。

　NPO法人ほっとポットは埼玉県で活動する独立型の社会福祉士事務所です。ほっとポットの実践の特徴は，住居喪失者や刑務所出所者など，社会のなかで孤立し，ほかに相談する人がいない人たちに対して，その個人を軸に支援を組み立てるということです。住居喪失者を支援するには，生活保護制度や，高齢者福祉，障害者福祉，保健・医療制度など，タテ割りの法律で定められた制度を，利用者の立場に立って横断的につなぐことが求められます。また，住居喪失者1人ひとりの個性を尊重し，その人にとって最も適切な参加のあり方をともに考えるという姿勢が求められます。ホームレス支援でよくいわれることは，畳にあがってもらうこと（＝ホームレス状態の解消）がゴールではないということです。その人が継続して社会に参加し続けるためには，本人にとって心地のよい環境を整えなければなりません。つながりをつくるということもその1つです。

　大阪府豊中市の**コミュニティソーシャルワーク**の実践は，5年間で市内に点在する170軒以上の「ゴミ屋敷」を清掃したことで知られています。「ゴミ屋敷」の清掃と一口でいっても，単にゴミを捨てて家を掃除すればいいという話ではありません。その人が家のなかにゴミを溜めてしまった背景を理解し，信頼関係を構築し，合意にもとづいてゴミを処理する必要があります。ゴミを溜めてしまった人の多くは独居高齢者で，社会的に孤立している人たちです。寂しさから家にひきこもるようになり，ゴミを溜めるようになってしまうことが多いといわれます。

　コミュニティソーシャルワーカーは，民生委員や近隣住民などから気になる家の情報を得ると，その家を訪問し，まず当事者と知り合うところから支援を

開始します。何カ月経ってもドアを開けてくれない人も多いといいますが，それでも辛抱強く，信頼関係を構築する機会をうかがいながら訪問し続けるところに，支援の秘訣があります。当事者がゴミを片づけ，最終的に社会と接点をもてるようになるために，その最初の接点となるワーカーには慎重な対応が求められるのです。重要なことは，ゴミを片づけることではなく，その人が地域社会のなかで孤立しない状況をつくりだすことなのです。そして，それを可能にする地域住民の力を信じることです。

終活と縁

死を迎えるということは社会参加の終わりを意味しません。むしろ，どのように死ぬかということが，死後の社会参加のあり方を規定します。行旅死亡人の場合，行政が事務的に火葬し，無縁仏として埋葬され，以降社会との接点はなくなります。もちろん，人によっては，死んでしまえばそれまでだから，どんなかたちで埋葬されようとかまわないと考える人もいるかもしれません。しかし，いざ死期が近づいてきたらそのような人であっても考え方が変わるかもしれません。

家族形態が多様化するなかで，一生独身で過ごす人も少なくありません。東京にあるNPO法人SSSネットワークは，高齢になり，自分が死んだ後の身の回りの始末を心配する独身女性のために設立された互助会です。会の主目的は死亡した会員の葬儀をともに行うことですが，身の回りの始末なども会員が手伝うといいます。会員同士は入会するまでお互いのことを知らないことがほとんどですが，入会以降は定例会や亡くなった会員の葬儀で顔をあわせ，いつしか友達になるといいます。

つまり，終活を通して新たな出会いが生まれ，新たな社会参加の場を得ているのです。まさしく「目的縁」でつながった女性たちは，死後の心配がなくなり，人生の最期を生き生きと迎えることができるといいます。

POINT

□ 1　現代の社会福祉の課題は，孤立死や自殺，外国人の不利などに見られるよう

に，社会的排除や社会的孤立の問題として表面化している。そして，そうした諸課題はますます深刻化してきている。
- ☐ 2 参加の不利は，雇用を中心とする包摂型社会の崩壊によって生みだされた社会経済的な状況や，旧来のつながりが失われたなかで，参加の機会を得ることが個人の努力に委ねられているという状況，社会的な承認を得られないために，参加が限られているといった状況に由来する。
- ☐ 3 参加を促進する支援の方策は多様なものになってきている。生活困窮者自立支援制度による伴走型の支援や，孤立した高齢者に対するコミュニティソーシャルワーカーの介入などである。
- ☐ 4 一方で，自ら選択縁をつくりだすことで，「おひとりさま」であっても孤立していない生き方，死に方がある。

引用文献　　　　　　　　　　　　　　　　　　　　　Reference ●

圷洋一，2011「社会政策研究の展開と課題――現代社会と福祉を考えるために」圷洋一ほか『社会政策の視点――現代社会と福祉を考える』法律文化社

バウマン，Z./森田典正訳，2001『リキッド・モダニティ――液状化する社会』大月書店

バウマン，Z./奥井智之訳，2008『コミュニティ――安全と自由の戦場』筑摩書房

河合克義，2009『大都市のひとり暮らし高齢者と社会的孤立』法律文化社

厚生労働省，2014『「外国人雇用状況」の届出提出まとめ』

厚生省，2000『「社会的な援護を要する人々に対する社会福祉のあり方に関する検討会」報告書』

宮本太郎編，2011『弱者99％社会――日本復興のための生活保障』幻冬舎

NHK「無縁社会プロジェクト」取材班編，2010『無縁社会――"無縁死"三万二千人の衝撃』文藝春秋

労働政策研究・研修機構，2009『外国人労働者の雇用実態と就業・生活支援に関する調査』

テンニエス，F./杉之原寿一訳，1957『ゲマインシャフトとゲゼルシャフト――純粋社会学の基本概念（上・下）』岩波書店

上野千鶴子，2011『おひとりさまの老後』文藝春秋

ヤング，J./青木秀男・伊藤泰郎・岸政彦・村澤真保呂訳，2007『排除型社会――後期近代における犯罪・雇用・差異』洛北出版

湯浅誠，2008『反貧困――「すべり台社会」からの脱出』岩波書店

第3部

「不信」と社会福祉

PART 3

CHAPTER 7 市場経済への不信
        8 権力への不信
        9 他者への不信

CHAPTER 1

第 7 章

市場経済への不信

貧困や格差を生まない社会は可能か？

KEYWORDS

格差社会　贈与　市場の失敗　福祉国家　ネオリベラリズム　準市場　ヘゲモニー

QUESTION

　市場経済は，多くの「富」を生みだすシステムでありながら，その一方で労働者に低賃金・不安定就労を強いたり，失業・貧困問題を深刻化させたりします。また，人々を「カネさえあれば何でもできる」という拝金主義のとりこにし，過剰な消費を誘惑します。こうして人々の間に格差（不平等）が生じることで社会的連帯を崩壊させ，また持続不可能である大量消費と借金づけの社会や暮らしを導きます。なぜ市場経済はそのような欠陥を抱えていながらも支持され，継続されているのでしょうか。市場経済をコントロールすることで，人々の「生」を中心にした社会を築くことはできないのでしょうか。

1 市場経済への不信を知る

▶貧困，格差，搾取

貧困のスパイラル

　日本では，1991年のバブル崩壊からはじまった平成不況を契機に，低賃金や失業・貧困問題が深刻化するようになりました。貧困状況に追い込まれた人々は「負け組」と呼ばれ，その一方で金融投資などによって莫大な資産を築いた「勝ち組」が生まれ，「格差社会」が，すなわち不平等が拡大を続けています。まずはこの市場経済が生みだした格差社会の現実とそれが拡大を続ける理由・背景について考えてみましょう。

CASE-1　●転落していく中井さんの暮らし

　中井拓馬さん（35歳）は，母子家庭で育ち，家計が厳しかったため高校に行けず，中学を卒業してすぐに仕事を探しました。なかなか就職できず，いくつかの非正規の仕事を転々として，現在は住宅の内装工事を下請けする業者として1人で自営業をしています。

　25歳で結婚し，すぐに3人の子どもに恵まれました。いまは郊外にある家賃4万円の狭いアパートで5人暮らしをしています。中井さんの年収は約200万円。下請け業者のため売り上げは月によって不安定で，月収が10万円に満たない月もあり，一家の経済状態はかなり厳しくなっています。

　そんなある日，中井さんは仕事中に建設工事中の建物の2階から転落してしまい，腕の神経を痛めてしまいました。通院でリハビリをしましたが，腕のしびれがとれず，約1カ月間，まったく仕事ができずに収入が途絶えてしまいました。貯金はゼロだったので，足りない生活費や医療費を消費者金融（キャッシング）で調達することにしたのですが，もともと収入が低くて余裕がないため，返済できない借金がたまっていきました。

　2年後には借金の総額が200万円を超え，その後も消費者金融に依存する生活が常態化し，多重債務が膨れあがっています。最近，中井さんは，仕事の不

調と借金苦によるストレスで精神不安定になり，精神科に通院して薬を飲むようになりました。抑うつ状態にあり，将来の見通しがまったく立たない日々を送っているところです。

事例の中井さんのような生活困窮状態にある人は，決して少数ではありません。「国民生活基礎調査の概況」(厚生労働省，2015年)によると，年収が200万円未満の世帯は全世帯の20.5％(5分の1)，100万円未満の世帯は6.6％となっており，平均所得金額(528万9000円)以下の世帯の割合は61.2％を占めています(図7.1)。つまり，一般的に国民の平均所得の額ばかりが注目されがちですが，「平均」の前後に多くの世帯が分布している(ボリュームゾーンがある)わけではなく，低所得化が進んでいるのです。

OECDの「相対的貧困率」(人口に占める貧困者の相対的な割合)に関する統計によると，日本の「貧困」の基準は年収122万円であるとされています(2013年)。その基準に満たない者(実質的な「手取り所得」で算出し，世帯の人数も考慮)は増加し続け，2010年以降の最新の統計では人口の約16％を超えました(⇨

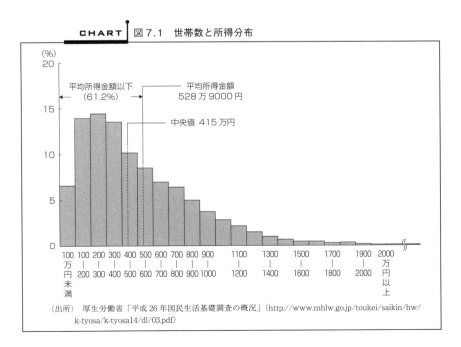

CHART 図7.1 世帯数と所得分布

(出所) 厚生労働省「平成26年国民生活基礎調査の概況」(http://www.mhlw.go.jp/toukei/saikin/hw/k-tyosa/k-tyosa14/dl/03.pdf)

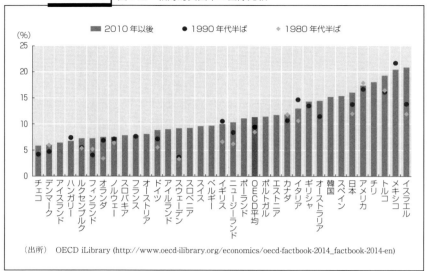

CHART 図7.2 相対的貧困率の国際比較

（出所） OECD iLibrary (http://www.oecd-ilibrary.org/economics/oecd-factbook-2014_factbook-2014-en)

第 **4** 章 ① も参照）。国際比較で見ると日本は相対的貧困率が非常に高い部類の国に位置づけられます。年次推移を見ると，日本の相対的貧困率は 1980 年代にすでに約 12％前後で，その後増加の一途をたどっています（図7.2）。そして子どもや母子世帯の貧困率が高いことも特徴となっています（⇨第 **2** 章）。

　日本に貧困が蔓延していることは，ほかにもさまざまな角度から明らかにされています。債務者（借金をしている人）の統計も1つの参考になるでしょう。こんにち，消費者金融やキャッシングによる借金のある人の総数は，700 万人を超えています。そのうちの約 100 万人が3社以上からの多重債務状態にあります（日本信用情報機構「残高がある者の借入件数毎の登録状況」〔2015 年 8 月現在〕より）。低所得者が借金をすると返済が困難になりがちで，そのためさらに借金を重ねるという泥沼にはまっていきます。消費者金融で融資を受けられなくなると，次に残されているのは高利貸しの「闇金融」だけという現実があります。

　これらの統計が示すとおり，日本の貧困問題は相当に深刻な状況にあり，母子や子ども・若者の貧困，無年金・低年金高齢者の貧困，そして多重債務者や自殺者の多さは国際的にも特徴となっています（自殺については⇨第 **6** 章）。

豊かさと「資本」の蓄積

> **CASE–2** ●好転していく上原さんの暮らし
>
> 　上原裕介さん（35歳）は，東京の有名国立大学を出たあと，両親に勧められてアメリカの大学院に留学をして経営学修士をとり，帰国後に外資系の証券会社に就職しました。その会社に5年間勤めたあと，投資で得た自己資金と不動産会社を経営する父親の資金援助を受けて，投資顧問会社を設立しました。証券会社にいたときのネットワークを活かして会社はすぐに業績を伸ばし，いまでは7人の有能な社員を抱えています。
>
> 　裕介さんの年収は5000万円を超え，そのほかにも父親から経営を任されているビルや駐車場の賃料が入ったり，土地や株などの投資による利益を得られたりするときもあります。30歳で結婚をし，父親がもっていた東京都心の土地に家を建てました。高級スポーツカーを集めるのが趣味で，自宅に3台，2つある別荘にもそれぞれ所有しています。
>
> 　昨年，妻の恵子さんは健康食品を販売する小さな会社をはじめたのですが，そこで販売しているビタミン剤がヒットし，売り上げを伸ばしています。ビタミン剤がヒットした理由は，夫の裕介さんの大学時代の親友が有名ファッション雑誌の編集者で，その雑誌で恵子さんのビタミン剤を取り上げてくれたことがきっかけでした。恵子さんはビタミン剤のおかげで1年にして数千万円の売り上げを手にしました。
>
> 　来年には，上原さん夫妻は，大好きなハワイに別荘を建て，クルーザーで釣りをしたりエステに通ったりするためのバカンスをとる計画を立てているところです。

　貧富の格差を見るには，所得だけでなく，資産をとらえることも重要です。資産とは，現金，有価証券（株や国債），不動産（家や土地）などの貨幣価値のあるものが中心となることはいうまでもありません。ここではそれ以外にもう1つ，金銭換算の難しい資産，すなわち教育（学歴）や文化的素養，成育・生活環境，健康といった個人的・文化的な要素をとらえることの重要性について考えてみましょう。

　P. ブルデューという社会学者は，これを「文化資本」と呼びました（文化資

本については⇨第 **4** 章）。たとえば，富裕層は貧困層に比べて芸術や読書を好む傾向があったり，ヘルシーな食事や健康管理に気を遣ったり，海外や異文化に関心をもったりする傾向があるとされます。それらがいわゆる生活水準や文化水準を向上させると考えられています。そして，貧富の格差やこの「文化資本」は世代間で継承されやすく，富裕層の場合，経済的な豊かさと相まって，よりいっそうの蓄積がなされ，奥の深い「豊かさ」が形成されていくものです。

「文化資本」を多くもっていること，そしてそれらを活用した「ふるまい」や慣習（これらを「ハビトゥス」と呼びます）をかさねることによって，富裕層はいっそう「豊かさ」を享受していきます。たとえば，高学歴の親は自分の子どもにも高等教育を受けさせようと考え，教育に投資をします。富裕層は資本＝カネだけでなく「文化資本」を多く身にまとい，生活の質を高めようとする「ハビトゥス」を有し，そしてそれらが世代を超えて継承されていくとされています。

格差拡大と「富」の偏在

近年，市場経済が生みだす格差・不平等がいっそう拡大していると考えられています。先に見た2つの事例のように，生活に困窮する中井さんと資産家の上原さんとの経済的な格差は，収入においても資産においても圧倒的なものでした。

経済的な格差は客観的な統計によってとらえやすいものです。たとえば所得格差を表す世界共通の指標として「ジニ係数」という数値があります。ジニ係数は，格差が小さい（平等である）社会や国において0に近く，格差が大きい（不平等である）社会や国では1に近い数字として表されます。OECDの統計によると，近年多くの先進国でジニ係数は増加する傾向があり，日本でも1980年代半ばに0.3であったものが，金融危機後の不況を迎えた2000年代後半には0.4（当初所得ジニ係数）に達しており，格差拡大の傾向が示されています。

T. ピケティという経済学者は，100年間にわたる各国の富裕層の所得と税制との関連性を分析し，累進的な所得税（富裕層に対してより多く課税するしくみ）が実施されているにもかかわらず，国民総所得に占める高所得層の富は確実に増え続け，貧富の格差を拡大させてきたという事実を証明しました。このこと

は，資本をもっている富裕層は資本を次々と増やして生活の向上を見込めるのに対して，それ以外の層の人々はゆるやかな生活向上しか期待できないということ（「経済成長率よりも資本の収益率のほうが高い」という事実）を経済学的に説明したことになり，大きな注目を集めています。市場経済に委ねて不平等を是正しなければ，「富」が偏在するという事実をデータで実証したのです（ピケティ 2014）。

もう1つピケティも注目しているのが，最上位の所得階層が他の階層に比べてどれくらいの所得を占有しているのかという統計です。これを所得シェアと呼びます。The World Top Incomes Database によれば，各国の最上位層の所得シェアは20世紀後半から拡大を続け，特に最も所得の高い「上位1％層」が占有する割合が極端に増えています。たとえば，2012年の上位1％層の所得シェア率は，アメリカで19.3％，日本でも9.5％です。

このように，高所得層が多くの「富」を極端に支配するという状況がいっそう広がっています。この「富の独占」の問題を世界規模で考えてみても，世界の人口の上位1％に満たない者が支配層となって富を独占し，残りの99％の人々を実質的に支配していることになります。S. ジョージという政治学者はそれを「1％が99％を支配する社会」であると象徴的に表現しています（ジョージ 2011）。それはまさに20世紀より前の階級社会に逆戻りしたのと同然であると見ることができます。

このように，貧富の格差が拡大する現実は，所得，資産，文化資本等における人々の「分断」を深刻化させ，市場経済に対する不信感を高めるのです。

ブラック企業による搾取

ところで，市場経済への不信というテーマでもう1つ取り上げるべきこととして「ブラック企業」の問題があります。ブラック企業と称される企業は，劣悪な環境のもとで従業員に過重な労働（長時間労働，サービス残業等）を課したり，低賃金や無休，ノルマ制等を強いたり，あるいはパワハラに近い理不尽な業務命令や人事考課を行ったりする企業の総称で，とりわけ若者たちがその犠牲になっているとされています。

労働団体関係者やジャーナリストらが選ぶ「ブラック企業大賞」という（皮

肉たっぷりの）不名誉な賞が毎年発表されています。これによると，居酒屋チェーン，ファストフード店，運輸会社などがブラック企業として毎年「ノミネート」されているようですが，福祉・介護系の企業もまたその「常連」となっており，介護事業所や福祉施設等の労働環境が問題視されています。

　財団法人介護労働安定センターによる最新の「介護労働実態調査（平成26年度）」によると，介護職の平均賃金（全年齢層）は，訪問介護員で18万7128円，施設介護職員で19万6131円，施設のサービス提供責任者で21万6119円となっており（いずれも月給），またパート・アルバイトの時給は，訪問介護員で1238円，施設介護職員で918円であるとなっています（訪問介護の場合，移動時間については支払われないことが多い）。また労働条件等の不満の中身として，「人手が足りない」が48.3％，「仕事内容のわりに賃金が低い」（42.3％），「有給休暇がとりにくい」（34.9％），「身体的負担が大きい（腰痛や体力に不安がある）」（30.4％）といった点が指摘されています。

　このように，福祉・介護サービスが市場経済に委ねられ，「ブラック企業化」することによって，介護労働および介護サービスそのものに対する不信が拡大するという現実があります。不信は介護サービスを利用する高齢者や家族，そして介護従事者の間でじわじわと拡大しているといってよいでしょう。なお，介護職の低賃金問題は，企業のみの責任ではなく，国の介護政策がもたらした結末であることも明記しておく必要があります。

市場経済への不信を考える
▶ 市場経済と福祉国家の歴史的展開

市場経済の危うさ──「人間社会」の崩壊

　K.マルクスという経済学者は，市場経済および資本主義の何が問題なのかを明快に説明しています。彼によれば，資本主義社会は階級社会であり，そこには生産手段（資金・土地・会社）を占有している「資本家階級」と，その資本家階級によって搾取される「労働者階級」という2つの階級が存在します。労

働者階級は労働しなければ生きていけない人々であり，その労働時間はその人本来の生活時間ではなくなり，人間としてというよりも機械のように働くことを強いられます。こうした搾取の構造が生みだす生きにくさを「疎外」と表現します。

労働者は疎外によって生きるよろこびや創造性を失っていき，代わりに資本家は労働者の搾取でいっそうの利潤＝余剰価値を生みだし，それを私有財産として所有，独占していきます。こうして，資本主義であるという社会のしくみを抜本的に変えなければ，階級の格差（貧富の格差）は開くばかりであり，労働者は永続的に貧しい状態のまま，搾取された状態のままに置かれるというわけです。

私たちは生まれたときからこのような市場経済に基礎づけられた資本主義社会に生きているため，この社会の論理が当然だと思っています。しかし，K. ポランニー（ポラニー）という経済学者はこの論理が普遍的なものではないことを議論しています。人間の長い歴史においては，市場よりも「交易」（＝市場を介さないやりとり：贈与，互酬＝相互扶助，義務など）のほうが歴史的に普遍的なものであり続けてきたのであり，市場経済以外に社会が有している原理や価値（一例としての「交易」）の意義およびその必要性を強調するのです。そして，産業革命によって市場経済の論理が普遍化されたことは人間社会を破局へと導く「大転換」であったと批判しました。

たしかに，私たちは友人の誕生日やお祝いの際に贈り物（ギフト）をしたり，レストランに食事に行って後輩や恋人に「おごって」あげたりするものです。無償でボランティア活動にたずさわったり，街頭募金に寄付をしたりもします。農村地域では近所づきあいのなかで，畑でとれた野菜や米を交換したり，親せきに送ってあげたりするでしょう。経済市場を介した売り買いよりも，**贈与**や**互酬**は私たちの身近な暮らしのなかに残っていて，いまでも自然なかたちで実践され，大切にされています（⇨ Column ❶）。

人は，古くからこうした贈与や互酬を重視した社会やコミュニティをつくってきたのであり，市場経済以外の原理や価値を社会のすみずみに行き渡らせ，人間関係を豊かなものにしてきました。過剰な市場化によって社会の基本にある原理や価値をことごとく市場経済のそれに置き換えていくこと，すなわち何

でも「カネ」で買える社会にしてしまうことは，人間の社会やコミュニティを崩壊させることにつながるとし，ポランニーは警鐘を鳴らしているのです（ポラニー 2009）。

市場経済のゆがみを是正する福祉国家の形成

人々の暮らしのなかに市場経済がどのように入り込んできたのかを，歴史的な展開を追いながら確認してみましょう。図 7.3 は，欧米や日本のような資本主義諸国が，これまでの 200 年間にわたって市場経済を「強化するエネルギー」とそれを「修正・是正するエネルギー」との間で揺れ動いてきた様子を単純な図にしたものです。

多くの先進国では，いわゆる「産業革命」によって資本主義のしくみが定着し，市場経済による社会が形成されました。また 19 世紀末から 20 世紀初頭にかけて，資本主義はさらに加速的に拡大し，「市場の動きによって社会や人々の暮らしは順調に回っていく」と考える「レッセ・フェール（自由放任主義）」の思想が国家の政策を支配するようになりました。

国家の役割は，働ける労働者のための社会保険（働いて保険料を払える者だけが給付を受けられる社会保障）の整備に限定され，働けない者（傷病・障害者，高齢者）に対する救済（福祉サービスや公的扶助）は基本的には必要ないものと理解されていました。このような国家を「夜警国家」と呼びます。夜警国家はまさに市場経済の発展のための最低限の条件整備を行う国家であり，社会のすみずみに市場経済の論理や価値を行き届かせようとする政策を展開する国家でした。

ところが，1929 年の世界恐慌を契機に，市場経済には限界があることが理解されるようになります。世界恐慌という最初の「**市場の失敗**」を経て，レッセ・フェール論と夜警国家は修正を余儀なくされていきます。その結果，1930 年代から 1960 年代の経済成長期にかけて，「市場の失敗」を是正するために包括的な社会保障制度が整備され，今度は「**福祉国家**」が形成されていったのです。

世界恐慌によって大量の失業者を出したアメリカでは，公共事業によって雇用を増やし，また失業保険や公的扶助を軸とする社会保障法（1935 年）を整備

図7.3 市場経済と福祉国家の展開

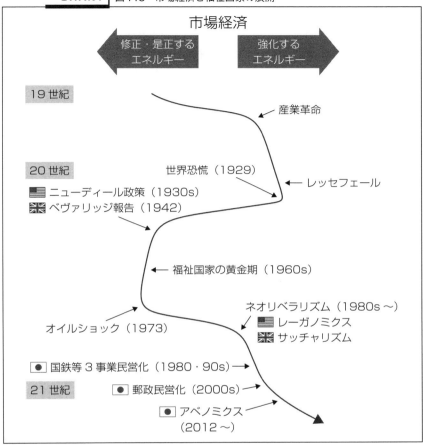

するというニューディール政策が展開されました。その後も1960〜70年代にかけて低所得者のための医療扶助（メディケイド）や食料購入券の配布制度（フードスタンプ：現「SNAP」），そして母子家庭への扶助を含む児童扶助（AFDC：現「TANF」）といった代表的な公的扶助制度を充実させました。イギリスでは第二次世界大戦後の社会再建の目的も含め，「ベヴァリッジ報告」（1942年）にもとづく普遍的な社会保障が体系化され，国営の医療制度（NHS），包括的な社会保険制度（年金，失業，労災等），住宅保障，各種手当制度などが整備されました。

日本でも，1960年代には「福祉六法」の整備に加え，1961年に国民皆年

金・皆保険，1970年代初頭には児童手当や老人医療費無料化が実現し，ついに福祉国家の時代が到来した＝「福祉元年」の到来といわれました。福祉国家の建設によって，市場経済の原理や価値を社会のすみずみに行き届かせるレッセ・フェールの政策にブレーキがかかり，「人間社会」を崩壊させないための福祉施策が拡大したのです（福祉国家の形成史については，平岡ほか 2011：第 5 章を参照）。

福祉国家への不信，市場経済への信頼

ところが福祉国家が形成された 1970 年代に入ると，成長を続けてきた経済が行きづまりをみせたことを受けて，各国は深刻な財政難に直面しました。経済成長時代の終わりです。加えて，官僚主義的で，かつ男性や自国民ばかりに手厚い（女性や外国籍者に冷たい）福祉国家の政策（家父長主義と人種差別主義）に批判が集まりました。これらを「政府の失敗」と呼ぶこともあります。

財政危機や政策批判への対処を図ることで，「福祉国家の危機」が到来します。福祉国家の危機は，1960 年代までの福祉施策に対する最初の「不信」のはじまりだったといえるでしょう。しかしながら，批判すべきだったのは官僚主義や家父長主義・人種差別主義そのものであり，市場経済から「人間社会」を擁護しようとする社会福祉を減退させるべきではありませんでした。

福祉国家への不信を受けて，多くの先進諸国では 1980 年代に再び自由主義的な理念にもとづく社会保障改革をスタートさせました。イギリスではサッチャー首相率いる保守党が，アメリカではレーガン大統領と共和党がその改革をリードしたことで有名です（この路線は，それぞれ「サッチャリズム」「レーガノミクス」と呼ばれました）。たとえばイギリスでは，福祉国家の見直しを進め，社会保障予算の削減や電気・ガス・水道などの公共サービス部門の民営化を図りました。さらに，鉄道，航空，金融の規制緩和などによって，市場経済を軸にした国家の立て直しを図りました。この流れはサッチャー政権後も維持され，政府による福祉サービスの見直しの一環として 1991 年に実施された NHS・コミュニティケア改革では「民間部門の最大限の活用」が謳われ，社会福祉の市場化・分権化が進められました。このようなかたちで，各国は財政抑制や行政改革の一環として福祉国家路線を修正し，再び市場経済の活性化を重視して

いったのです。

　市場経済への依存を強めた先進諸国において、人々は経済の自由化や規制緩和を受け入れるようになり、ついには市場経済を信頼し、好むようになっていきました。なぜなら、政府あるいは「国営企業」が行う事業やサービスよりも、民間企業が商品として提供するもののほうが高品質で、種類も豊富で、かつ「おしゃれ」で便利だと見られるようになったからです。たとえば、日本では1980年代に「国鉄」が民営化され、全国にJRという民間企業がつくられました。鉄道事業が民営化されると、汚くて不便だった駅がおしゃれな飲食店や雑貨屋を擁した「駅ビル」に生まれ変わり、自動改札機が導入され、鉄道は速くて清潔感のあるハイテク車両に変わりました。こうして人々は国営企業よりも民間企業がもたらすサービスや商品の魅力にとりつかれ、非効率で旧体質な政府部門を嫌うようになったのです。

　20世紀初頭に市場経済の拡大とともに進展した自由主義が再来したという意味で、この流れを「**ネオリベラリズム**」（新自由主義）と呼びます。ネオリベラリズムは、多くのサービスを政府の直営事業に類するかたちで提供してきた社会福祉にも大きな転換をもたらしました。すなわち、社会保障や福祉サービスもまた、営利を目的とし、貧困者を対象とするだけでなく、保険料や利用料を拠出できる者にいっそうターゲットを移していったのです。

市場経済とどうつきあうか──ネオリベラリズムを受けて

　福祉国家が危機を迎えた1970年代以来、各国政府は市場経済といかにつきあっていくべきか試行錯誤を重ねてきました。大きな潮流として、やはり各国がネオリベラリズムを受け入れ、それを強化する政策をとる傾向があると考えられていることは確かです。その結果、本章の冒頭で示したような「格差社会」がもたらされ、失業や貧困が拡大し、ブラック企業が台頭するという状況が20世紀末以降顕著に見られるようになっています。ネオリベラリズムは、貧富の格差を拡大させ、人々の暮らしや社会的連帯をズタズタにしてしまうエネルギーをもっており、人々の不信感をつのらせながらも世界を席巻しています。中国、東南アジア諸国、南米でもネオリベラリズムにもとづく市場経済の拡大を賛美する政策が重視され、各国内における格差の拡大は深刻になってい

ます。

　こうしたネオリベラリズムという大きな潮流に対して，ヨーロッパのいくつかの国では，市場経済を活性化させつつも企業への課税を強化し，社会保障はあくまで政府部門が行うという体制を守ろうとしています。政府部門の役割を，家族・地域の助け合いや市民活動をサポートする方向に転換させていった国もあります。ネオリベラリズムへの「挑戦」がはじまっているととらえることもできるでしょう。

　こうした市場経済への向き合い方の違いが，こんにちにおける各国の社会保障制度の特徴をつくりあげています。社会政策学者のエスピン－アンデルセンは，「商品化」「階層化」「家族化」という3つの指標（視点）にもとづいて，各国の社会保障制度の特徴をとらえる研究を行いました（エスピン－アンデルセン 2001）。具体的には，社会保障制度（特に医療・年金・失業保険に注目した）の資格要件と給付水準等を調べ，3つの指標にもとづいて政策を評価しました。

---

① 商品化（脱商品化）の指標：
　個人や家族が「労働市場」への参加の有無にかかわらず，社会的に認められた一定水準の生活を維持することができているかどうか。すなわち，労働しなくても（労働力の商品化を行わなくても）社会保障等によって生きていけるかどうかをとらえる視点。

② 階層化（脱階層化）の指標：
　職種や社会的階層に応じて，社会保障給付やサービスにどれだけの差があるか。すなわち，職業階層によって利用できる社会保障制度にどれだけの格差があるかをとらえる視点。

③ 家族化（脱家族化）の指標：
　家族による福祉の負担がどれだけ軽減されているか。すなわち，家族や女性への福祉がどの程度充実しているかをとらえる視点。

　この3つの指標は，今日においても社会保障政策を評価し，特徴をとらえるにあたって重要な視点となっています。エスピン－アンデルセンは，これらの指標を用いて各国の状況をとらえることで，欧米各国の福祉国家が，自由主義，社会民主主義，保守主義という3つの「レジーム」に類型化できると整理しま

CHART 表 7.1 福祉国家の 3 つのレジーム（一般的な理解）

名　称	特　徴	主な国
自由主義	・個人の自由と自立が重視され，社会保障は就労による自立と機会の平等をめざしている。 ・市場やボランタリーな民間福祉が発達している。 ・政府が行う社会保障としては，被用者向けの社会保険制度，障害者や高齢者の就労・社会参加促進，資力調査の厳しい公的扶助がある。 ・障害者・高齢者・女性の社会参加は促進されるが，福祉への依存が批判され，所得階層の二分化が進行する。	アメリカ カナダ オーストラリア など
社会民主主義	・個人の自由と自立が重視されつつも，職業・性別・所得階層等による格差・差別を超えた社会的連帯や平等化が重視される。 ・個人の自由と自立を価値とするゆえに，高齢者，障害者，女性，民族的なマイノリティ（外国人）など，どのような立場であれ個人の尊厳が重視される。 ・社会保障は国家が包括的に整備，実施し，国民は普遍的な社会保険制度に個人単位で加入する。社会保険の財源には多くの国庫負担がある。 ・税負担率は高いが，高水準の現金給付や手厚い福祉サービスを利用できる。	スウェーデン ノルウェー デンマーク フィンランド など
保守主義	・職業的特権や伝統的な家族，ジェンダーが重視され，社会保障はそれらを補強している。そのため，職業・性別・所得階層等によって利用できる制度が異なる。 ・職業や性別にもとづく伝統的秩序が維持されており，就労による個人の自立の保障（ワークフェア）よりも最低生活の保障（セーフティネット）が重視されてきた。また，ジェンダー規範にもとづき，女性は世帯主である男性の扶養家族となり，男性の加入する社会保険を利用する場合がある。 ・一方で，家族・子どものための手当，失業者に対する手当，住宅・教育保障も充実している。	フランス ドイツ イタリア など

（出所）エスピン-アンデルセン 2001 をもとに，一般的な議論をふまえて筆者が整理した。

した。彼が論じ，のちに一般化された福祉国家の 3 つのレジームを整理すると，表 7.1 のようになります。

人間社会を維持するために

　福祉レジーム論は，各国が人々の生活保障に関して市場経済とどのように折り合いをつけるかを模索した結果をとらえていると考えることができます。それらは，ネオリベラリズムに対する取り組みのあらわれでもあるでしょう。

エスピン-アンデルセンがこの議論で重視していたことは，どの国がどのレジームに区分されるかという「類型化」そのものにあるのではなく，彼自身がポランニーについて周到に議論しているように，労働者を商品化する市場経済や政治に対して，その商品化に対抗する力をいかにして制度化し，人間社会の存続を図ろうとしているかをとらえた点にあるといえます（エスピン-アンデルセン 2001：40-42）。人間社会は市場経済によるシステムのみでは存続することができず，脱商品化のためのシステム（すなわち，政府・職業集団・家族によるケア，贈与・互酬等の助け合い等）は社会の存続のために不可欠なものです。人間社会を存続させ，人々の暮らしを保障していくために，市場経済に対抗する力をいかに制度化するかが，いま各国の課題となっているわけです。

　とはいえ，社会学者の仁平典宏が論じているように，皮肉にも日本の社会保障政策はネオリベラリズムの「貢献」によって近代化を図ることができた部分もあり，状況は複雑です。日本では，ネオリベラリズムを基調としながら，「商品化-脱商品化」「階層化-脱階層化」「家族化-脱家族化」というベクトルがそれぞれ競合・併存的な展開を見せてきたというわけです（仁平 2012）。そのような流れのなかで，政府への不信が高まり，また伝統的な地域や職業集団による助け合いが機能しなくなったことを受けて，ネオリベラリズム自体が前景化している感は否めません。私たちは市場経済にどのように向き合えばよいのか，最後に考えてみましょう。

市場経済への不信に挑む

市場を補う制度的工夫

　ここまでの説明のなかで，人々の暮らしを支えるしくみを市場経済に過度に委ねてしまうことの危険性やそれにともなう不信感について，歴史的な展開をふまえて理解を深めました。社会政策学者の平岡公一は，介護や子育てといった暮らしにかかわるサービス（すなわち社会福祉）を市場経済に委ねることの問題点と，そこで求められる対応策について，次のように整理しています（平

岡 2004：456-57)。

① 福祉を利用する人々の多くは，市場でサービスを購入できるだけの財力をもっていません。そこで，サービス供給は市場に委ねるとしても，サービス費用の相当な割合を公費でまかなうしくみをつくる必要があります。
② 福祉を利用する人々の多くは，障害や認知症，あるいはバルネラブル（脆弱）な立場ゆえに利用するサービスについての適切な選択を行い，事業者（サービス提供者）と対等な立場で契約を結ぶのが困難です。したがって，判断力の乏しい利用者が悪徳な事業者（いわゆる貧困ビジネスやブラック企業等）により損害を被ることを防ぐために，一般の「商品」よりも厳しい規制を政府が行い，またサービス利用にあたって利用者を支援する権利擁護制度などのしくみをつくる必要があります。
③ 市場原理の導入により，公的機関と民間非営利組織が営利企業との競争に負けて，市場から退出することになる可能性があります。それは望ましくなく，そのため公的機関・民間非営利組織が，営利企業と共通のルールで，かつそれぞれの長所を活かして活動をし続けられるようなしくみづくりが必要になります。

これら 3 点の課題を解決するために，人々の暮らしの保障をすべて市場経済に委ねるのではなく，「**準市場**」，すなわち政府による条件整備や規制・介入をともなって「部分的に市場化させる」のが必然であると考えられています。たとえば日本の介護保険制度は，「準市場」の理念にもとづいて介護市場を整備し，要介護認定やケアマネジメントを導入した社会保険のしくみのなかで，民間事業者を含む公私の介護サービスを供給する制度として設計されました（準市場については，平岡ほか 2011：第 22 章，岩崎・岩間・原田編 2014：32-35, 212-215 を参照）。

介護保険制度が設計された当初，「準市場」の考え方を反映させたこの制度によって市場原理の限界を乗り越えることができるという希望的観測がありました。しかし実際の介護保険は，市場を補うはずの福祉サービスを，市場に依存するものに転換させたにすぎないと批判されています。福祉サービスにおいて準市場を有効に展開するにはいっそうの制度的な工夫が必要であると考えられています。

深田耕一郎は，市場原理ではなく「贈与」の原理によって成り立つケアサービスの意義を考察し，ケアを必要とする当事者らが事業者を仲介しないで直接契約によってケアラー（介助者・介護者）を手配できるシステムが有意義であると論じています（深田 2013）。このシステムは，北欧やイギリスで導入されている「ダイレクト・ペイメント」（直接支払い）と呼ばれるものに類し，障害者が直接自分の介助者を採用したり管理したりして，相互に深い関係性を構築しながら自立生活を展開させていくことができるしくみです。日本の介護保険法や障害者総合支援法にもとづく給付は，サービス事業者に対して給付する「代理受領」ですが，ダイレクト・ペイメントは当事者に対して直接現金給付を行うことで彼らの主体的な消費を導き，かつ「当事者主権」を担保できるというメリットがあるとされています。

　市場原理はケアする／されるという人間の関係性を形式的なもの（血のかよっていないもの，商品としてのケア）にし，また支配／被支配の関係を生じさせてしまいます（こうした権力関係については⇨第 **8** 章）。しかしダイレクト・ペイメントによって支えられるケア関係は，「互いの人格に向き合い惹かれあう相互贈与」を可能にし（深田 2013：384），互いに与えあう（贈与しあう）人間的な関係性に基礎づけられた自立生活を実現できると考えられています。このように，準市場を軸にしたしくみをつくることで，市場による交換ではなく「贈与」を意識した福祉サービスを展開することが可能であると論じられています。

　人々の暮らしの保障（すなわち社会福祉）は，実質的には市場経済のみに委ねるわけにはいかず，ヨーロッパがたどった道のように，「準市場」や「福祉多元主義」をいかに実現していくかという課題に直面しているといえるでしょう。市場経済（民間営利部門）に過剰に依存することを避け，民間非営利部門やインフォーマル部門等の多様な供給主体を視野に入れた社会福祉，そして，それらが活きてくる制度的な工夫を取り入れた社会保障制度を構築していくことが望まれていると考えられます。

不信の矛先を変える

　次に考えたいことは，市場経済が生みだす「文化」あるいは「言説」とどう向き合うかという問題です。たとえば，市場経済は多くの人々を貧困に追いや

り，脆弱な状態に置くわけですが，その当事者を蔑視したり，差別したりする言説がメディアや世論を席巻しています。貧困者・低所得者のような当事者は，「社会的弱者」「落ちこぼれ」「下流」（アンダークラス）であり，救済が必要な人間であるという言説です。

「競馬やパチンコに依存的な生活保護受給者が多い」「援助交際（売春）をしているシングルマザーが多い」「ホームレスは犯罪者である」といった，偏見と不信に満ちたステレオタイプな（お決まりの）言説があります。当事者を「群れ」として統計的にひとくくりにし，その生活特性を「弱者」や「下流」と命名された「層」の特質として本質主義的に（あたかもそれらの人々の本質を表しているかのように）わかりやすく表象するものです。そして，「弱者」や「下流」の人々は，所得が低く，借金があり，酒やギャンブルに依存的な人間であり，社会福祉に依存する堕落した人間であるといった差別的な言説が語られる機会が多くあります。当事者の多くが，能力や意欲に欠けた層であるといった，本質主義的で，軽蔑と偏見に満ちた言説を生みだしていくわけです。

こうした語りを「当事者非難」や「貧困の文化」の言説と呼ぶことができます。貧困状態にあって生活に困窮しているという問題が，文化や道徳・モラルの問題に過度にすり替えられて語られているのです。問題の本質は貧困であって，モラルの問題が先にあるのではありません。

ところで，冒頭の **CASE-2** に出てきた上原さん夫妻のような富裕層に対して，私たちはどれだけ非難や不信の念を抱いているでしょうか。投資や株などによって莫大な資産を築いた富裕層が増えており，彼らは「ニュー・リッチ」や「セレブ」などと呼ばれています。人々はこうした富裕層に対して，不信の象徴としてではなく，むしろ「格好のよさ」や「ファッション性」を感じている部分が多くあるのではないでしょうか。セレブこそが時代を先取りするリーダーであるかのように。

この感覚は，市場経済による社会を擁護し，温存するのに大いに役立っています。市場は人々の文化やファッションを飲み込んで拡大します。A. グラムシという政治学者は，市場によってくわだてられたこうした見えない文化的な支配の戦略を「ヘゲモニー」（支配権）と呼んでいます（グラムシ 2001）。市場のヘゲモニーによって人々は懐柔され（丸め込まれ），国鉄よりも JR のほうがよ

いと思うようになり（よい部分だけを見るようにメディアなどが洗脳することで），また生活保護受給者を非難するとともに「セレブ」に羨望を抱きはじめるというわけです。「拝金主義」も市場によるヘゲモニーがもたらしたものなのです。

　C. ムフという政治学者は，こうした市場のヘゲモニーを導く言説を批判することこそが，市場経済に過剰に依存するネオリベラリズムの進行にストップをかける方策であると考えました（ムフ 1998）。福祉の文脈でいえば，生活保護受給者やホームレスのような当事者を蔑むのではなく，彼らの価値を高める言説を展開することこそが，彼らの必要充足および承認にとって重要な意味をもち，また社会変革を促すということです。「セレブ信仰」ではなく，「もたざる者」の価値を高めるような言説の意義が強調されています。たとえば，生活保護受給者の多くは，貧困，差別，孤独といった厳しい状況のなかでも力強く生きようとし，自分なりの生きがいや健康管理・金銭管理の仕方を見つけて日々を前向きに過ごそうとしています。社会政策学者の R. リスターの貧困研究は，こうした当事者の「主体性」（エージェンシー）をとらえ，当事者の「強み」を尊重した生活保障を築こうとする重要な議論を展開しています（リスター 2011）。

　人々が市場経済やそのヘゲモニーから生みだされる言説に対してまったく不信を抱かなくなったのだとしたら，それは市場経済の論理が社会を支配しつくしたことを意味します（SF 小説ではそのような近未来社会が描かれます）。市場によるヘゲモニーの勝利です。貧困や不平等を議論するとき，私たちは貧困な人々への偏見や差別，不信や不快感を出発点にするのではなく，貧困な人々の価値を高める視点に立つべきではないでしょうか。

消費社会から「降りる」

　現代では，グラムシが指摘した市場の「ヘゲモニー」にのっとって，人々は「見えない消費の規律」にしたがって市場でお金を使って生きています。別の言い方をすれば，現代人は，市場に乗せられている（踊らされている）のであり，市場という土俵で消費活動をしていかなければ生活を成り立たせることができず，社会参加を果たすこともできないのです。Z. バウマンという社会学者は，このような市場への参加＝消費によってのみ人々が「まっとうな市民」（＝消

費者）になれるような「消費社会」を批判しています（バウマン 2008）。

　さらに近年では，「まっとうな市民」として生活の質を確保するために，債務者となることを強いられる社会が出現しています。たとえば，高等教育を受けるためには借金をしてでも教育費を確保しなければならず，また生活手段としての自動車や住宅の確保，あるいはスマートフォンの購入においても「ローン」が欠かせなくなっている現状があります。M. ラッツァラートという社会学者は，このように「ローンという支配装置」によって私たちの暮らしがいかに市場に縛られているのか（＝ヘゲモニーを握られているのか）を暴いています（ラッツァラート 2012）。

　市場に支配された暮らしからいかに「降りる」か（脱出するか），あるいはそれが難しい場合は市場経済に過剰に依存しないためにいかなる行動をとるべきかを考えることが求められています。こうした「反市場主義」による生き方を提示しているのが，環境保護運動，スローライフ運動，反グローバル化運動といったムーブメントです。その中身は，ブラック企業やグローバル企業の商品の不買を進める運動，そしてフェアトレード商品やクラフト品・中古品の購入，協同組合やファーマーズ・マーケット等の活用，シェアリング（私有せずに共有する）など，さまざまなレベルがあります（渡邊 2012）。

　これらは，市場ではなく，贈与や互酬のような原理や価値を重視する社会を（再）構築することで市場経済に挑戦する試みだといえるでしょう。「連帯経済」や「エシカル」な経済活動とも呼ばれ，地域や国を超えて注目されています。「エシカル」とは，環境や社会に配慮してつくられた商品を選択し，そうでないものを選択しないという倫理的（ethical）な消費行動であるとされており，個人として市場経済に挑むにあたって勇気を与えてくれるキーワードの1つです。こうした地道な活動や行動がただちに市場経済を完全に代替する社会のしくみになるとはかぎりませんが，新しい社会や暮らしのあり方がしだいに提示され，支配的なものになっていくことに期待が集まっています。市場経済，消費社会から「降り」て，代わりにどのような暮らしのしくみを築くことができるか，私たちの選択にかかっているといえるでしょう。

POINT

- ☐ 1 　所得分布，相対的貧困率，ジニ係数を見るかぎり，日本は貧富の格差が大きい国になっている。
- ☐ 2 　ピケティの説明によれば，経済成長によって国民所得を増やすスピードは遅く，富裕層が自分の資産を増やすスピードは速い。したがって，市場経済に委ねて政府が不平等を是正しなければ「富」は偏在する。
- ☐ 3 　ポランニーの説明によれば，人間の歴史においては，市場経済の原理よりも，贈与（ギフト）や互酬（相互扶助）の原理にもとづく社会づくりが基礎になってきた。市場経済の欠点を補うしくみがなければ人間社会は存続できない。
- ☐ 4 　市場経済の欠点を是正するために，20世紀半ばには福祉国家がつくられたが，20世紀後半には再び市場経済を重視する「ネオリベラリズム」が台頭し，公共サービスや国営企業が市場化・民営化され，福祉国家は骨抜きにされてきた。
- ☐ 5 　エスピン–アンデルセンは「脱商品化」を中心とする指標を用いて，ネオリベラリズムの拡大をふまえ，各国がどのような対応をすることで福祉国家をアレンジし，人間社会の存続を図ろうとしているのかを「福祉国家レジーム論」として整理している。
- ☐ 6 　市場は，人々の意識や文化に対して支配（ヘゲモニー）を及ぼす。これに対抗するために，ネオリベラリズムを擁護する言説（たとえば「セレブ信仰」）をやめて，むしろ「もたざる者」の価値を高めるような対抗言説を示していくことができる。
- ☐ 7 　消費や負債（ローン）をよしとする市場経済の価値・文化に対抗するために，環境保護運動やスローライフ運動といった「反市場主義」の取り組みがしだいに拡大しており，協同組合やファーマーズ・マーケットといった「エシカル」な経済活動が注目されている。

引用文献　　　　　　　　　　　　　　　　　　　　　　　Reference ●

アダモフスキ，E. 著／伊香祝子訳，2007『まんが反資本主義入門――グローバル化と新自由主義への対抗運動のススメ』明石書店

バウマン，Z. 著／伊藤茂訳，2008『新しい貧困――労働，消費主義，ニュープア』青土社

エスピン–アンデルセン，G. 著／岡沢憲芙・宮本太郎監訳，2001『福祉資本主義の三つの世界――比較福祉国家の理論と動態』ミネルヴァ書房

深田耕一郎，2013『福祉と贈与──全身性障害者・新田勲と介護者たち』生活書院
ジョージ，S.著／荒井雅子訳，2011『これは誰の危機か，未来は誰のものか──なぜ1％にも満たない富裕層が世界を支配するのか』岩波書店
後藤道夫・木下武男，2008『なぜ富と貧困は広がるのか──格差社会を変えるチカラをつけよう』旬報社
グラムシ，A.著／片桐薫編訳，2001『グラムシ・セレクション』平凡社
平岡公一，2004「社会サービスの市場化をめぐる若干の論点」渋谷博史・平岡公一編『福祉の市場化をみる眼──資本主義のメカニズムとの整合性』ミネルヴァ書房
平岡公一・杉野昭博・所道彦・鎮目真人，2011『社会福祉学』有斐閣
今村仁司，2000『交易する人間（ホモ・コムニカンス）──贈与と交換の人間学』講談社
岩崎晋也・岩間伸之・原田正樹編，2014『社会福祉研究のフロンティア』有斐閣
ラッツァラート，M.著／杉村昌昭訳，2012『〈借金人間〉製造工場──"負債"の政治経済学』作品社
リスター，R.著／松本伊智朗監訳，2011『貧困とはなにか──概念・言説・ポリティクス』明石書店
ムフ，C.著／千葉眞・土井美徳・田中智彦・山田竜作訳，1998『政治的なるものの再興』日本経済評論社
仁平典宏，2012「社会保障──ネオリベラル化と普遍主義化のはざまで」小熊英二編『平成史』河出書房新社
ピケティ，T.著／山形浩生・守岡桜・森本正史訳，2014『21世紀の資本』みすず書房
ポラニー，K.著／野口建彦・栖原学訳，2009『新訳 大転換──市場社会の形成と崩壊』東洋経済新報社
坂田周一，2014『社会福祉政策──現代社会と福祉〔第3版〕』有斐閣
白石嘉治・大野英士編，2008『増補 ネオリベ現代生活批判序説』新評論
渡邊太，2012『愛とユーモアの社会運動論──末期資本主義を生きるために』北大路書房

Column ❶ 「贈与」がもたらす信頼社会

　私たちの社会は，市場経済による社会でありながら，市場での交換（売買）のみで成り立っているのではなく，贈与や互酬というものを大切にしています。贈与や互酬は見えないところで成り立っており，気づかずに実践しているものです。たとえば，友人の誕生日にプレゼントをしたり，無償でボランティア活動をしたりといった具合に，見返りを求めずに他者に有益なものを（一方的に）与える自然な行為が贈与です。

　しかし，贈与は完全に無償で（一方的に）与えるだけのものであるとはかぎらず，何か見返りが期待されていることが多くある，と M. モースという文化人類学者は論じています。プレゼントには，これからも自分と良好な関係を続けてほしいという願望が込められているかもしれないし，ボランティアは自己満足や学校の義務として行われることもあって，純粋な贈与でないこともありうるというわけです。

　とはいえ，贈与は市場での交換とは異なるメリットを社会にもたらします。R. ティトマスという社会政策学者によれば，人は「対価」を気にして交換を行うのではなく，無償でもよいから誰かに何かを与えようとすること，すなわち「贈与」の発想で行動することが多々あります。なぜそのような行動をとるかといえば，人々がそのような贈与によって成り立つ社会を信頼し，かつそのような社会の存続を願っているからだと考えられるからです。誕生日にプレゼントをあげたり，見知らぬ人のためにボランティア活動をしたりする社会を信頼し，存続してほしいと思うからこそ，人はそのような贈与行為を行うということです。その社会的意味は重要です。

　ティトマスはこれを「献血」のシステムを例にしながら説明しました。献血という制度は，ただちに自分に見返りのないものであるにもかかわらず，人々は「売血」ではなく「献血」という血液の授受のしくみを悪いものだと思っていないゆえに，血を無償で提供するというのです（ティトマスについては坂田 2014 を参照）。つまり市場よりも贈与が好まれているというわけです。これは「ヘゲモニー」の議論と同じ含みをもっています。ティトマスの議論が本当なら，こうした「贈与的な制度」を豊富に用意していくことが，社会的連帯と信頼を高めることにつながるのかもしれません。

CHAPTER 第8章

権力への不信
政府・専門職にまかせておけばよいのか？

KEYWORDS

権力　措置制度　パターナリズム　当事者主権　生かす権力　優生政策　デモクラシー

QUESTION

　政府や行政機関のような「力」をもつ主体＝「権力」に対して，私たちは不信感を抱くことがあります。権力への不信は，政治家，公務員，そして医師や教師などの専門職に対する不信としても表出されます。ソーシャルワーカーもまた，支援を受ける側（当事者）にとって権力として映ることがあるでしょう。社会の安心を築いているはずのこうした「権力」に対して信頼をもてないとき，私たちは何を信じればよいのでしょうか。政府や専門職を信頼しつつ，市民が主体となる社会をつくることはできないのでしょうか。

1 権力への不信を知る

▶ 政府・専門職をどれだけ信用しているか

福祉事務所は助けてくれない

　福祉事務所や児童相談所などの行政機関が，貧困や虐待などの問題を把握しておきながら適切な資源（給付や福祉サービス等）につなげず，支援が届かないことで事態がいっそう深刻化したり，当事者が亡くなったりする事件が各地で頻繁に発生しています。行政機関や専門職が当事者の求めやニーズを見誤ったり，たびたび不適切な対応をしたりすれば，社会福祉に対する市民の信頼は大きく揺らいでしまいます。

CASE-1 ●札幌姉妹餓死事件

　2012年1月20日，札幌市白石区のマンションの一室で女性2人が死亡しているのが発見されました。亡くなっていたのは40代の姉妹で，食事をとれないほどの貧困状態で長らく暮らしてきた2人でした。体調を崩していた姉は脳内出血を引き起こして室内で病死し，中度の知的障害のあった妹は姉の死後に食事をとることも暖をとることもできず凍死したと見られています。妹がもっていた携帯電話には「111」の発信記録が何度も残っており，姉の死後に助けを求めていたものの番号が違ったためつながらなかったようでした。

　2人は，妹の障害年金（月額約6万円）を頼りに同居していました。姉はかつて働いて収入があった時期もありましたが，その後体調を崩して失業し，妹の年金収入のみに頼る生活困窮状態（年金から家賃も支払っていた）に陥っていました。

　2010年から2011年にかけて，通算3回，姉は福祉事務所（札幌市白石区役所）の生活保護相談を訪れています。その面接記録によると，福祉事務所はその姉妹が貧困の状態にあり生活保護の受給要件を満たしていることを確認し，本人にも説明をしましたが，申請に必要な書類が整っておらず，また「保護の要件として求職活動が必要である」との（不適切な）説明を行ったため，結果

的に姉は3回とも保護の申請をしないまま福祉事務所をあとにしています（寺久保・和久井・雨宮 2012）。こうして，生活保護の受給資格があり，福祉事務所も貧困状態を把握していたにもかかわらず，救済されないまま姉妹とも亡くなる結果となってしまいました。

CASE-2 ●千葉県銚子市の娘絞殺事件

2014年9月に，生活に困窮して家賃を滞納し，県営住宅の自室で中学2年の一人娘（当時13歳）の首を絞めて窒息死させた母親が警察に逮捕されました。月額1万2800円の家賃の滞納が約2年間続いたため，県が住宅明け渡し訴訟を起こし，事件当日は立ち退き期限の日だったとされています。

9月24日11時10分ごろ，裁判所の執行官らが鍵を開けて部屋に立ち入ったところ，母親は放心状態で座り込み，すでに亡くなった娘の頭をなでながら4日前に撮ったビデオを見ていました。そこには，体育祭で赤い鉢巻きをして走る娘の姿が映し出されていました。「これは私の子。この鉢巻きで首を絞めちゃった。ビデオを見終わったら自分も死ぬつもりだった」と話したそうです。

別れた夫は数百万円の借金をつくり，母親名義によるものもあったため，闇金融からも借金をしながら母子は暮らしてきました。パートをしていましたが，収入は月によって4万から8万円。福祉事務所に2回相談に行ったこともあったものの，経済状況について詳しく確認されることなく，生活保護を受けることはできませんでした。

法廷で母親は，「なぜ殺してしまったのか。誰かに相談すればよかった」と涙を流して悔やんでいたと報道されています。自分も死のうと思って，台所のテーブルの上に一番切れる包丁を用意していたとも明かしたそうです（『毎日新聞』2015年6月12日）。

この2つの事例は実話です。生活保護行政に関しては，これまでに幾度となくこのような痛ましい事件が起こっています。札幌市白石区においては，1987年にもシングルマザーの餓死事件が起こっており，『母さんが死んだ』（水島宏明）という本によって全国に知られるようになりました。2006年に北九州市門司区で起こった3人の餓死事件でも，二度にわたって福祉事務所を訪れた障害のある男性に対して，生活保護は適用されませんでした。

このように，市民や利用者（当事者）から信頼を得なければならないはずの福祉事務所やケースワーカー自らが，社会福祉に対する市民の不信を生み出している現実があります。

どうせ年金はもらえない——社会保障に期待しない日本人

2007年に，いわゆる「消えた年金記録問題」と呼ばれる事件が起こり，注目されました。年金制度を運営管理していた社会保険庁において，大量の年金記録がずさんに管理されていたことが発覚して大きな政治問題となったのです。

社会保険庁の年金記録のデータベースにおいて，納めたはずの保険料の納付記録が残っていなかったり，以前に使用していた「紙台帳」からコンピュータへ転載した際に大量の入力漏れがあったりと，適正に管理・整理のできていない年金記録が約5000万件分も存在していることがわかったのです。私たちの年金記録を長年にわたって不適正に管理してきた中央省庁の体質が明るみに出た格好になりました。保険料の納付記録が正しく残っていなかったということは，年金制度の根幹をゆるがす重大事であり，年金制度への信頼を大きく失墜させる問題となりました。

不信に満ちた年金制度あるいは社会保障制度の信頼をとりもどすためには，それにふさわしい取り組みや新たな制度的な工夫が必要でしょう。この事件以来，政府はすべての年金加入者に対して，「ねんきん定期便」と称する年金記録の詳細を毎年郵送するなどの方策を取り入れ，また社会保険庁を解体するなどして，年金制度の信頼回復につとめています。しかし，社会保険庁に代わって年金を管理することになった（特殊法人）日本年金機構は，2015年6月に125万人におよぶ加入者の個人情報（氏名や生年月日など）を流出させる事件を起こしてしまい，再び年金管理への不信が高まる事態となってしまいました。

日本生活協同組合連合会・公益財団法人生活総合研究所が2013年9月に実施した「社会保障に関するアンケート調査」の結果によると，「政府の社会保障政策は信用できる」という項目について，「そう思わない」(37.6%) と「あまりそう思わない」(39.0%) と回答した者を合わせると76.6%が「信用できない」と答えています（生活協同組合連合会社会保障政策検討委員会 2014：60-61）。

社会保障や年金に対する不信が深刻化すると，制度への加入の拒否や，保険

CHART 表8.1 保険料を納付しない理由

(単位：％)

	総数	保険料が高く、経済的に支払うのが困難	年金制度の将来が不安・信用できない	うっかり忘れていた，後でまとめて払おうと思った	厚生労働省・日本年金機構が信用できない	これから保険料を納めても加入期間が少なく，年金がもらえない	すでに，年金を受ける要件を満たしていたから	その他
1号期間滞納者総数	100.0	74.1	10.1	4.0	3.2	2.2	1.2	5.2
20～24歳	100.0	68.6	11.9	9.1	4.0	0.3	0.0	6.1
25～29歳	100.0	74.0	11.2	3.6	2.5	1.4	0.4	6.9
30～34歳	100.0	77.4	11.0	3.8	3.1	0.2	0.2	4.5
35～39歳	100.0	75.1	12.3	3.2	3.3	1.3	0.0	4.8
40～44歳	100.0	73.5	12.6	3.2	3.0	2.6	0.2	4.9
45～49歳	100.0	77.4	9.2	2.8	2.3	3.6	0.6	4.2
50～54歳	100.0	76.1	5.9	1.7	3.3	6.8	2.4	3.7
55～59歳	100.0	72.2	4.2	3.3	3.9	4.1	7.1	5.2

(出所) 厚生労働省年金局 2012：30。

料の未納・滞納といった問題がいっそう深まる可能性があります。政府の統計によれば，近年の国民年金の保険料納付率（免除者を除く）は約60％前後で推移しており，残りの約40％の被保険者が何らかの理由で保険料を納付していない状態が続いています（過去2年間のうち1回も納付していない者を未納者としています）。

この未納者に対して保険料を納付しない理由を尋ねた調査では，「保険料が高く，経済的に支払うのが困難」が74.1％で最も多い一方で，年金不信に関連した選択肢である，「年金制度の将来が不安・信用できない」（制度不信）が10.1％，「厚生労働省・日本年金機構が信用できない」（行政不信）が3.2％となっています（表8.1）。2つを合わせて，年金未納者のうち約13％が「不信」を理由に保険料の納付を拒んでいる様子がうかがえます。

20代から30代の若者のほうが，40代から50代よりも「不信」を理由にしている割合が若干高いという点も重大です。20歳から24歳にかぎってみると，制度不信と行政不信の2つを合わせると15.9％にのぼっています（厚生労働省

年金局 2012)。

 ところで，年金保険料を納付しない理由のトップが，「保険料が高く，経済的に支払うのが困難」(74.1％) となっていることは，年金をはじめとする社会保障制度の構造自体に無理があって，そこから社会保障全体に対する不信が生みだされている可能性を考えることもできるでしょう。つまり，低所得者に対しても保険料の拠出を求め，仮に免除しても追納しないと老後の年金額が十分に保障されなくなるという日本の年金制度の構造，つまり「保険方式」であるという構造（およびその保険を補う所得保障制度が貧弱であること）が，不信の根幹にあるのかもしれません。保険料を拠出できない人は救われないという日本の社会保障制度の構造自体が市民の不信を高めているということです。

政府の信頼度の低さは世界一

 2011年3月の東日本大震災で生じた福島第一原子力発電所事故によって，福島県および東北・関東地方に深刻な放射能汚染が広がりました。現在もなおメルトダウンした核燃料を処理できないまま，大量の汚染水や放射性廃棄物が排出され続けているといわれています。しかし政府および東京電力はその事実を含む汚染被害等に関連する重要な報告やデータをくり返し公表せずに，原発および政府に対する信頼を大きく失墜させています。原発は最新の技術であり，安全であり，低コストであると広報し続けてきた政府への信頼は失われた格好になっています。それにもかかわらず，政府は九州電力川内原発や東京電力柏崎刈羽原発などの再稼働を承認し，市民の反対意見多数のなかで（世界的にも核廃絶がトレンドであるなかで），前者は2015年8月に再稼働されました。

 原発以外にも，2012年からはじまった安倍内閣は，市民の多数の反対意見を無視するかたちでいくつかの重大な政治的決定を行いました。特に特定秘密保護法，武器輸出三原則の見直し（防衛装備移転三原則），集団的自衛権と安全保障関連法をめぐる議論は最も大きな注目を集めました。これに関連して，米軍の駐留についての反対意見を押し切って，沖縄では辺野古基地の建設が進行しています。経済の自由化を目的とした多角的な経済連携協定である「TPP（環太平洋戦略的経済連携協定）」（医療・福祉分野の市場化を含む）の拡大交渉についても，十分な国民的な議論がなされないまま政府主導で進められています。

CHART 図8.1　自国の信頼度調査（2015年）

（知識層）		（一般層）	
アラブ首長国連邦	84	インド	68
インド	79	アラブ首長国連邦	68
インドネシア	78	インドネシア	67
中国	75	中国	63
シンガポール	65	シンガポール	60
オランダ	64	マレーシア	53
ブラジル	59	カナダ	52
メキシコ	59	オランダ	52
マレーシア	56	メキシコ	51
カナダ	53	ブラジル	50
オーストラリア	52	香港	47
フランス	52	アメリカ	44
アメリカ	52	アルゼンチン	43
ドイツ	50	オーストラリア	42
イタリア	48	ドイツ	42
南アフリカ	48	イタリア	42
香港	47	南アフリカ	42
韓国	47	ロシア	40
イギリス	46	イギリス	39
アルゼンチン	45	フランス	38
ポーランド	45	韓国	38
ロシア	45	スウェーデン	37
スペイン	45	ポーランド	36
スウェーデン	45	スペイン	36
トルコ	40	トルコ	35
アイルランド	37	日本	34
日本	37	アイルランド	32

■ 国民の信頼度が高い国
■ 国民の信頼度が中立の国
■ 国民の信頼度が低い国

（出所）　エデルマン・ジャパン社「2015 エデルマン・トラストバロメーター」
（http://www.edelman.com/2015-edelman-trust-barometer/）

これらの政策を矢継ぎ早に展開する政府に対して，多くの市民が異議を唱えていることは確かだといえるでしょう。

エデルマン社が発表している信頼度調査（世界27カ国，3万3000人を対象とした調査）によると，日本は世界で最も国民が自国を信頼していない国=「自国信頼度が低い国」に分類されています（図8.1）。調査結果によると，日本の政府，企業，メディア等に対する一般層の信頼度は平均34％（世界平均=46％）で，国民の約3人に2人が自国を信頼していないことになります。知識層（大卒・高所得層）に限定すると，信頼度は37％（世界平均=55％）ですが，ランキングでは世界最下位となっています。

日本の中央調査社が不定期に行っている「議員，官僚，大企業，警察等の信

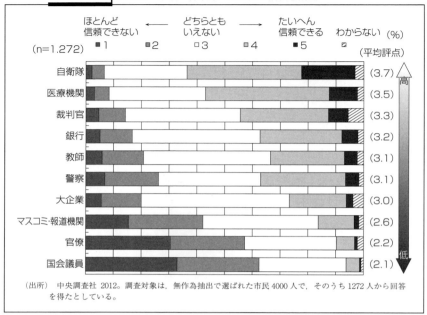

図8.2 政治・行政等への国民の信頼感調査

頼感調査」（図8.2）もまた，市民が政治や行政で重要な役割を果たす機関や職をどれくらい信頼しているかを尋ねた調査の1つです。これによると，日本人の半数以上が国会議員や官僚を「信頼できない」としていることがわかります。また，「信頼されるよう努力してほしい」ものとしては「議員」が86.2％と圧倒的に多くなっており，次いで「官僚」（54.7％），「警察」（42.3％），「マスコミ・報道機関」（25.9％）となっています（中央調査社 2012）。

市民が政府に対して不信を抱くのは，多くの人が原発や集団的自衛権そのものに反対している部分もありますが，それに加えて，それらの重大決定に関する政府の進め方があまりにも暴力的であることに反対していると見ることが可能です（小熊 2015）。私たちが政府（政治，行政，あるいは法律）のような「権力」に対して抱く不信感は，それが圧倒的な強さで私たちをねじ伏せようと仕掛けてくるからにほかなりません。「たとえ相手がイヤだと思ってもこちら側のいうことに従わせることができる可能性のこと」（萱野 2007：18）を「**権力**」というのなら，権力関係にある政府と市民との間に信頼は確立しにくいことになります。

社会福祉学では，市民の不信をまねくような行政や専門職の実態と，その不信の根源をなす「権力」の問題を，さまざまな角度から考察してきました。1つは，社会保障制度や行政機関の構造的な問題として議論されています。もう1つは，支援する側とされる側との間に圧倒的に存在する「非対称」な関係性（対等でない関係性），いいかえれば「権力関係」あるいは「パターナリズム」から生じる問題として考察することがあります。以下で考えてみましょう。

権力への不信を考える
▶ 社会福祉における「権力」の議論から

「措置制度」が生みだす不信

　「信頼」や「権力」に関する議論の整理は，社会学や政治学のなかに数多くありますが，ここでは社会福祉の文脈で具体的なところから考えていきましょう。行政や専門職などの権力に対する不信の背景を考える際に，まず日本の社会福祉を特徴づけるしくみの1つである「**措置制度**」を理解することは重要です。冒頭の生活保護行政に関する事例にもあったように，日本の社会福祉においては，措置制度が生みだす不信が少なからず存在しているからです。

　措置制度は，行政が住民の福祉サービスの利用要件や施設入所要件を満たしているかを判断し，そのサービスや給付の開始・廃止を行政権限（行政処分）としての措置により提供するしくみのことです。措置という言葉以外に，「保護」や「援護」という言い方でも同様のしくみが運用されています。

　先の生活保護制度の例で見れば，保護を受けるかどうかはあくまで行政が定めた基準にもとづく行政の決定（裁量の部分もある）に委ねられており，受給権者が自由に「利用する」というしくみにはなっていません。措置では，受給権者側に利用や契約の権限はなく，あくまで行政側（実施者側）に権限が与えられているのです。行政の決定・処分を受けて，その対価として利用者がサービスを享受できるようになるため，措置にもとづく福祉は，国民が行政処分の「反射的利益」を受けているにすぎない（処分に際してたまたま利益だと解釈され

る場合がある）ものだと考えられています。

　措置制度と対比される制度として，近年ようやく日本にも定着してきたのが「利用契約制度」です。これは利用者本人や家族が福祉サービスの提供者・事業者を自由に選択し，直接契約にもとづいてサービスを利用するしくみです。たとえば介護保険制度では，望みの介護サービスを自分で選び，その事業者と直接契約し，自由にサービスを利用することができます。

　2000年の「社会福祉基礎構造改革」によって措置制度の多くは順次利用契約制度へと転換され，高齢者福祉，障害者福祉，児童福祉等の各領域で制度のしくみが大きく変更されてきました。措置と利用契約は同じ社会福祉でありながら，大きく異なる原理によって運営されているといえます（措置制度およびその改革の歴史については，平岡ほか 2011：第9章を参照）。

　措置制度は，少ない資源を効率的に最も必要な人に届ける方法として優れた効果を発揮しますが，利用者の個別的な必要に対してきめ細かい配慮を行うのは苦手です。全国で統一的に実施されるため，サービス事業者や施設の独自性・地域性を無視してしまうという問題点があります。また措置の基準や措置にかかる費用（措置費）の算定基準も最低限のものに据え置かれ，事業者が質の高いサービスを実施する機会や意欲を奪っていると指摘されています。そして何よりも，措置制度においては利用者の権利性が弱く，行政側に裁量権と強制的な決定・処分の権限が与えられているため，「パターナリズム」（次項参照）にもとづく権力関係を生じさせやすいという問題点が指摘されています。

不信の背後にある「パターナリズム」

　措置制度を含む福祉行政につきまとう**パターナリズム**（父権主義・干渉主義・温情主義）とは，強い立場の者が弱い立場の者に対して，「相手のためを思って」という姿勢で介入・干渉・関与することを意味しています。社会福祉におけるパターナリズムは，行政や専門職といったサービスの実施主体側（支援者側）に強い権限が与えられつつ，しかし利用者主体や**当事者主権**という理念に沿って介入が行われ，行政や専門職のもっている権力が行使されるしくみ，あるいはそれを是とする考え方を意味します。

　パターナリズムは行政と利用者との関係においてだけでなく，専門職（ソー

シャルワーカー）と利用者という対人的な直接援助場面においてたびたび成立するものであると考えられます。直接援助場面では「利用者のためを思って」実践される助言やアセスメント，介入やかかわり等が見られます。「利用者のため」ゆえに，場合によってはたちの悪いものとなりうるといえるでしょう。

　ソーシャルワーカーは，つねにパターナリズムと向き合いながら利用者にかかわらなければならない職種です。社会福祉における権力関係は，パターナリズムとして強くあらわれる特徴をもっているということです。「利用者のために」という思いがパターナリズムとなり，支援が「欺瞞的」なものとなるとしたら，それは望ましくありません。とはいうものの，支援者と非支援者はつねに「非対称性」の関係（対等でない関係）にあり，パターナリズムを完全になくしたところに支援は成り立たないとも論じられています。そのため，社会福祉は利用者主体を理念としていながらも，つねにパターナリズムから自由でないという「二重基準」を抱えてしまっています（石川 2014）。

　ソーシャルワーカーよりも強い権限をもっているとされる医師や弁護士のような専門職において，このパターナリズムはいっそう強固なものになると考えられます。専門職は利用者よりも多くの情報や知識をもっており，利用者を誘導したり一方的に断定したりして，専門職者の都合で相手を処遇することが可能です。こうした問題意識から，専門職がもつパターナリズムに対しては不信や批判が強く，当事者運動や自助グループによるピアサポートの意義が語られるようになっています。しかし社会福祉の多くの議論は，パターナリズムと「いかにつきあっていくか」という観点から展開される傾向があります。

　パターナリズムには「強いパターナリズム」と「弱いパターナリズム」があるとされることもあります。前者は，当事者に判断能力や自己決定能力があるにもかかわらず専門職が強力に干渉していくことであり，そうではなく，後者はそれらの能力がないため一定の必要性があって介入することを指します。専門職の都合で判断し，決定していく「強いパターナリズム」にもとづく介入や干渉は，当事者からの強い不信を招く要因になると考えられます。

　一方で，自己決定能力のない当事者に対する「弱いパターナリズム」のように，個人の自律の尊重を基本とし「支援を受けたうえでの自己決定」を促す介入であれば，許容される可能性は高まります。そこで，どのような場合であれ

ばパターナリズムが許されるのか，またそのパターナリズムがどのような価値にもとづいて実践されているのかを議論していくことが重要だとされています（石川 2014）。

福祉国家という権力

　権力やパターナリズムの議論は，ソーシャルワークという直接援助場面だけでなく，社会福祉の政治や国家をめぐる議論においても論じられています。あるいは，福祉国家そのものが権力であり，パターナリズムであるという議論が展開されることもあります。

　冒頭で示した世論調査のように，政府に対する不信はさまざまな理由から発生していると考えられます。政府による情報の操作や隠蔽によって，あるいは議会や政治家の不正義によって不信は拡大しています。多くの社会学者や政治学者は，福祉国家の名のもとに，主権者であるはずの市民を政府が管理し，統治するシステムになっていることで信頼が失われていると考察しています。

　M. ヴェーバーという社会学者は，近代国家においては効率的で合理的な規則にもとづいて運営される「官僚制」が人を支配する制度となり，行政機構や専門職の権力の増大を招くことを論じました。官僚制による支配が浸透し，その権力が市民の自由や権利を抑圧していきます。近代国家である福祉国家は「大きな政府」を形成することで，巨大な官僚制国家になると考えられています。福祉国家は，人々に福祉や幸福追求の権利を与える一方で，実際には人々を従属させ，「官僚制」による管理と監視のもとに置いていく側面をもつというわけです。

　M. フーコーという哲学者は，近代になって，人間を管理・支配する権力自体が質的に変化したことを論じています。近代社会における権力とは，人々の内面にはたらきかけ，規律訓練や調教を行っていく権力であり，また統計や調査によって人々を集合的に管理する技術としての権力であるといいます。たとえば，前近代社会（封建社会）では，支配者に反逆した者は処刑されました。ここでは「死」の恐怖をもって人々を従わせるという物理的な権力が支配者によって用いられていました。しかし近代社会では，「死」ではなく「**生かす権力**」が主流になっているといいます。それは，社会のルールにのっとって従順

に生きる人間をつくり，これを効率的に管理する権力だといえます。

　この「生かす権力」に満ちあふれた国家こそが，福祉国家です。しかも「生かす権力」は，国家や政府といった「支配者」だけが行使する物理的な強制力ではないのです。権力は「無数の力関係」のなかにあり，また個人の内面にあって自動的に行使されるものだと考えられています（久米ほか 2003：108-09）。

　私たちの社会（福祉国家）では，人を殺すのではなく，人を生かす権力が作動しています。人々の「生存」や「生活」のために積極的に介入し，学校や会社，病院や社会福祉を通して規律訓練と管理が行われています。このように，フーコーに代表される近年の権力論は，「支配者／非支配者」という権力関係になくても，人々の「生」を管理する見えない権力があることをとらえているのです。

「当事者のため」の優生政策

　北欧や日本における障害者福祉政策，とりわけ「断種政策」と「隔離政策」は，福祉国家が彼らの「生」を合理的に管理しようとした典型例として知られています。これらを**優生政策**としてまとめることもできるでしょう。

　断種政策は，精神障害者や性犯罪者，難病患者等に対する「強制断種」，すなわち子どもを産ませないようにする強制的な不妊手術や堕胎（中絶），および差別的な産児制限，結婚の制限等を行う政策のことです。多くの先進国で20世紀の後半に至るまで実施され，福祉の先進国とみなされるスウェーデンやデンマークでも，1970年代に至るまで精神障害者等に対する強制断種が行われていたことは注目すべき事実です。

　この断種政策は，ナチスドイツが行ったように，あからさまに人種や身体・知能において「優れた者」だけが子孫繁栄すべきとするものもあれば，病気や障害が遺伝的に継承され障害児が生まれるのを予防するためだとか，障害者が子どもを産んで養育することは負担であるから当事者や家族にそのようなリスクを背負わせないようにするためといったパターナリスティックなものもあり，多様な（もっともらしい）理由づけがなされて実践されてきました。パターナリスティックな理由づけは聞こえがよく，いかにも「当事者のため」を思っているように見えるでしょう。

日本でも，20世紀の終わりまで政府による断種政策が展開されてきた歴史があります。それを規定していたのが，1948年に制定された優生保護法です。同法では，精神障害者，知的障害者，ハンセン病患者等を断種対象とし，多くの断種手術が行われたとされています。この優生保護法は，1996年に母体保護法に改正されるまで存続しました。

　「隔離政策」もまた，障害者福祉の歴史のなかでごく一般的に行われてきたものです。障害者施設の多くは人里離れた場所に建てられ，大規模施設＝「コロニー」として，多くの障害者・難病患者らを「収容」してきました。障害者に対する差別や不信が隔離政策をつくりあげ，そして隔離政策が差別や不信を助長してきたと考えられます。

　とりわけ，ハンセン病患者に対する隔離政策は，日本の障害者福祉政策の大きな誤りの歴史として語り継がれるべきものです。明治末期（1907年）の法律（のちの「らい予防法」）によって，ハンセン病患者は法的に隔離されることが決まり，優生保護法（1948年）にもとづく強制断種の対象にもされて，1990年代まで実施されていました。ハンセン病（日本ではかつて「らい病」と呼ばれた）は，感染力の非常に弱い感染症でありながら，歴史的に強い差別と偏見があり，全国に療養所という名の隔離施設（当時）がつくられ，治療法が確立されてからも不適切な対応が続けられたのです。

個人化のなかで維持される権力

　断種政策や隔離政策を典型とする優生政策を支えていたのは，病気や障害のない「優れた者」だけが子孫を残し，繁栄すべきであるという「優生思想」であり，20世紀のあいだ長らく強く支持されてきました。

　21世紀に入り，優生政策は廃止されたかのように見えていますが，優生思想の根底にある，障害や疾病，あるいは不健康に対する敵意と不寛容は，なお現代社会を支配し続けています。それらはまさに権力として（見えないかたちで）作動しているのです。

　そして，「家族に障害児を養育させるリスクを負わせない」という言い方で，「個人化」（自己責任化）の流れのなかで優生政策が継承されていると考えられます。当事者や家族にとって障害児の養育が「リスク」になってしまうのは，

社会的な養育の制度が整えられていないからであって，子育て自体は本来「リスク」ではありません。リスク回避という合理的な名目で，個人や家族に責任を押しつけながら，優生思想にもとづく福祉・医療が現在でも個人主義的に展開しているのです。

ノーマライゼーションや脱施設化といった理念とともに，障害者福祉における「目に見える優生政策」はすでに廃止されていますが，代わりに障害のある当事者が選択・自己決定できる福祉や医療の制度がどれほど導入されたといえるでしょうか。また，フーコーが論じたように，私たちは，障害者や生活保護受給者に「清く正しく」生きるよう（自立支援などを通して）規律訓練し，集合的に管理しようとする権力（そういう見方・視線を含めて）から自由になれているでしょうか。これが「生かす権力」の実像です。

「自立生活運動」をはじめとする日本の障害者運動および「障害学」は，こうした障害者福祉政策や福祉国家に通底する管理のパターナリズムを批判し，障害者が「権力」の支配下にある状態から脱却すること＝「脱植民地化」を主張し続けています（安積ほか 2013；岡部 2010；小川・杉野編 2014）。このように，福祉国家への不信は非常に根の深いところから構成されている問題だと考えられます。福祉国家や社会保障政策の成り立ちや構造自体を問いなおし，当事者の参加にもとづく政策や支援を構築することが求められています。

権力への不信に挑む

▶ デモクラシーによる信頼づくり

信頼形成におけるデモクラシーの意義

官僚制やパターナリズムによる支配システムとしての福祉国家ではなく，人々の信頼を構築し，市民の声と参加による政治を築く「デモクラシー（民主政治）」が重要な役割を果たすと理解する議論が数多く展開されています。とりわけ，バルネラブル（脆弱）な人々の声を政治や社会制度に反映させるデモクラシーの意義が語られています。

W. コルピという政治学者は，市民の利害や要求を汲み取るしくみとして，労働者組合や労働者政党のような組織が果たす役割が大きく，それらによる「権力資源」の適切な行使によって国家は大いに影響を受けるものと考えました。したがって，労働者組織や社会福祉を推進する市民主体等が権力をもち，福祉国家を主導することが重要であると論じています（齋藤・田村 2012）。これを権力資源論と呼びます。こうした理解は，社会政策学者のエスピン - アンデルセンにも共通しており，議会を通じて社会民主主義的な理念を追求し，あるいは普遍主義的な社会福祉を整備することによって市民の連帯や信頼を高めることができると考えています（エスピン - アンデルセン 2001：25-28）。

　C. オッフェという政治経済学者は，福祉国家が単に市民の社会的権利を保障するだけの国家ではなく，資本主義経済を維持するための「装置」を内包した国家であると論じ，その装置こそが社会福祉や社会保障であると考えました。そのため福祉国家を舵取りする議会（間接的なデモクラシー）は，市民の要求を正当に実現することができず，資本主義経済を維持存続するために合理的な選択を行うだけのしくみとして機能していると見ています。そこで，議会とは異なる市民参加のしくみ，たとえば「新しい社会運動」のような直接的なデモクラシーのしくみが重要な意味をもつようになるとしています（田村 2002）。

　「新しい社会運動」とは，従来の労働運動（労使の階級闘争）に対する概念で，環境保護運動や女性運動，当事者運動，スローライフ運動，反グローバル化運動といったムーブメントを表しています（⇨第 **7** 章③）。議会にかぎらない場所や方法で政治的主張を行い，受けとめることの意義を含んだ概念だといえるでしょう。

　J. ハーバマスという社会学者は，官僚制に支配された政府と貨幣に支配された市場という「システム」が，コミュニケーションによって統合されるはずの人々の「生活世界」を支配・制御している姿として現代社会をとらえています。「生活世界」が「システム」によって媒介されるようになることを問題視し，これを「システムによる生活世界の植民地化」と呼びました。この植民地化に抵抗して，人々の「生活世界」が本来有しているコミュニケーションを回復させ，信頼を増幅させ，これらにもとづく社会関係を守ることが重要であると考えました。

たしかに，これまでのデモクラシーの議論は，「民意」をいかに政治＝議会に反映させるかという「代議制民主主義」をめぐる議論として展開されてきましたが，こんにちでは議会にかぎらない直接的なデモクラシーを実行するしくみづくりが注目されるようになっています。市民の社会参加や，社会関係を重視したデモクラシーを社会に定着させていくということです。「権力資源論」や「新しい社会運動論」などの議論は，こんにちフェミニズムやエコロジズム，「ケア」をめぐる議論（⇨第1章3）などと接続することで，デモクラシーの議論を豊かなものにしています。

いずれにしても，近年の政治や国家をめぐる議論では，デモクラシーによって人々の信頼を高め，社会や政治を市民の手中のものにする必要性が語られているとまとめることができるでしょう。福祉国家における官僚制やパターナリズムが，かつて人々に全体主義的な「安心」を与えた時代もあったかもしれませんが，こんにち市民の信頼を構築するにはデモクラシーの進展が不可欠だと多くの論者が考えています。

社会や政治の質を高める

R. パットナムという政治学者は，市民の信頼を高めるデモクラシーを浸透させるために重要な要素となるのは「ソーシャル・キャピタル」（社会関係資本）であると論じています（パットナム 2006）。ソーシャル・キャピタルとは，端的にいえば市民たちの相互扶助，協力関係，ネットワーク，社会組織などによる社会の紐帯・つながりの深まりを意味しています。日本語のニュアンスでいえば，「地域力」あるいは「地域連帯力」といった言葉になるかもしれません。

パットナムは，ソーシャル・キャピタルの質や量の違いが地域の成功のカギを握っているとしています。ソーシャル・キャピタルの豊かさを具体的にとらえる指標として彼が挙げているのは，「地域組織・団体の活動の頻度」「投票率」「ボランティア活動」「友人や知人とのつながり」「社会への信頼度」です。市民活動や自治活動，人とのつながりや協働がソーシャル・キャピタルを豊かにすると考えられているのです。このようにソーシャル・キャピタル論は，いわば直接的なデモクラシーによって市民が自分たち自身で地域や政治に関わり，

地域の運営や政治を自分たちの手中に入れることで信頼を築くという方法を提示しているわけです。

ソーシャル・キャピタル論とセットで考えたいのが，「熟議民主主義」という議論です。議会という間接的なデモクラシーへの信頼が崩壊しているいま，市民が直接参加し，話し合いを重ねることで意見を構成していくのが熟議民主主義です。議会＝代議制民主主義は政党政治となり，多数決で政策を決定していくのが現実です。これに対して熟議民主主義は，市民が自分の意見を明確に述べる機会を多くつくり，かつ他者の意見を聞き入れ修正できるような場を設けることで，「よく練られた世論」を形成して「深い民意」を政治に反映させていくしくみであるとされています。

熟議民主主義はさまざまなかたちで実践されています。デンマークでは市民と専門家が政策について熟議する「コンセンサス会議」が開かれているほか，ブラジルのある地方自治体では市民参加で予算案を作成する「市民参加型予算」が実践されています。

アメリカや日本で注目されるのは，「熟議世論調査」や「討論型世論調査」と呼ばれるものです。熟議世論調査や討論型世論調査は，社会福祉のような公共的な政策課題について，市民が話し合い，それぞれの意見を確認していく際に有意義なものだとされています。難解な政策課題の多い現代では，市民は十分な情報や知識をもつことができず，意見や態度を決めかねてしまいがちです。あるいは，わかりやすく目立つ主張が支持されやすくなってしまいます。このように形成された世論を「ポピュリズム（大衆主義）」や「反知性主義」と呼ぶこともあります（ポピュリズムについては⇨第 9 章 1 を参照）。

ポピュリズムによる政治に陥らないように，市民に対して詳しい情報提供や十分な説明をしたうえで，グループディスカッションや会議を繰り返してじっくりと討論をし，そのプロセスを経たあとに各個人から意見を聴取します。こうすることにより，「よく練られた世論」を形成させ，また政治に組み入れることが可能になるというわけです。十分な情報にもとづいて他者と討論を行うと，人々の意見や選好がどのように変化するのかを確認することも可能です。討論を行う場は，「社会の縮図」のように機能していくわけです（慶應義塾大学 DP 研究センターウェブサイトより）。

なお，熟議民主主義はあくまで合意形成をめざしていくわけですが，それとは一線を画し，合意形成をゴールとせずに，主流の意見への対抗軸となる議論を形成して「抗争・闘争」をすすめるのが「ラディカル・デモクラシー」（「闘技デモクラシー」とも呼ばれる）です。抗争や闘争というと過激な政治行動がイメージされやすいようですが，それが目的なのではなく，「主流」に対する対抗軸やオルタナティブ（代替案）となる意見・やり方を提示し，またそれを実践していくデモクラシーだと考えることができます。第7章で紹介した，市場に依存した生き方から「降りる」という思想や実践（反グローバル化運動など）は，まさに対抗軸を提示していくラディカル・デモクラシーの1つと見ることもできるでしょう。

　こんにち，日本の政府や議会は世論に反する閣議決定や強行採決によって重要な政策を次々と実行に移していく暴力的な政治を展開し，市民の不信を増幅させています。熟議民主主義，あるいはラディカル・デモクラシーはその対極にあるデモクラシーの姿だといえるでしょう。

当事者によるケアの実践，普遍主義的な社会保障

　当事者の声を中心にした政治や社会制度をつくるデモクラシーは多様なかたちですでに実践されています。私たちはその営みに直接参加し，実践することで，権力への対抗を示すことができます。

　すでに紹介した「自立生活運動」では，障害者自身の「当事者主権」を思想基盤に，「自分の身体と精神に対する誰からも侵されない自己統治権，すなわち自己決定権」を尊重する立場から，従来のパターナリスティックな障害者福祉政策のあり方を批判する実践を展開してきました（安積ほか 2013；中西・上野 2003）。それはまさに福祉国家やソーシャルワークに見られる「専門職主義への抵抗」であり，福祉国家の権力／パターナリズムに対する批判的実践だといえます。こうした思想や運動は，「障害学」や「当事者学」としてアカデミズムにも波及し，社会福祉の議論や政策に大きな影響力を及ぼしてきました（この潮流は第7章の「反グローバル化運動」と共鳴します）。

　こうしたなかから，専門職による権力／パターナリズムをできるだけ排除した実践をいかに形成するかという当事者による福祉的な実践が注目されてきま

した。北海道で精神障害等の当事者の地域活動拠点となっている「社会福祉法人　浦河べてるの家」は，当事者のありのままの「生」を受け入れ，共同で就労，生活，ケアを行う場として関心を集めています。ここでは，権力を有するソーシャルワーカーが主導するのではなく，当事者自身が事業を運営し，当事者がケアを実践することによる共同生活やピアサポートが重視されています（浦河べてるの家　2002）。

　当事者主導によるグループホームや地域活動等は全国に拡大しつつあります。「ダルク」（DARC：Drug Addiction Rehabilitation Center）もまた，薬物依存症からの回復と社会復帰支援を目的に，全国展開のリハビリ・サービスや施設を当事者自身（依存症サバイバー）が運営する組織です。ダルクの活動は，当事者の自主的な生活改善の取り組みをサポートするものであり，仲間への信頼を基本にしているといえます（ダルク研究会編　2014）。

　べてるの家やダルクの実践は，当事者が支援者として関わることで，信頼にもとづいて「権力関係」に陥らない支援関係をめざすものです。第 7 章で紹介した深田耕一郎による「贈与」にもとづく福祉活動も同様の問題意識を含んでいるといえます。行政や専門機関に所属するソーシャルワーカーであっても，自身がバルネラブルな当事者でもあることを強く認識し，ケアしケアされる存在であるという（相互依存的・相互贈与的な）人間理解を出発点に，デモクラシーと信頼関係を基礎にした実践に近づく努力をおこたらないことが求められているでしょう。

　最後に，いっそうマクロな視点で，専門職や行政機関による権力が入り込む余地のない社会保障制度をつくるための考え方を 1 つ提示しておきましょう。冒頭の CASE の生活保護の例でいえば，行政の裁量や権限によって，生活保護の申請をしようとする者の生命や人生は大きく左右されてしまいます。しかし，生活保護を受給する際の資格要件がもっとクリアに明示されていて，その基準に合致すると自動的に保護が決定されるようなシステマティックなしくみになっていれば，権力が入り込む余白を減らすことができるかもしれません。たとえばイギリスでは，オンラインでも簡単に所得保障制度を利用する手続きができるようにする改革を進めています。システマティックなしくみは，交通事故を起こしたときにその補償として自動車保険が保険金を支払ってくれるよう

な透明性の高い契約にもとづく給付を実現するでしょう。

年金保険や児童手当といった制度では，資格要件の確認は比較的システマティックなものになっています。貧困・低所得者のための所得保障制度も，現在の生活保護に備わるパターナリズムと不信を払拭し，いかにして権力から自由な制度を用意するかを考える必要に迫られているといえるでしょう。

POINT

- ☐ 1 福祉行政においては，生活困窮者が福祉事務所をたずねたものの，生活保護を受給することができず，その後に餓死や心中へと至るケースがあとをたたない。
- ☐ 2 「消えた年金記録問題」などにより，年金制度への信頼は損なわれてきた。日本は，社会保障や政府への信頼度が低い国であるとされている。
- ☐ 3 措置制度は，福祉サービスの支給要件や施設入所要件の充足状況を行政が判断し，その給付やサービスの開始・廃止を行政権限（行政処分）としての措置により提供するしくみのことである。
- ☐ 4 パターナリズム（父権主義・干渉主義・温情主義）とは，強い立場の者が弱い立場の者のことを思って，「相手のため」という姿勢で当事者の意思を問わず介入・干渉・関与することを意味する。
- ☐ 5 ソーシャルワーカーは利用者の自己決定を重視する一方で，つねにパターナリズムから自由になれないという二重基準を抱えている。
- ☐ 6 福祉国家のパターナリズムによって，20世紀の北欧や日本では障害者らの断種や隔離などの「優生政策」が行われ，障害者らの不信を増長してきた。
- ☐ 7 人々の協力関係やネットワークなどによる社会の紐帯・つながりの深まりを意味する「ソーシャル・キャピタル（社会関係資本）」は，人々の信頼にもとづくデモクラシーを浸透させるために重要な要素になるとされている。
- ☐ 8 デモクラシーによる政治を実現する方法として，市民が直接参加し，話し合いを重ねることで意見を構成していく「熟議民主主義」が注目されている。
- ☐ 9 専門職によるパターナリズムをできるだけ排除し，仲間への信頼を基礎にした福祉の取り組みとして，当事者自身によるケアの実践や地域活動，ピアサポートが注目されている。

引用文献　　Reference

安積純子・岡原正幸・尾中文哉・立岩真也，2013『生の技法——家と施設を出て暮らす障害者の社会学〔第3版〕』生活書院

中央調査社，2012「議員，官僚，大企業，警察等の信頼感調査」(http://www.crs.or.jp/data/pdf/trust12.pdf)

ダルク研究会編，2014『ダルクの日々——薬物依存者たちの生活と人生（ライフ）』知玄舎

エスピン-アンデルセン，G. 著／岡沢憲芙・宮本太郎監訳，2001『福祉資本主義の三つの世界——比較福祉国家の理論と動態』ミネルヴァ書房

長谷川公一・浜日出夫・藤村正之・町村敬志，2007『社会学（New Liberal Arts Selection）』有斐閣

平岡公一・杉野昭博・所道彦・鎮目真人，2011『社会福祉学』有斐閣

市野川容孝，2000『身体／生命（思考のフロンティア）』岩波書店

石川時子，2014「パターナリズム」岩崎晋也・岩間伸之・原田正樹編『社会福祉研究のフロンティア』有斐閣

萱野稔人，2007『権力の読み方——状況と理論』青土社

慶應義塾大学DP研究センターホームページ (http://keiodp.sfc.keio.ac.jp/)

厚生労働省年金局，2012『平成23年国民年金被保険者実態調査　結果の概要』

久米郁男・川出良枝・古城佳子・田中愛治・真渕勝，2003『政治学（New Liberal Arts Selection）』有斐閣

宮本太郎，2008『福祉政治——日本の生活保障とデモクラシー』有斐閣

中西正司・上野千鶴子，2003『当事者主権』岩波書店

小川喜道・杉野昭博編，2014『よくわかる障害学』ミネルヴァ書房

小熊英二，2015「安全保障についての議論を——対抗的専門家を活用する」『社会運動』419，インスクリプト

岡部耕典，2010『ポスト障害者自立支援法の福祉政策——生活の自立とケアの自律を求めて』明石書店

パットナム，R. 著／柴内康文訳，2006『孤独なボウリング——米国コミュニティの崩壊と再生』（柏書房）

齋藤純一・田村哲樹，2012『アクセス——デモクラシー論』日本経済評論社

生活協同組合連合会社会保障政策検討委員会，2014『助け合い，支え合う社会へ——社会保障政策検討委員会最終報告』

杉野昭博，2007『障害学——理論形成と射程』東京大学出版会

田村哲樹，2002『国家・政治・市民社会——クラウス・オッフェの政治理論』青木書店

寺久保光良・和久井みちる・雨宮処凛，2012『また，福祉が人を殺した——札幌姉妹孤立死事件を追う』あけび書房

浦河べてるの家，2002『べてるの家の「非」援助論——そのままでいいと思えるための25章』医学書院

渡邊太,2012『愛とユーモアの社会運動論——末期資本主義を生きるために』北大路書房
山森亮,2009『ベーシック・インカム入門——無条件給付の基本所得を考える』光文社
吉田徹,2014『感情の政治学』講談社

Column ❷ 「ベーシック・インカム」と権力

　生活保護制度に見られるような権力やパターナリズムを極限までなくし，貧困・低所得層の生活をシステマティックに保障するしくみとして「ベーシック・インカム」が構想されています。ベーシック・インカム（Basic Income：基本所得）という制度の最大の特徴は，受給に際しての資格要件を完全に撤廃し，すべての市民に無条件で所得を保障しようとする制度であるという点です（山森 2009）。

　一般的に，貧困・低所得者のための所得保障（公的扶助）には，「生活に困窮していること」「資産，能力その他あらゆるものを活用していること」といった資格要件が明記されています。ベーシック・インカムはこれらをなくし，すべての市民に無条件で所得を保障します。条件や審査がなければ，支給する側（行政）ともらう側（当事者）との間に生じる権力関係を回避することができるかもしれないからです。

　類似する実在の制度はいくつかあります。北欧や社会主義諸国には，すべての市民に物資や燃料などを無料で供給する「配給制度」があります。北欧では医療が無料の国もあります。日本の義務教育制度は無償ですべての市民に教育サービスを供給しています。私たちが普段歩いている道路は，市民が望む望まないにかかわらず整備され，無償で利用することができます。

　現金を無償で提供する（バラまく）ことに抵抗がある人も多くいますが，実はやろうとしていることは教育や道路の政策とさほど変わりません。市民のため，国家や経済の発展のために，政府が行うサービスとして行うのです。

　しかし，ベーシック・インカムであっても，政府が行うかぎりパターナリズムが生じる可能性があります。そこで，政府の権力／パターナリズムをかぎりなく排除したいなら，市民自身が運営管理する「シティズンズ・インカム」（市民所得：Citizen's Income）としなければならないかもしれません。あるいは，国家や政府を超えて，地球規模で実施する無条件の所得保障制度が構想される必要があるでしょう。国境・国籍という要件によって「無条件」の原則が崩れ，「地球にいるすべての人」が受給できないとしたら，給付されなかった人々はその制度に再び権力を感じることになってしまうからです。これからの社会福祉学は，このような夢のある議論を深めることができるでしょうか……。

CHAPTER 9

第9章

他者への不信

なぜ見知らぬ他者とともに生きる必要があるのか？

KEYWORDS

信頼社会　NIMBY（ニンビー）　ネガティブ・キャンペーン　排除型社会　ソーシャル・インクルージョン　応答責任　ケアの倫理

QUESTION

　私たちは「他者」に対して不信感を抱くことがあります。その不信は，他者とコミュニケーションをとろうとせず，関係性の構築がないために生じていることが多々あるのではないでしょうか。たとえば，文化の異なる「外国人」，同性愛などの性的マイノリティ，そして障害者，生活保護受給者，犯罪者といった人々を，「ふつう」とは異質な，理解困難な「他者」であるととらえ，不信感を抱くことがあるかもしれません。このような，「理解困難であるとされ，異質性を感じるとされがちな人々」を「他者」と呼ぶとして，社会福祉はまさにこの他者と向き合い，関係を築くことを生業としています。では，なぜ社会福祉は他者とともに生きる社会を築こうとするのでしょうか。社会あるいは社会福祉は，どのような倫理にもとづいて他者と関わろうとするのでしょうか。

1 他者への不信を知る

▶ 安心でも信頼でもない社会

「縁側」というスペース

　日本の古い家屋には「縁側」という不思議なスペースがありました（写真）。縁側は家の「内」でありながら「外」にひらかれたフリースペースであり，空を眺めたり猫と日なたぼっこをしたりできる，家にいながらにして「外」と交信のできる空間です。

　夏目漱石の小説『門』は，主人公が縁側に寝っころがって家の前の通りを行き交う人の往来を感じながら「蒼く澄んだ空」を眺めるという牧歌的なシーンからはじまっています。

> **CASE-1 ●夏目漱石『門』より**
>
> 　宗助はさっきから縁側へ坐蒲団を持ち出して，日当りの好さそうなところへ気楽に胡坐をかいてみたが，やがて手に持っている雑誌を放り出すとともに，ごろりと横になった。秋日和と名のつくほどの上天気なので，往来を行く人の下駄の響きが，静かな町だけに，朗らかに聞こえてくる。肱枕をして軒から上を見上げると，奇麗な空が一面に蒼く澄んでいる。その空が自分の寝ている縁側の，窮屈な寸法にくらべて見ると，非常に広大である。たまの日曜にこうしてゆっくり空を見るだけでもだいぶ違うなと思いながら，眉をよせて，ぎらぎらする日をしばらく見つめていたが，まぶしくなったので，今度はぐるりと寝返りをして障子の方を向いた。障子の中では細君が裁縫をしている。
>
> 　「おい，好い天気だな」と話しかけた。細君は，「ええ」と言ったなりであった。
>
> 　（夏目漱石『門』より。漢字，仮名送りを現代風に変更した。）

　主人公は家の外を歩く人の「下駄の響き」を聞きながら，室内にいる妻（細君）ととりとめのない会話をしています。ここで主人公は，家の「内」と

「縁側」のある家（朝日新聞社提供）

「外」との縁にいて，「内」にいながらにして「外」にひらかれた時間を過ごしています。縁側は，庭や生け垣越しに「ご近所さん」と会話を交わしたり，庭から直接客人を招き入れてお茶をふるまったりする「社交」の場所にもなります。縁側でくつろいでいる住人に対して，通行人が「ごめんください」と生け垣越しに声をかけてきて，そのまま「お花がきれいですね」などといったおしゃべりに発展したりもします。このように縁側は，外界との接点をもつという意味で，地域や社会，（地域や社会そのものとしての）「ご近所さん」に対してひらかれており，外界と時間や空間をシェアすることを可能にしていました。

他者を信頼しない私たち

縁側に関する建築学的・社会学的な分析はさしおいて，縁側のある家で暮らしてきた日本の人々は，家をとりまく自然環境，地域や社会，そして「ご近所さん」に対して不信感を抱くというよりも「親密」な感覚をより多くもっていたに違いないでしょう。この感覚こそが，「一定の外界」に対して時間的にも空間的にもひらかれた縁側のある住居での暮らしを可能にしていたと考えられます。

社会心理学者の山岸俊男は，こうした社会を「**安心社会**」と呼び，諸個人の自由と責任をベースにした信頼関係によって成り立つ「**信頼社会**」とは異なる関係性によって成り立つ社会であると考えました。安心社会は，閉鎖的かつ集

団主義的・協調主義的であるからこそ，他者への信頼がなくとも人々の安心を形成できたと考えられています（山岸 1999）。安心社会は，地域や「ご近所さん」を中心とする「一定の外界」と調和を保っておけばよいという，いわば「ムラ社会」として成り立っていたわけです。

　こんにち，私たちは閉鎖的な「ムラ社会」から脱して，個人主義的でありグローバルである多文化社会に生きています。現代人の多くは個人の自由を好み，同質的で全体主義的な地域，学校，会社という「ムラ」の住人たちだけと時間や空間を共有しているのではなく，また「ムラ」へのコミットメント（肩入れ）を重視する集団主義的な関係性を求めようともしていません。私たちは，行き交う見知らぬ通行人から唐突に話しかけられて予期せぬ会話をすることに慣れていないし，そんなことに時間を割きたくないとさえ思っています。ましてや家の中から外の通行人に声をかけて中に招き入れたりはしません。それどころか，見知らぬ他者はすべて「不審者」であると考えられることさえあるでしょう。

　「外」に対して開放的でも無防備でもなく，「外」をほとんど信頼していないということもあるでしょう。「外」を信頼していないということには，「他者」を信頼していないということを含むと考えることもできます。だから縁側の代わりに「不審者」の侵入から住居を守る高い塀やフェンスが必要であり，外界の他者を完全にシャットアウトすることを求めようとするのです。

　現代では，かつて縁側越しにコミュニケーションをとっていたはずの通行人が「不審者」として見られるようになり，「セキュリティ」（防犯）という概念が日常生活の隅々に浸透するようになってしまいました。統計上では治安がよい日本でありながら（後述），「不審者」としての他者がプライベートを侵害しないように防犯カメラがあちらこちらに設置されるようになっています。ここには，すべての他者があたかも犯罪者であるかのような，徹底した「他者への不信」を見ることができます。このように，現代の日本は「安心社会」でもなく「信頼社会」でもない状態にあるといえるのかもしれません。

銃を手放せないアメリカ人

　マイケル・ムーア監督の映画『ボウリング・フォー・コロンバイン』は，銃

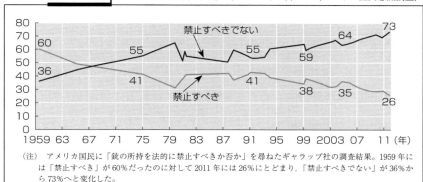

図9.1 銃の所持を法的に禁止すべきか否か？（アメリカ国民意識調査）

（注）アメリカ国民に「銃の所持を法的に禁止すべきか否か」を尋ねたギャラップ社の調査結果。1959年には「禁止すべき」が60％だったのに対して2011年には26％にとどまり、「禁止すべきでない」が36％から73％へと変化した。
（出所）http://www.gallup.com/poll/150341/record-low-favor-handgun-ban.aspx

犯罪が多発するアメリカで、なぜ銃規制をすることができないのかを暴いたユニークなドキュメンタリー映画です。映画のなかで、銃規制をできない理由として、アメリカ人の多くが「自分の身を守るために銃が必要だ」と考えているという分析がなされています。すべての国民が1人当たり1丁以上の銃を所持しているとされるアメリカでは、「相手が銃をもっているかもしれないなら、自分ももたなければ身は守れない」と考える者が多いといいます（図9.1）。

こうした「防犯」の意識が生みだされる背景には、まさに「他者への不信」があると考えられます。他者が銃をもって自分に危害を加えたときに備えて、自分ももたなければならないという発想です。しかしよく考えてみれば、なぜ多くのアメリカ人は「他者が銃をもって自分に危害を加えてくる」という前提でものごとを考えているのでしょうか。誰かが急に襲ってくることはないと多くの人が思っている社会ならば、「もしものとき」に備えておびえて銃を用意しておく者はいないはずです。少なくとも、「縁側」のあったかつての日本では、誰も「もしものとき」を想定して銃におびえて暮らしてはいなかったはずです。

たしかにアメリカの銃犯罪の発生率は他国よりもはるかに高いとされています。しかしそれにも増して、人々は「もしものとき」を強く意識してしまうあまりに、実際の犯罪発生率よりもその「予測」が高く見積もられてしまうのです。過剰な恐怖心や防犯意識が相乗効果を生み、銃による「武装」をエスカレートさせているということです。

1　他者への不信を知る　● 203

これを犯罪学では「体感治安」といいます。犯罪認知件数や検挙率など統計的に示される客観的な数字とは別に，人々が感覚的・主観的に感じている治安の状態を表すものです。つまり，アメリカにおいては人々の体感治安がきわめて悪く，実際の犯罪発生数・率よりも多くの人々が過剰に「身の危険」を（勝手に）感じているということがいえるのです。

「体感治安」と犯罪統計

　日本でも，日々メディアが報道する犯罪のニュースや，駅や電車内で流れるセキュリティ意識を高める放送などに高い関心が払われ，防犯意識を高めるように導かれています。こうした環境やふるまいが体感治安の悪化となってあらわれることがあるようです。

　警視庁「『体感治安の向上と身近な犯罪の被害防止』について」（2013年5月：平成24年度けいしちょう安全安心モニター調査）によると，「昨年1年間の（東京）都内における犯罪の発生件数は，一昨年と比べてどうなったと思いますか」という問いに，32.5％の人が「とても増えた・少し増えた」と答えており，「とても減った・少し減った」（18.7％）よりも多くなっています。また，「街で発生する暴力事件は，増えていると感じますか」という問いには，45.1％が「とても増えている・増えている」と答えており，「とても減っている・減っている」は7.3％にすぎないとされています。

　ちなみに実際の犯罪統計を見てみると，日本の刑法犯の認知件数は過去10年にわたって大幅に減少し続けており，2002年に369万件あったものが2013年には191万件まで減っています。2013年の件数は前年比5.8％減であり，「殺人」や「強盗」といった凶悪犯罪が減っていることと，特に「窃盗」の大幅な減少が確認されています（法務省『平成26年版 犯罪白書』）。

　M. デイヴィスという社会学者が述べているとおり，「社会が脅威を認識するのは，犯罪率の高さゆえにではなく，セキュリティという概念が流通した結果」であるということがいえるでしょう（デイヴィス 2001：190）。犯罪率が高まったから防犯が必要になったのではなく，他者への不信の高まりと防犯意識の高まりが相乗効果を生み，その結果，高い塀や防犯カメラが求められるようになったにすぎないということです。銃で襲われることを恐れるあまりに自分

も銃を所持しようとするアメリカ人と並び，過剰な防犯意識をもち，「他者への不信」をつのらせる日本人が増えていることを，体感治安の高まりが示しています。

福祉の当事者への不信

　ホームレスや精神障害者に対する人々の嫌悪や恐怖の意識もまた，「他者への不信」の1つの姿であるといえます。都市部では，住居を失って路上生活・野宿生活を強いられている人々（以下，ホームレスとする）が，公園や河川敷などで生活をしています。しかし，こうしたホームレスを街で見かけた際に，彼らがどんなに衰弱し，死にかけていたとしても，積極的に近づいて会話をしたり，手助けをしたりしようとする者は少ないでしょう。ホームレスはたいてい「怖い人たち」だと思われていて，誰もが不信感をもって近寄らないようにしているのです。

　多くの人々が，ホームレスとほとんど直接的な関わりをもった経験がないにもかかわらず――あるいは彼らの経験を想像したことさえないからこそ，彼らに対してはじめから恐怖や嫌悪の意識をもっています。その結果，全国各地で「ホームレス襲撃事件」が幾度となく起こっています。これは穏やかなことではありません。事件は中高生によって引き起こされることが多く，それは他者への不信をつのらせる若者が多いことのあらわれであり，社会の縮図です。

　精神障害者に対する偏見もまた根強く，彼らが「スピリチュアル」な存在として畏怖の念を抱かれていた時代から長く続くものです。けれども，人々の間に精神障害者への恐怖と嫌悪の意識が過剰に増幅した歴史は，必ずしも長くありません。日本では，近代（明治）以降になってから，精神障害者は隔離され，「私宅監置」あるいは精神病院に収容されるようになり，そして「不審者」や犯罪者とみなされるようになってきたと考えられています（芹沢 2005）。その延長で，現代においても精神障害者が地域で暮らすことを人々は恐れています。ホームレスと同様に，多くの人々が精神障害についてよく知らないにもかかわらず――知ろうとする経験さえないからこそ，彼らに対してはじめから不信の念をもっていると考えられます。

　社会福祉のキーワードに「NIMBY」（ニンビー）という言葉があります。そ

れはまさにホームレスや精神障害者のような福祉の当事者への不信が生みだした一般市民の態度をあらわしています。「NIMBY」の事例を1つ紹介しましょう。

> **CASE-2 ●グループホームに反対する住民**
>
> 　A市で障害者等に対する支援をしているNPO法人「ひまわり会」（仮名）は，新たに精神障害者のためのグループホームを地域に開設しようと計画していました。その法人にとってグループホームの開設は数軒目であり，十分な理念と実績にもとづく開設計画でした。
> 　ところが，計画したグループホーム周辺の地域住民は「精神障害者の施設」と聞いて，その開設に難色を示しました。住民たちは町内会を通じてその法人に対して「まずは住民に対して説明会を開催してほしい」と要求してきました。
> 　町内会主催の説明会が開催され，ソーシャルワーカーである法人スタッフらがグループホームの開設計画とそこでの支援の中身について丁寧に説明をしました。説明を聞いた住民たちは，当初から理解ではなく憤りをあらわにしてその場で次のような質問や要求をスタッフに対してぶつけてきました。
> 　「精神障害者は怖いし，地元で犯罪が増えては困るので，そういう施設を私たちの町につくることには反対だ」
> 　「そういう施設は人のいない場所につくるべきだ。どうして私たちの町につくるのか」
> 　「もし入居する精神障害者が私たちに危害を加えるようなことがあったら，あなたたちはどう責任をとってくれるのか」
> 　こうして地域住民たちは「私たちの町に施設をつくらないでほしい」「うちの近所／裏庭はやめてくれ」（Not In My BackYard）と強く要求をしてきたのです。

こうした声こそがNIMBYです。社会福祉施設等を設置するにあたって，全国の多くの地域ではたびたびこうした地域住民とのコンフリクト（対立）があらわになっています。市民は精神障害者に対して相当な不信を抱いているということがわかります（ちなみに，グループホームは社会福祉施設ではなく，シェア住宅にすぎません）。

地域住民らの反対の結果，この法人は精神障害者のグループホームを設置することをあきらめざるをえなくなり，そして障害者が地域で暮らすというノーマライゼーションの街づくりがストップします。精神障害者という「外部」をシャットアウトしたことで，元からいた地域住民のコミュニティだけに「安心」がもたらされたのです（NIMBY または「施設コンフリクト」については，平岡ほか 2011：291 参照）。

生活保護受給者への非難

　生活保護受給者に対する非難やバッシングもまた「他者への不信」と大きく関わっています。週刊誌やテレビでは，たびたび生活保護の「不正受給」を題材にした「ネガティブ・キャンペーン」が展開されることがあります。そのような記事や番組は，生活保護受給者に対する人々の不信をあおり，「弱い者」をバッシングすることで読者・視聴者に優越感をもたせる「格好のネタ」となります。

　2012 年に，ある週刊誌がお笑いテレビタレントの親族による生活保護の「不正受給疑惑」を記事にし，それに連動して生活保護バッシングがメディアを席巻するという出来事がありました。1 つの週刊誌が「不正受給疑惑」を記事にしてからわずか数週間のうちに，たちまち別の雑誌，テレビ番組，そしてインターネットなどを通じて生活保護（受給者）批判が全国に拡大していったのです。

　この「ネガティブ・キャンペーン」では，当初は特定の（テレビタレントの親族の）生活保護受給者の「不正受給」を題材にすることからスタートしたのですが（実際は不正受給には当たらなかった），しだいにエスカレートして生活保護受給者のすべてが，そして「生活保護制度」自体が批判されるという異常事態となり，生活保護のいっそうの選別化への要請を世論としてつくりあげる結果となりました。さらには生活保護（受給者／制度）への不信感の高まりは，生活保護基準の引き下げや保護の抑制を求める主張となって広がり，宿泊所事業や生活保護の申請支援をことごとく「貧困ビジネス」であると非難する保守政治を台頭させ，ポピュリズム（大衆主義。理性的な思考よりも，少ない情報をもとに，情緒や感情によって態度を決める大衆に迎合すること）を形成させるまでに至っ

たのです。

　多くの人々は生活保護受給者に対して不信感をつのらせ，彼らに対して逸脱者としてのラベルづけを行おうとする傾向があります。生活保護受給者は怠け者や浪費家が多く，税金の無駄遣いをしている，生活保護受給者は自立意欲がなく，制度に依存して甘えている，すなわち，生活保護受給者とは「福祉依存者」であり，生活保護はそのような者を生みだす悪い制度である，と。こうした認識によって，多くの市民が生活保護受給者を，そしてその制度自体を信頼しないという現実があることが明らかになりました。

 他者への不信を考える

▶消費，監視，排除と包摂

　私たちの日常は，残念なことに「他者への不信」であふれています。街を行く「不審者」に対して，あるいは衰弱・疲弊したホームレスや精神障害者に対して，私たちは必要のない恐怖や脅威を感じたり，社会や経済にとっての「お荷物」（＝依存者）であると感じたりすることがあるのではないでしょうか。なぜそのようなことになっているのでしょうか。そして，不信の増幅はどのような結末をもたらすのでしょうか。

消費される「不信」

　前節では，市民が「他者」に対して不信を抱き，体感治安を悪化させている現状について見てきました。その結果，他者への恐怖や非難の感情が生じ，不信が拡大再生産されていることを理解できました。
　「不信の再生産」が導かれる背景には，それを「消費」している私たちの日常があると考えられています。たとえば，テレビをつければ犯罪のニュースばかりが流れています。コンビニに強盗が入り現金を奪われたとか，振り込め詐欺にだまされたとか。さらには，公園で裸になっていた男が逮捕されたとか，その「犯人」は公園でアルコールを飲んでいた「住所不定者」であるとか，「露天商」や「塗装工」であるなどといった人物像までもが流布されています。

CHART 図9.2 防犯意識を高める警察のテキスト

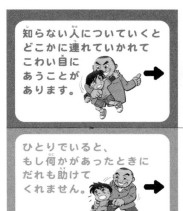

（出所）警察庁生活安全局『みんなで気をつけようね：子ども防犯テキスト』：5-6（警察庁ホームページより）。

これらを垂れ流すマスメディアと，これらを好んで視聴する私たちがいます。こうした構図のなかで，とりわけ「理解困難な他者」に対する不信が作為的に増幅され，消費されているのではないかと考えられます。

地域や学校では，警察官などを招いて防犯について住民や子どもたちを啓発する「防犯教室」と呼ばれるイベントがしばしば行われています。こうしたイベントで配布されるテキスト『みんなで気をつけようね：子ども防犯テキスト』（警察庁生活安全局発行）は，子どもたちに「知らない人とはコミュニケーションをとってはいけない」と教えています。いわく，「声をかけられたら離れる」「何回も話しかけられたら離れる」が身を守る基本であるといい，防犯意識を高めることを強調しています（図9.2）。

社会学者の芹沢一也によれば，人々の防犯意識の高まりによって防犯を消費する社会がつくりだされ，さらに進むと防犯を「エンターテイメント化」する社会へと展開していくといいます。人々は防犯やセキュリティを好きこのんで摂取し，エンターテイメントとして成り立たせているのです。テレビの犯罪のニュースはもちろん，子どもたちを対象に学校の行事やレクリエーションとして実施される防犯教室（ゲーム感覚で参加できるイベントとして実施されることが多

い）も，エンターテイメント化された結果だということです（芹沢 2005：208-18）。

　防犯が消費されている例をもう1つ挙げてみたいと思います。警視庁のウェブサイトには，「警視庁管内不審者情報」という情報提供のページがあります。これは，交番などに寄せられた地域の「不審者」に関する通報や目撃情報などをリアルタイムで公開するとともに，希望者には電子メールで自動配信するというシステムになっているそうです。そこには次のような「不審者情報」が地域ごと日付ごとに整理されて掲載されています。

> 〈不審者情報〉
> 　掲載日：8月28日（水）中央区 久松警察署
> 　8月27日（火），午前8時50分ころ，中央区日本橋浜町2丁目の路上で，生徒が通行中，男に声をかけられました。／声かけ等の内容：かわいいね。付き合ってくれ。手をつなごう。／不審者の特徴：30歳代，160cm位，緑色っぽい上衣，外国人風，徒歩。

　同ホームページでは，こうした「不審者情報」が毎日何件も延々と掲載されています。そしてこのような不審者情報や犯罪のニュースに対して，人々は「怖いね」「気をつけないとね」とつぶやきます。芹沢は，情報が消費され，循環することによってエンターテイメント化が進んでいく社会を「ホラーハウス社会」と呼んでいます。それはまさに，お化け屋敷（ホラーハウス）のように，（お化けの／犯罪の）恐怖に立ち向かいながら，仲間同士や家族・地域が団結して「ゴール」をめざすというエンターテイメントであり，「快楽」として消費する，いわゆる「スペクタクル」が形成されているのです（芹沢 2006）。

　私たちは，過剰な「他者への不信」とそれに対するセキュリティの意識をもつように導かれており，さらにそれらがさまざまな「エンターテイメント」の機会を介して展開され，消費されていることに注意を払う必要があるでしょう。

他者を排除する社会

　「他者への不信」が高まっている2つ目の理由を，第6章でも紹介されているJ.ヤングによる社会構造的な分析を用いても説明できます。

ヤングは『排除型社会』のなかで，1960〜70年代に見られた同化主義（「みんな同じ」）を基調とする社会（それは「安心社会」でもあった）に対して，その後の社会は貧困者や生活保護受給者への不寛容，犯罪処罰の厳格化（逸脱する者は絶対に許さない），そして文化本質主義（異質な者は本質的・絶対的に異質であるとの理解）を基調とする「排除型社会」として展開してきたと論じています（ヤング 2007：28-48）。

　たとえば日本では，1990年代に「ホームレス」が社会問題化し，当初それが個人の態度や道徳的な問題であると論じられました。その結果，彼らによる，公共施設の「不法占拠」や資源ゴミの「持ち去り」が犯罪や治安に関わる問題として語られるようになりました。ホームレスが公園や河川の土地を勝手に「不法占拠」している，空き缶などの資源ゴミを勝手に持ち去って転売しているといったことが通報され，取り締まりを強化すべきだという世論の高まりがありました。実際には，他に行き場がなくて公園で過ごしていたにすぎなく，また他に収入源がなくゴミのリサイクル収入しかあてにできなかったにすぎなかったわけです。こうして，「目障りな貧困」を監視し，それに対する制裁を正当化する，いわゆる「ゼロ・トレランス」（寛容でないこと，厳罰化）が進行したのです（酒井 2001）。

　社会全体にわたってこうした「文化本質主義」的（後述）な人間理解が進むなかで，「犯罪をくりかえす精神障害者」「堕落した生活を送るシングルマザー」「勉強せず怠惰なためにニート化する若者」といった偏見に満ちた「他者」理解（誤解）が展開されてきました。「生活保護受給者は就労意欲がなくギャンブルが好き」「外国人は犯罪者が多い」といった誤った人間理解も同様です。社会の最底辺の人々＝「下流」（アンダークラス）には，このような「理解困難な他者」が多くいるとメディアは扇動し，彼らがモラルハザード（道徳的危険，倫理を欠いた行動）を起こさぬよう生活保護を「適正に実施」することが導かれてきたのです。

　文化本質主義とは，本来多面性をもつ人間の一側面をその人のすべての「本質」であるととらえ，「本質的にダメな人間」であると敷衍して（おしひろげて）理解しようとする姿勢や思考のことです。私たちは「本質的にダメな人間」とみなした者を「救済に値しない者」としてできるだけ社会の外部へと追

いやろうとし,「私たち」とは大きな隔たりのある「他者」であると強調しようとしがちです。ホームレスや精神障害者や外国人のいない社会,彼らを完璧に管理し,逸脱者には制裁を加えるような統制された社会を求めます。こうして「他者」を信頼することなく徹底的に排除していきます。これが「排除型社会」の特徴です。

監視社会

「他者への不信」を生みだす社会構造をもう1つ別の角度からとらえるなら,「監視社会」という概念を用いた説明も可能です。

縁側のある日本家屋に代わって,現代の私たちの住居として一般化しているのが,団地やマンションなどのように完全に個室化された集合住宅です。特に近年都市部に増加するマンションにおいては,建物の入り口に自動扉(いわゆるオートロック・エントランス)があって住人だけが鍵を開けて入れるような「ゲート付きコミュニティ」が築かれています。ゲート付きコミュニティの重要なところは,ゲートによって物理的に住人以外の他者を排除するというその構造に加えて,威圧的なまでに張り巡らされた塀やフェンスと,そこに無数にセットされた監視カメラが視覚的・心理的に「不審者」の侵入を抑止するという点にあります。アメリカでは「ヴィレッジ」などの名称で,建物だけでなく町や地域全体がゲート付きになっているコミュニティが普及しています。

ゲート付きコミュニティでは,住人は安全を手に入れるために自ら進んで社会から自分たちを隔離しようとします。社会学者の酒井隆史の説明によれば,ゲート付きコミュニティとは「自らの属する居住地の特定の拡がりをすべてプライヴァタイズ(私有化)することによって」,他者という「異質物の侵入」を排除する「自己隔離の空間」であるとされています(酒井 2001:270)。ここでは,「理解困難な他者」を排除するために,自分で自分を社会から隔離してしまうという現代人の滑稽な姿がとらえられています。

ゲート付きコミュニティや監視カメラは,私たちが進んで管理されるための装置として機能しており,その点でこれまでの監視社会とはいささか趣が異なると考えられます。これまでの(近代社会の)監視とは,社会学者のM.フーコーが「規律訓練による主体化の装置」として見いだした学校や刑務所のよう

に，規範を内面化した自己をつくるよう仕向けることで社会統合をもたらすことをめざすものでした。第**8**章では，そのようにはたらく力を「生かす権力」として説明しました。この規律訓練による主体化の権力がいっそう強く作動する現代の監視社会では，社会や規範が私たちに監視を強要してくるのではなく，ついに私たち自身が好きこのんで自分たちを監視し，管理しはじめたのです。

社会学者の D. ライアンは，人々が積極的に相互監視しあう社会の姿をとらえています。彼のいう監視社会の特徴の1つは，積極的なモニタリングやデータ集積をともなう相互監視によって，ある種の透明性の高い合理的な社会がつくられている点に見いだされます（ライアン 2002）。たとえば，人々が「メタボ（リック症候群）」を嫌うようになり，同時に健康や予防医療の意識が高まることで，生活習慣病になる確率が統計学的に抑えられ，社会全体の疾病の予防と医療費の抑制が可能となります。人々は自ら進んで健康を望み，身体や病気のデータを会社や医療保険者に蓄積し，そして「正常値」から外れそうになるとただちに予防医療にかかったり，ジムでトレーニングしたりするよう指導されます。そして「正常値」から外れてしまった慢性疾患や肥満の状態にある者は，やがて就労の機会を失い，社会から排除されていくのです。

予防医療や健康管理によって個人の生活や生命の完全な管理・モニタリングが行われるようになり，社会全体としてはある種の合理性がもたらされるわけです。しかし，監視社会は私たちを過剰に包摂して合理的に管理しようとする社会なので，その結果相互に息苦しい社会でもあるわけです。特に自己管理のできない者（つまり，自立した「主体」となれない者）は逸脱者となり，社会から排除されてしまうことになります。病気や障害がある，不健康であるというだけで，社会から排除されるのです。

包摂を求める社会

以上のように「他者」の排除が進む一方で，近年においては，「他者」は本質的に異質な者というよりも，「物質的あるいは道徳的に不利な立場にあるために苦しんでいる者」と再解釈されることがあります。他者は規律訓練しだいで包摂できる（社会に取り込める）とする考え方が，洗練されたかたちで社会に浸透しはじめてきたということです。

とはいえ,「理解困難な他者」の存在を認めつつも,他者であるマイノリティのアイデンティティを承認する（マイノリティの価値を認める）のではなく,メインストリーム（主流）の価値に従わせるかたちで社会に包摂しようとする政治が強化されるようになっています。マイノリティには「教育と就業機会」を与え,そして排除を回避する「慎重な援助」を提供する必要があると論じられます（ヤング 2008：20, 53-56）。これが近年じわじわと支持されつつある「包摂型社会」です。

2004年に厚生労働省に設置された「生活保護制度の在り方に関する専門委員会」の報告書にも次のようなくだりがありました。生活保護の「被保護者は,自立・就労支援施策を活用することにより,生活保護法で定める『能力に応じて勤労に励み,支出の節約を図り,その他生活の維持,向上に努める義務』を果たし,労働市場への積極的な再参加を目指すとともに,地域社会の一員として自立した生活を送ることが可能になる」。

この報告書の記述に象徴されるように,これまで「排除」されてきた人々を,社会は一転して「包摂」しようとする動きがあります。「ソーシャル・インクルージョン」（社会的包摂）が社会福祉政策のキーワードになっているように,逸脱者を社会に取り込んで管理し,あるいは予防的な取り組みを整備することで新たな社会統合＝統治をめざそうとするのが政治のトレンドです。日本の社会福祉では「自立支援」という言葉でこれが展開されているととらえることもできるでしょう。

なぜこうした「排除から包摂への転換」が見られるかといえば,現代ではコミュニティが破壊しつくされ,人々の帰属やアイデンティティが完全に不安定・不確かなものになってしまったからだとされています。不確実性の高い,まさに「安心社会」の崩壊です。そこで,社会統合＝統治の原理としての「排除」は通じなくなり,新たに「包摂」が求められたというわけです。現代社会を支配する価値の1つである「功利主義」が,こうした「包摂」による人間の合理的管理を求めているとも考えられます。

包摂されることになる者（これまで排除されてきた者）は「秩序を強化する助け」（ヤング 2008：20）となる存在であるとされ,そのために彼らの「異質性」が容認されることがあります。このようなかたちで,排除されてきた「理解困

難な他者」の存在が認められることを「他者化」と呼ぶことができます。皮肉なことに，新たな社会統合＝統治のために社会は「他者化という魔術」を必要とするようになったわけです（ヤング 2008：26）。

このように，社会の統合や人間の合理的管理を目的に「包摂」が進められ，そしてそのためにマイノリティの異質性が認められたとしても，それは当事者が望む福祉とは異なるものになるだろうことが想像されます。したがって，近年もてはやされている社会的包摂政策は，当事者にとっては半ば強制的な就労支援策などを通して規律訓練と監視を強化する結果を導く可能性があると批判されているわけです。

以上のように，消費社会，監視社会，排除型社会，包摂型社会というキーワードを使って，他者への不信がもたらされる背景とその結果起こる諸問題を整理してみました。このような社会は，「他者」とされた当事者（この節の冒頭で掲げた異質性を有するとされるマイノリティの人々）にとって生きた心地のしない社会であり，彼らの生を否定する社会だといえるでしょう。

3 他者への不信に挑む

信頼にもとづくソーシャルワーク

「他者への不信」が拡大する現代社会において，社会福祉の営みは信頼を構築するプロジェクトであるといっても過言ではありません。障害者や「外国人」といった異質性を有し，理解困難だとされる「他者」に対して，信頼にもとづいてアプローチし，社会的連帯を築こうとするのがソーシャルワークの倫理だからです。

たとえば，近年欧米で展開されている更生保護領域におけるソーシャルワーク実践は，信頼に基礎を置く倫理的な取り組みの1つだと見ることが可能です。生活に困窮する者や障害のある者が「やむにやまれぬ犯罪」を起こすことがあります。空腹に堪えかねてスーパーで飲食物を万引きしたり，無銭飲食をしたりするといった犯罪です。そのなかには，認知症の高齢者や知的障害者・精神

障害者も多く含まれています。彼らの多くが家族を失い、就労の場もなく、あるいは住居も失い、所持金ゼロのホームレス状態で罪を犯します。

　生活に困窮する者や障害者が罪を犯すという問題は、世界共通に発生しているようです。しかし、その対処方法については各国それぞれの考え方があってかなり異なる状況になっています。たとえば、アメリカやオーストラリアなどでは、犯罪者のうち、ドラッグとアルコールの依存症者等については「特別の法廷」が設けられ（依存症は精神障害であるため障害者として扱われる）、刑罰の代わりにできるだけ再発を防ぐための福祉や医療のプログラムを用意しています。この特別法廷では、裁判官は当事者にドラッグやアルコールによる依存症の改善を促すプログラムに参加させ、同じ依存症を抱えた仲間と地域で暮らすことを要請するなど、刑罰を決定するより先に福祉・医療を施し、居場所を提供し、依存症が原因で再犯をさせないことに力を注ぐのです。

　統計的には、依存症者の場合、ドラッグやアルコールの依存状態が改善されなければ、受刑後も高い確率で再犯してしまうことがわかっています。これらの国々では、刑務所に収容して懲役刑を科すことよりも、依存症を治療して再犯させないというソーシャルワークが優先的に展開されているということです（浜井 2012）。

　またヨーロッパでは、重大犯罪でないかぎり高齢者が軽微な犯罪によって実刑を受けることはないとされています。というのも、高齢者の軽微な犯罪のほとんどが、貧困や認知症を背景とした万引きや無銭飲食だからです。こうした高齢者に必要なのは、年金と医療、暖かい住居、そして孤立化しないような社会参加の場であると考えられます。それらが満たされれば、高齢者による犯罪の多くをなくすことができるという発想の転換がなされています。

　このような理解のもとで制度化された欧米の更生保護システムは、当事者に対する「信頼」を基礎にした司法福祉の実践であるといえるでしょう。当事者が本質的に「犯罪者」でないという理解をもとに、彼らの更生を信じ、彼らが自立しようとする意志に対してケアを提供しようとします。ドラッグやアルコールの依存状態に陥ると、当事者はもちろんその状態から抜け出したいと考えます。身体はキツいし、お金もかかるし、家族や友人にも見捨てられ、孤独です。こうした当事者に対して、「不信」を前提とした（「またやるのではない

か?」という）処遇を行うとしたら，精神病院に強制入院してもらうか，できるだけ長期間刑務所に収容してしまうかといった暴力的な隔離しか道はありません。これが日本の一般的な処遇です。

　暴力的な刑罰や隔離よりも信頼にもとづくソーシャルワークを施す欧米の更生保護によって，心身の安定，収入や住居の安定を手に入れた当事者の多くは，かなりの高い割合で穏やかな生活を取り戻し，再犯に至らないことが実証されています（日本犯罪社会学会編 2009）。いわば，「支えられながらの自立」をめざすということです。ここでは，不信にもとづいて当事者を管理するのではなく，信頼にもとづいて当事者をエンパワーするソーシャルワークが追求されていると見ることができるでしょう。

他者に対して責任をもつ

　最後に，社会福祉はなぜ他者とともに生きる社会を築こうとするのか，どのような倫理にもとづいて他者と関わろうとするのかを考えることで，不信に挑むためのヒントを探してみましょう。

　2011年3月11日に起こった東日本大震災は，被災者だけでなく日本と世界の多くの人々に今後私たちがどのように生きるべきかを問いなおす契機を与えました。地震および津波の被害を受けた被災者の多くは，家族や大切な人を失った激しい悲しみと悔しさ，そして自責の念に苦しめられました。また当初避難所に入った被災者は，死者や遺族・家族に対してはもとより，避難所等で暮らす見知らぬ他者同士でも気づかいをし，「最も苦しむ者」への配慮を欠かさないふるまいをしていたとされています。彼らはつねに「自分よりももっとつらく苦しい思いをしている人がいる」といって気づかいをしあっていました。

　被災者ではない多くの人々は，メディアを通して，あるいはボランティアとして直接現地の人々と向き合い，こうした被災者の思いやふるまいに触れて強く心を打たれました。被災者の苦しみに対して私たちは自然と「関心」以上の思いをもったのです。そして自分よりも「もっと苦しんでいる者」への気づかいをする被災者の言動に驚きました。

　そこで，多くの市民は被災者のために「何かしたい」と思い至ります。「助けてあげよう」という恩着せがましい（パターナリスティックな）気持ちではな

い，「何かしなくては」という他者への思いです。恩着せがましい気持ちでは，苦しみを抱いた被災者と真摯に向き合うことは到底できないし，彼らの苦しみを想像することができないことにすぐに気づきます。悲しみや悔しさを少しでも分け合い，求めに応えたいという自然な気持ちが芽生えるのです。そして苦しみを共有したいという感情が育まれます。

　被災者ではない人々にとって，被災者はいわば「他者」となります。被災者と同じ苦しみを体験することはできないし，被災者と同じ感情を抱くことはありません。しかし，私たちは「他者」である被災者から発せられた苦しみに向き合い，それに応えようという思いをもつことができます。被災者の苦しみに関心をもち，分け合い，求めに応えようとすることを通して，私たちは他者に「責任」をもつということを体験します。

　この責任とは，他者に対する**応答責任**（responsibility）を意味しています。私たちは，被災者の苦しみを知ってしまった以上，自分には何ができるのか，何をすべきなのかを考える責任を背負うことになります。「他者」がもつ悲しみや苦しみを共感，共有することは，他者に対して責任をもつということです（クラインマンほか 2011；野崎 2015）。このように「他者」とは，元来「責任をもつべき他者」として存在しているのです（児島 2002）。

　悲しみや苦しみの体験は，私たちの社会に「他者に対して責任をもつ」あるいは「義務を負う」という倫理が存在することを思い出させてくれます。他者とともに社会を築き，生きていかなければならない理由は，この応答責任にもとづくと考えることができるでしょう。

リベラリズム・功利主義に抗する倫理

　他者との関係から生じる責任，そして義務こそが「倫理の原初的なかたち」であると考えられています（野崎 2015）。私たちが最後にたどりつき，また個人でも実践できるのが，こうした倫理ではないでしょうか。これを「**ケアの倫理**」と呼ぶことができます。

　この倫理は，現代社会を支配するリベラリズムあるいは功利主義と真っ向から対立します。功利主義は「最大多数の最大幸福」をもたらす行為が正義であるとする考え方であり，正当な行為を選択する1つの基準です。功利主義に支

配された現代社会では,他者への責任や義務というよりも,「最大多数の最大幸福」というルールにもとづいて最善の選択が行われているにすぎません。リベラリズムや功利主義と「ケアの倫理」との対立の超克に関する議論は,現代の倫理学やフェミニズムの大きなテーマとなっており,多くの示唆を与えてくれます(岡野 2012)。

　私たちは,東日本大震災の直後,「他者」である被災者の苦しみに対して応答責任を感じる機会を得ました。「他者への不信」が蔓延する現代ですが,市民がまだ他者に対して向き合おうとする気持ちをもっていることが証明されました。また他者は「わたし」が存在する前からいて,応答する責任を果たすよう「わたし」に投げかけてくる存在であると考える議論もあります(児島 2002)。さらに,他者には「未来世代の人たち」――子どもたちやまだ生まれていない次世代の生命(未来の他者)を含むべきだという議論や,応答できない他者である「動物」を含むべきだという議論にも注目したいところです(鈴木 2005)。こうしたケアの倫理に立つなら,次世代の子どもたちや動物に対する責任と義務を負うことを重視すべきであり,環境破壊や経済成長を前提とする「生産主義」に依存した社会保障政策の限界を乗り越える方策を考えなければなりません。その手がかりは,すでに第 **7** 章と第 **8** 章で触れたように,市民・当事者を支配しようとする権力や市場経済に過度に依存しない社会をつくることに求められるでしょう。

　社会福祉,そしてソーシャルワークはこうした応答責任という倫理にもとづいて他者と関わる実践を展開していくことを期待されているに違いありません。応答できなかったとしても,人として多様な他者と向き合うことから目をそらさず,問い続けることが求められていることも確かでしょう。他者への不信を増幅させても,人間の合理的管理をつらぬくという結末しかもたらされないのです。

POINT

☐ **1** 犯罪率が高まったために防犯が必要になったのではなく,他者への不信と防犯意識が高まった結果,体感治安が悪化し,よりいっそうの防犯が求められ

るようになっている。
- □ 2 集団主義的で協調主義的である「安心社会」に対して，諸個人の信頼によって成り立つのが「信頼社会」である。
- □ 3 防犯対策のキャンペーンや生活保護受給者へのバッシング報道というかたちで，他者への不信が消費され，エンターテイメント化されている。
- □ 4 ホームレスや精神障害者に対する地域住民の偏見や不信を背景に，社会福祉施設の設置反対の声があがることがある。「うちの近所はやめてくれ」（Not In My BackYard）という意味で，こうした主張は NIMBY（ニンピー）と呼ばれている。
- □ 5 監視社会とは，社会や規範が私たちに監視を強要してくるのではなく，私たち自身が好きこのんで自分たちを監視しようとする社会のことである。
- □ 6 福祉的ニーズを抱えた犯罪者に対して，刑罰よりも福祉・医療を提供する欧米の更生保護プログラムは，当事者を信頼することを基本に，不信を前提とした処遇よりも高い割合で再犯を予防できるとされている。
- □ 7 「他者」からの問いかけや求めに応えようとすることによって，私たちは他者に対する責任＝応答責任（responsibility）を果たすことになる。

引用文献　　Reference

バウマン，Z. 著／伊藤茂訳，2008『新しい貧困——労働，消費主義，ニュープア』青土社

デイヴィス，M. 著／村山敏勝・日比野啓訳，2001『要塞都市 LA』青土社

浜井浩一，2012「日本の刑務所はなぜ社会的弱者でいっぱいなのか」『ホームレスと社会』6

浜井浩一・芹沢一也，2006『犯罪不安社会――誰もが「不審者」?』光文社

平岡公一・杉野昭博・所道彦・鎮目真人，2011『社会福祉学』有斐閣

クラインマン，A. ほか著／坂川雅子訳，2011『他者の苦しみへの責任――ソーシャル・サファリングを知る』みすず書房

児島亜紀子，2002「誰が『自己決定』するのか――援助者の責任と迷い」古川孝順ほか『援助するということ――社会福祉実践を支える価値規範を問う』有斐閣

ライアン，D. 著／河村一郎訳，2002『監視社会』青土社

日本犯罪社会学会編，2009『犯罪からの社会復帰とソーシャル・インクルージョン』現代人文社

野崎泰伸，2015「「共倒れ」社会を超えて――生の無条件の肯定へ!』筑摩書房

岡野八代，2012『フェミニズムの政治学――ケアの倫理をグローバル社会へ』みすず書房

酒井隆史，2001『自由論――「現在性の系譜学」』青土社

芹沢一也，2005『狂気と犯罪――なぜ日本は世界一の精神病国家になったのか』講談社
芹沢一也，2006『ホラーハウス社会――法を犯した「少年」と「異常者」たち』講談社
渋谷望，2003『魂の労働――ネオリベラリズムの権力論』青土社
鈴木覚，2005「環境倫理――コミュニケーションの困難な他者への配慮」河上正秀編『他者性の時代――モダニズムの彼方へ』世界思想社
山岸俊男，1999『安心社会から信頼社会へ――日本型システムの行方』中央公論新社
ヤング，J.著／青木秀男ほか訳，2007『排除型社会――後期近代における犯罪・雇用・差異』洛北出版
ヤング，J.著／木下ちがや・中村好孝・丸山真央訳，2008『後期近代の眩暈――排除から過剰包摂へ』青土社

CHAPTER

終 章

社会福祉学の魅力を考える

1 社会福祉学の実像

　この終章では，社会福祉学の「魅力」について考えることで，これからの社会福祉学のあり方を展望します。その前に，社会福祉学とはどういう学問なのかについて，序章よりも踏み込んで解説します。
　現在，社会福祉学は総体として「福祉システムの実践的な研究を主題とする学問」であることに特化している，というのが本書の現状認識です。この「福祉システム」とは，社会的な必要を充足するために，各種の資源を提供するしくみ全般を指す抽象的な概念です。序章で述べた福祉国家も，福祉政策も，福祉制度も，そして福祉実践も，福祉システムを構成する要素として位置づけられます。
　これまで社会福祉学では，マクロな観点とミクロな観点の両方から，福祉システムの研究が進められてきました。前者は「政策論」（制度政策論，社会福祉政策論），後者は「援助論」（ソーシャルワーク論，援助実践論，相談援助論，福祉臨床論）と呼ばれています。また，その中間には「運営論」（経営論，供給体制論，

計画論）と呼ばれる領域が形成されています（平岡ほか 2011 の序章を参照）。

　社会福祉学では，こうしたミクロ・メゾ・マクロの観点に分かれつつ，福祉システムを適切に作動させるための方法を探る，という「実践的」な研究に力が注がれてきました。福祉システムが適切に作動するとは，合理的・科学的なかたちで社会的必要が把握され充足される（つまり，各種の資源が配備され提供される）ことをいいます。そして，福祉システムを適切に作動させるための「方法」には，さまざまな種類があります。たとえば現金給付・現物給付，社会給付・社会規制，社会保険・社会扶助・社会サービス，社会計画・割当・準市場などの政策技術がこれにあたります。一般に「社会福祉の方法」というと，ソーシャルワークが強調されがちですが，政策も運営も（そしてそこで駆使される各種の技術や手法も）歴とした「方法」とみなせる，ということです。

　社会福祉学では，こうした実践的主題（広義の方法論）とともに，福祉システムの目標や歴史，ならびにその性能や成果を評価するための基準などについての研究も進められてきました。そうした社会福祉学の総論的な基礎研究分野は，**表終.1** のように整理できます。

　また，これら総論分野のほかに，「地域福祉論」「公的扶助論」「社会保障論」「家族福祉論」「児童福祉論」「女性福祉論」「高齢者福祉論」「障害（者）福祉論」など，現実の政策・制度・実践領域に沿ったかたちで，各論的な研究分野が林立しています。これらの各論分野は，福祉システムの展開や専門分化する学問状況に合わせて形成されてきました。大学のカリキュラムや社会福祉士などの国家試験科目は，総論分野とともにこのような各論分野を反映した組み立てとなっています。

　序章でも述べましたが，社会福祉学の全体像を知るには専門事典をひもとくことが有益です。新旧の専門事典の組み立てを**表終.2** から**表終.4** にまとめました。これらの表をご覧になれば，社会福祉学が「福祉システムの実践的な研究を主題とする学問」に特化していることがわかるはずです。

CHART 表終.1　社会福祉学の総論的な研究分野

研究分野	主　題
原理研究	福祉システムの目標・存在理由・作動原理・評価基準
歴史研究	福祉システムとその作動方法の形成と展開
方法研究	福祉システムを作動させるための方法
客体研究	社会問題・社会的必要の発生要因や発生形態
比較研究	各国の福祉システムの歴史・動向・特性

（出所）　筆者作成。

CHART 表終.2　社会福祉学の現在（『社会福祉学事典』〔2014年〕より）

第Ⅰ部　基礎編	
原理・思想	①社会福祉の基本原理・思想（貧困，ノーマライゼーション，自立支援など），②政策に関わる原理・思想（劣等処遇，社会的包摂など），③援助に関わる原理・思想（エンパワメント，利用者主体など）
歴史	①総論（時代・時期区分など），②前近代・近代の救済（近代の救済思想，慈善事業の諸相など），③20世紀以降：戦前（社会事業の思想，民間の社会事業など），④20世紀以降：戦後（経済成長と社会福祉，転換期の社会福祉など），⑤海外からの影響（英，米，独）
方法1 政策と運営	①福祉国家機構の基本体系（福祉国家の体系，再分配機構など），②福祉資源運用の基準と方法（最低保障・基準，裁量，割当，福祉計画など），③福祉改革のパラダイム（準市場，利用契約制度など），④サービス提供主体の運営（公的機関，社会福祉法人，NPOなど）
方法2 ソーシャル ワーク，ケア ワーク	①歴史的展開（源流，統合化など），②ソーシャルワークの価値と倫理（倫理的ジレンマ），多様性など，③ソーシャルワークの過程（アセスメント，評価など），④ソーシャルワークの機能と方法（アウトリーチ，ソーシャルアクションなど），⑤ソーシャルワークを支える理論（システム論，ナラティブ・アプローチなど），⑥現代のソーシャルワークの動向（ジェネラリスト・ソーシャルワーク，災害ソーシャルワーク，国際ソーシャルワークの展開など）
第Ⅱ部　応用編	
生計を 支える	①貧困の諸相（貧困の定義，ホームレスと貧困など），②所得保障の理念と体系（貧困と自立，ベーシックインカムなど），③生計を支える諸制度：所得保障・低所得対策（ひとり親世帯の貧困と児童扶養手当，貧困・低所得者と貸付など），④生活保護制度の動向（生活保護改革など），⑤貧困・低所得をめぐる動向（貧困とソーシャルワーク，貧困と運動〔反貧困運動〕，災害と貧困など）
健康を 支える	①制度・政策・社会（国民皆保険制度の特徴と課題，健康格差など），②実践基盤（保健・医療分野におけるソーシャルワークなど），③当事者理解（障害受容など），④患者・家族の支援（ターミナルケア，精神疾患・障害，災害医療など），⑤地域生活と健康（退院支援・地域生活移行とコミュニティケアなど）

働く・社会参加を支える	①就労支援をめぐる動向（ワークフェア，就労支援 NPO など），②女性を支える（女性の就労と自立，育児休業制度と就労など），③若者を支える（閉じこもり・ひきこもり，若年無業者支援など），④高齢者を支える（高齢者の社会活動支援，ワーカーズコープと就労支援など），⑤障害者を支える（障害者総合支援法と就労支援，障害者所得保障と就労など），⑥海外からの影響（アメリカ，EU，北欧），⑦被災地を支える（被災地復興と就労保障）
育ちを支える	①総論（子ども観の変遷と子どもの権利条約，子ども家庭福祉の今日的課題など），②社会的養護（家庭養護の推進，子ども虐待への対応など），③地域子育て支援と保育・教育（子どもの健全育成施策の展開と課題，生涯学習社会と福祉教育など），④障害のある子どもの支援（発達障害のある子どもへの支援など），⑤ソーシャルワーク実践（子ども家庭福祉とファミリーソーシャルワーク，学校ソーシャルワークの機能と実施状況など）
住まうを支える	①居住支援の基礎理論（公共政策としての住宅政策，コミュニティの居住環境など），②居住型施設と住宅・ケア（施設の住宅化，グループホーム，ユニバーサルデザインなど），③居住支援の政策と実践（災害と住宅，ホームレスと住まい，リバース・モーゲージなど）
人権を支える	①社会福祉と人権を支えるための理論（権利保障の方法，権利擁護の理念と実践など），②社会福祉と人権を支えるための制度（多文化共生と人権保障支援，司法福祉と権利擁護，同和問題など），③社会福祉と人権をめぐる諸問題
家族・地域を支える	①家族を支える（家族の養育機能の変化と養育制度，ひとり親家族への支援，多問題家族など），②地域を支える（コミュニティケアの理念と展開方法，災害時の地域生活支援など），③家族・地域を支える機関と専門職（社会福祉協議会の役割と課題，ボランティア活動と住民参加，地域移行支援など）
第Ⅲ部　研究・教育編	
研究方法	①総論（社会福祉研究の社会的・実践的意義，研究課題の設定と研究デザインの選択など），②社会福祉研究デザイン（質的研究方法論の発展，量的研究方法論の発展など），③研究資料の収集方法・分析方法（社会福祉調査法の発展，文献レビュー・系統的レビューの発展と課題など），④研究成果の公表（論文執筆・投稿ガイドライン）
教　育	①社会福祉専門教育の現状と課題（社会福祉専門教育の変遷：日本，ソーシャルワーク実習教育の課題と展望など），②大学院教育と高度専門職養成・研修（大学院教育における高度専門職教育，ソーシャルワーカーの生涯研修プログラムなど），③海外のソーシャルワーク教育と資格（米，英，韓，中など），④社会福祉教育の新潮流（地域福祉の推進と福祉教育，サービス・ラーニングの動向と課題，災害ソーシャルワーク教育の創出など）
マンパワー・人材	①総論（マンパワー・人材養成確保の体系と課題，福祉の専門職性と資格など），②領域別のマンパワー人材の現状と課題（福祉サービスの運営管理者，災害時の生活支援における福祉人材，地域ケアにおける専門職連携，外国人介護労働者など）

（出所）　日本社会福祉学会事典編集委員会編 2014 の目次をもとに作成。右欄には，各章の下位分類に①②等の番号をふり，（　）内に主な項目を記した。

表終.3　社会福祉学の全体像(『エンサイクロペディア社会福祉学』〔2007年〕より)

I 21世紀社会福祉の戦略	①総論, ②社会福祉の展開基盤, ③社会福祉の政策課題, ④社会福祉運営の課題, ⑤社会福祉援助の課題, ⑥地域福祉としての展開, ⑦社会福祉学の課題と方法
II 社会福祉の展開基盤	①総説, ②社会構造, ③雇用, ④社会保険, ⑤保健・医療, ⑥教育, ⑦住宅, ⑧まちづくり計画
III 社会福祉の歴史的展開	①総説, ②日本の社会福祉, ③イギリスの社会福祉, ④アメリカの社会福祉
IV 社会福祉の思想・理論と研究の方法	①総説, ②社会福祉の理念と思想, ③社会福祉の理論, ④社会福祉研究の方法と課題
V 社会福祉の対象・施策・機能	①総説, ②社会福祉の対象, ③社会福祉の施策, ④社会福祉の機能, ⑤社会福祉の計画
VI 社会福祉の運営	①総説, ②社会福祉運営の原理と原則, ③社会福祉援助の類型, ④社会福祉援助の実施・提供機関, ⑤社会福祉施設, ⑥社会福祉の担い手
VII 社会福祉実践の方法	①総説, ②社会福祉実践の枠組み, ③ソーシャルワークの体系, ④ソーシャルワークのアプローチ, ⑤ソーシャルワークの過程と技能, ⑥ソーシャルワークの実践分野, ⑦ケアワークの方法, ⑧事例研究法, ⑨社会福祉実践の評価
VIII 社会福祉の利用とその支援	①総説, ②社会福祉サービスの利用, ③社会福祉の情報, ④社会福祉の権利擁護, ⑤福祉サービスの評価, ⑥計画・運営への参画
IX 社会福祉の分野	①総説, ②貧困と福祉, ③家族と福祉, ④子ども家庭の福祉, ⑤女性と福祉, ⑥高齢者の福祉, ⑦障害者の福祉, ⑧被災者・被害者と福祉, ⑨司法と福祉
X 地域福祉への統合	①総説, ②社会福祉とコミュニティ, ③地域福祉計画, ④地域福祉の主体形成と福祉教育
XI 世界の社会福祉	①総説, ②各国・地域の社会福祉, ③社会福祉の国際比較, ④国際社会福祉の展開, ⑤国内における国際社会福祉問題

(出所)　仲村・一番ヶ瀬・右田監修 2007 の目次をもとに作成。右欄には各部の大見出しに①②等の番号をふった。

表終.4 社会福祉学の基本体系（『改訂新版・現代社会福祉事典』〔1988年〕より）

社会福祉の原理	①社会福祉の概念，②社会福祉概念の史的変遷
社会福祉の歴史	①日本の社会福祉の歴史的展開，②欧米の社会福祉の歴史的展開
社会福祉の制度	①社会福祉の政策，②社会福祉の法制・行政，③社会福祉の財政，④社会福祉の施設・機関，⑤社会福祉の従事者
社会福祉の方法	①社会福祉の方法の体系，②社会福祉の調査，③社会福祉の計画，④社会福祉の処遇，⑤ソーシャルワーク
社会福祉の分野	①社会福祉の分野とその周辺，②社会扶助，③低所得者対策，④児童福祉，⑤保育施策，⑥障害者福祉，⑦老人福祉，⑧家族福祉，⑨婦人福祉，⑩医療福祉，⑪司法福祉
社会福祉の現代的課題	①現代社会と社会福祉，②社会福祉措置の検討，③社会福祉における公私関係，④社会福祉における住民参加，⑤地域福祉，⑥ソーシャル・アドミニストレーション，⑦国際交流とその課題，⑧高齢化社会における社会施策

（出所）　仲村ほか編 1988 の目次をもとに作成。右欄には，体系項目の下位分類に①②等の番号をふった。

社会福祉学の魅力とは

　学問の魅力を語ることは，自画自賛や自己陶酔的な行為にも，自学の特質や意義を見定めようとする反省的な行為にもなりえます。社会福祉学にはさまざまな魅力を，さまざまなやり方で見いだすことができます。本節では，その魅力について筆者たちの考えを述べていきますが，その前に，これまで社会福祉学の魅力がどのように語られてきたのかを確認しておきます。資料としては，少々古いですが，『新版 社会福祉学がわかる。』（アエラ編集部編 2003）という文献を参照しました。同文献では，名だたる社会福祉学者たちが，初学者に向けて社会福祉学の魅力を雄弁に語っています。その概要は**表終.5**のようにまとめられます。各論者の語りからは，社会福祉学の魅力と特色が十分に伝わってくるはずです。

　では最後に，本書全体のまとめと今後の展望をかねて，圷，金子，室田の順に，それぞれが社会福祉学の魅力をどう考えているかについて簡潔に述べてみたいと思います。

CHART 表終.5　社会福祉学の特色と魅力

言及対象と論者	言及対象の特色	魅　力
社会福祉学全般 一番ヶ瀬康子	社会福祉学は「実践の学」「共生の学」であり，その学びには「熱い胸と冷たい頭」が不可欠である。	社会福祉学の「楽しさ」として次の3点が挙げられている。①実践を通じて社会福祉の意味と方法を学び取りながら，人間の多様性や可能性を知ることができる。②自分の人生に必要で参考となる知識や認識を知ることで，人生の幅と深みが増す。③学びが実際に人の役に立ち，学習とその結果が直にはね返ってくる。
社会福祉学全般 古川孝順	社会福祉学は単なる学際科学や課題解決科学ではなく，人々の生活システムに関する科学である。	社会福祉学は，経済学や社会学などの伝統科学の成果を，人々の生活とその支援を起点にすえるような視点と方法によって再解釈し，人類と地球社会の発展に寄与しようとする新しい総合科学であり，未知数のところはあるが，それだけに魅力的な研究の領域でもある，とされる。
社会福祉原理 京極髙宣	社会福祉原理は，福祉政策，福祉経営，福祉臨床を統合するものである。	国民の権利として位置づけられ normalization を基調とする現代の社会福祉を原理的に究明しようとする点に，社会福祉学（原理論）の魅力が見いだしうることを示唆している。
社会福祉の理念 中園康夫	normalization は，人間の尊厳とその価値に関わる原理であり，つねに改革を志向する積極的政策理念でもある。	normalization 原理の意義を語ることで，間接的にその魅力を示唆している。なお，同原理の実践にとって「最も魅力のあるもの」として，援助者と援助利用者との平等な「関係」づくりが挙げられている。
社会福祉政策 宮田和明	社会福祉政策・制度を研究することは，誰にとっても暮らしやすい社会のしくみをどう構築するかを考えることでもある。	国民諸階層の主体的な取り組みや運動と関連させつつ，国や自治体の政策・制度と経済社会の動向に広く目配りすることの意義を述べ，間接的にその魅力を示唆している。
社会福祉法制 河野正輝	社会福祉法制は，社会福祉の法的な側面を研究する分野である。	「新たなニーズの拡大や多様化への対応」をつねに迫られている社会福祉法制の学びは「立ち遅れている法理論の構築に自ら参加していける魅力に満ちている」としている。
社会福祉行財政 坂田周一	社会福祉行財政の研究は，官民を含む供給体制を視野に入れ，政策や法制度の動きと，これを実現させる方途を探る分野である。	社会福祉行財政の研究は，「制度をめぐって政治家や役人や利害関係のある人がどういった動きをするかを追求するところに魅力がある」としている。
社会福祉史 宇都榮子	社会福祉史の研究は，社会福祉の形成過程を，思想や実践をふまえて明らかにし，社会福祉とは何かを解明しようとする分野である。	記録を残さなかった実践家の活動を，実践家や利用者からの聞き取りによって跡づけていく「オーラルヒストリー（口述の歴史）研究法」は，「未知の領域を切り開く魅力」にあふれている，としている。

社会福祉施設 小笠原祐次	社会福祉施設は，社会福祉サービスのなかでも最も重要な役割を担っているにもかかわらず，その研究はあまり進んでいない。	さまざまな人との「出会い」や，人生を学び合う「人生学校」となりうることなど，研究対象である施設での「仕事の魅力」が語られている。
ソーシャルワーク実践 小松源助	ソーシャルワーク実践は，別個に発展してきた実践・方法を統合し，専門職の共通基盤を明確にしつつ，全体を体系化し直していくことを意図した概念である。	ソーシャルワーク実践において，利用者の実相，援助者の苦闘，両者のパートナーシップがもたらす成果を学び，そこからよりよい実践を発展させていこうとする努力は「社会福祉の真髄」を体得できる「貴重な経験である」と述べて，その魅力を示唆している。
ケアマネジメント 橋本泰子	ケアマネジメントは，地域ケアを推進するための新しい援助方法・技術であり，システムである。	入所型施設に比して低コストで，normalizationや生活の質の理念にもかなう「地域ケアへの志向」を背景に登場したケアマネジメントの意義を語ることで，その魅力を示唆している。
貧困・低所得者福祉 岩田正美	貧困・低所得者福祉は，社会福祉の一分野というより，社会福祉の原点やコアとして位置づけることができる。	人類がいまだにこの問題を解決できないことや，豊かな日本で餓死事件が生じることの理由・要因を解明することに，貧困・低所得者福祉を学ぶ魅力がある，としている。
子ども家庭福祉 髙橋重宏	子ども家庭福祉とは，大人の責任で「子どものウェルビーイング」を促進する社会的な不断の努力を意味している。	この分野の魅力は「将来の社会を担うすべての子どもたちの代弁者として子どもとその親に接し，同時に，いかに子どもの代弁者として社会に発言し，社会の変革に貢献できるかということにある」，としている。
女性福祉 林千代	女性福祉とは，女性であるという性を理由にした重層的な差別をとらえ，支援策を検討しつつ人権の確立をめざすことである。	「支配・被支配関係を軸とする社会構造から不断に発生する女性問題の視点」から，母子世帯や寡婦の生活問題，社会福祉現場のジェンダーバイアスを告発することをはじめ，「女性福祉の魅力は尽きない」，としている。
老人福祉 冷水豊	老人福祉論は，老後・老化問題の解明のために老年学を基礎としつつ，問題に対する政策や援助技術を開発・評価するために社会福祉学を用いる学問である。	老人福祉論は「老年学の実証性と社会福祉学の実践性の両方を兼ね備えた学問であり，そこに魅力がある」，としている。
障害者福祉 高山忠雄	障害者福祉は各論の１つであるが，ライフステージで見ることができない複雑な問題が重複しているところに特徴がある。	障害者福祉は「多様かつ高度化するニーズ」への対応にあたり「学際的研究」が常とされるため，「障害学あるいは障害福祉学としての魅力は計り知れないものがある」，としている。
医療福祉 山手茂	医療福祉とは，病院・保健所等で患者・家族の療養生活問題の相談を受け，社会福祉援助技術を用いて，問題解決をすることをいう。	「保健・医療・福祉の総合化」により，療養・日常生活に悩む患者・障害者の「生活の質」向上や健やかで安定した生活のための支援が期待されていると語ることで，その魅力を示唆している。

司法福祉 佐野健吾	司法福祉とは，非行少年が二度と非行を繰り返さないよう援助するための実践と理論を担う社会福祉の関連領域の1つである。	家裁調査官は，少年たちの信頼や裏切りと格闘しながら非行克服に向けて奮闘している。その実践を「理論的課題として追求することが司法福祉の魅力である」としている。
地域福祉 牧里毎治	地域福祉は，現代版の地域相互扶助システムの追求であり，個人レベルと国家レベルの視点を併せもつ中範囲的な研究領域である。	「個人的な事例から国家的な政策・制度まで含めた視野で物事を考察し，自由奔放にテーマ設定できるところに，地域福祉学の魅力がある」としている。
国際福祉 萩原康生	国際福祉とは，国境を越えて複雑に絡み合っている人間の生活問題を，国境を越えて研究しその解決を図る学問領域である。	国際福祉論は，先進国における福祉国家の興亡だけでなく途上国の福祉問題を扱うことや，外国人居住者の生活問題のような身近な国際問題をも研究対象としていることを挙げ，間接的にその魅力を示唆している。

（出所）　アエラ編集部編 2003：4-45 の記述をもとに筆者が整理した。

社会福祉学の魅力：その1

　こんにちの社会福祉学は，「福祉システムの実践的な研究を主題とする学問」として，福祉システム上で展開される「ゲーム」（必要充足・資源提供ゲーム）をいかに効果的にプレイするかという問題に関心を集中させています。そこに魅力を見いだす人も決して少なくないはずです。しかしながら，社会福祉学の魅力は，そうしたゲームの攻略方法や，優れた「プレイヤー」になるためのノウハウを提供することにとどまらず，その背後に控えている深層レベルの仕掛け（社会構造，社会意識，文化的コード〔規範〕等）にまで切り込んで，個々のプログラムのみならず，それらを駆動させている OS すらも書き換えようとする「ハッカー」的な創造性を触発するところに見いだせると考えます。

　そして，市民をそのような「ハッカー」的創造性の担い手として位置づけ，十全な市民であるための条件（個々人が社会的・関係的な存在として自律的な生を営んでいくための条件）を何が阻んでいるのか，どうすればそうした条件の阻害要因（脆弱性をもたらす要因）を克服し，その促進要因を発見・創出できるのか，といったことを考えていくための材料を市民に提供できるかどうかが，社会福祉学がいっそう魅力ある学問になれるかどうかの分かれ目になると思われます。そのためには，「ゲームプレイ」を超えた思考の自由を追求することが，社会

福祉学に求められているように思われます。本書がそうした自由の追求へと読者が踏み出すきっかけになることを願っています。

社会福祉学の魅力：その2

　東日本大震災によって私たちの暮らしがまさに「バルネラブル（脆弱）」なものであることが明確になりました。加えて，原発事故，環境破壊，財政危機といった，回避が難しくコントロールしにくい社会的なリスクが増大しています。さらには，グローバル化とともに進展する市場経済の価値・原理の強化（ネオリベラリズム）によって，私たちの暮らしは市場に飲み込まれ，「消費社会」のなかに生きる消費者として踊らされています。

　こうした複雑で大きな流れのなかで，社会全体や私たちの暮らしのゆくえを指南し，私たちが何をしたらよいのかを考えさせてくれるのが社会福祉学の魅力だと思います。バルネラブルな私たち皆が直面しているリスクにどう立ち向かえばよいかを考えるヒントを与えてくれます。しかもそのヒントはたいてい身近なところにあり，すでに実践していることも多くあります。他者をリスペクトし，つながること，自分らしさ（アイデンティティ）を大切にすること，そんな実践が社会を変えるきっかけになり，また社会福祉の増進にも役立つのです。「福祉システム」をマクロ・ミクロに研究するという現実主義的で実用主義的な使命を帯びていながら，実は非常に理想主義的で創造的な思考を促すところも，社会福祉学の隠れた魅力のひとつだと思います。

社会福祉学の魅力：その3

　社会福祉の学問と実践において大切なことは，「本当にそれでいいのか」と疑い続けることだと思います。そして，その疑い続けることは終わりのないプロセスです。疑い続けるプロセスはとても面倒なことなので，やめてしまいたくなるかもしれません。しかし，それをやめてしまうと，その社会は風通しが悪くなり，1人ひとりが日々の暮らしのなかで感じるちょっとした違和感を表明することができなくなり，いつしか息苦しいものになってしまいます。

　疑い続けることは，社会福祉学にかぎらずあらゆる学問において当然の営みですが，社会福祉学においては，疑い続けることと現実社会が密接に結びつい

ています。社会福祉の実践にたずさわる人たちは，現場で疑い続けることをあきらめず，そこにある複雑な状況から目をそらすことをしません。そのことこそが社会福祉学の魅力といえるでしょう。つまり，社会福祉学は「複雑な現実」の一部を削ぎ落としたり，単純化したりすることなく，「複雑な現実」としてとらえることに向き合い続ける学問であり，ソーシャルワーカーなど社会福祉の従事者はそのことを現場で実践しているのです（少なくとも，私はそう期待しています）。

　本書は，「不安・不利・不信」という現代社会の「複雑な現実」に正面から向き合ってきました。そして，それを「知り・考え・挑む」ことを試みてきたわけです。本書はその入り口を示したものですが，この営みはこれからもずっと続いていきます。

　本書を通して見えてきた現実社会はなまやさしいものではないかもしれません。しかし，その厳しい社会を知り，考え，挑んでいこうとしている同志（読者）が他にもいるということは，この社会にとっての希望といえるのではないでしょうか。そのようにして，1人ひとりが自律した市民となる，その渦が広がっていくことに社会福祉学の魅力があると思います。

文献ガイド

　近年の日本社会では社会福祉への関心がいっそう高まり，さまざまな学問分野において優れた研究が積み重ねられています。そうしたなかで社会福祉学は，諸学の成果に学びながら，より厚みを増した学問へと成長してきました。厚みを増すのと並行して専門分化も進み，学問分野の全体を見渡すことが難しくなりました。その全体像を一望するには，本文で紹介した専門事典をひもとくとよいでしょう。1冊のテキストで社会福祉学の総体を俯瞰したものに平岡ほか（2011）があります。同書では，最新の研究動向をふまえて，「応用科学」としての社会福祉学の知識体系が整序されています。同書とあわせて，岩崎・岩間・原田編（2014）を一読すれば，これからの社会福祉学を展望するための手がかりが得られるはずです。その他，社会福祉学の第一人者が手がけた入門書に，岩田・上野谷・藤村（2013）と稲沢・岩崎（2014）があります。基礎概念を学ぶには平岡・平野・副田編（2002）が便利です。本書はこうしたテキスト

に学びながらも，それらの二番煎じにならないように，議論の組み立てや進め方に工夫を凝らしましたが，それが成功したかどうかについては読者の判断を仰ぎたいと思います。

引用文献　　　　　　　　　　　　　　　　　　　　　　　Reference ●

アエラ編集部編，2003『新版 社会福祉学がわかる。』朝日新聞出版
平岡公一・平野隆之・副田あけみ編，2002『社会福祉キーワード〔補訂版〕』有斐閣
平岡公一・杉野昭博・所道彦・鎮目真人，2011『社会福祉学』有斐閣
稲沢公一・岩崎晋也，2014『社会福祉をつかむ〔改訂版〕』有斐閣
岩崎晋也・岩間伸之・原田正樹編，2014『社会福祉学のフロンティア』有斐閣
岩田正美・上野谷加代子・藤村正之，2013『ウェルビーイング・タウン　社会福祉入門〔改訂版〕』有斐閣
仲村優一・一番ヶ瀬康子・右田紀久恵監修，2007『エンサイクロペディア社会福祉学』中央法規出版
仲村優一ほか編，1988『改訂新版・現代社会福祉事典』全国社会福祉協議会
日本社会福祉学会事典編集委員会編，2014『社会福祉学事典』丸善

索　引

事項索引

● あ　行

アクティベーション　34
新しい社会運動　190, 191
新しい社会的リスク　34
アファーマティブ・アクション　142
安心社会　201, 202, 214
アンダークラス　211
アンペイドワーク　38
生かす権力　186, 187, 189, 213
意識化　97
一億総中流　138
医療社会学　114
医療ソーシャルワーカー　107
医療難民　107
医療費　108
インフォーマル教育　97, 98
NHS・コミュニティケア改革　162
LGBT　15
エンゼルプラン　48, 50
エンパワーメント　97, 142
OECD（経済協力開発機構）　87, 108, 153
応答責任　218, 219

● か　行

階級社会　158
外国人労働者　137
介護サービス　158
介護保険制度　167, 184
介護予防　122
介護労働実態調査　158
皆保険　110, 120
格差社会　152, 163
学習支援　102
隔離政策　188
簡易宿泊所　102
環境保護運動　171
監視社会　212, 213
患者学　123
完全失業率　30, 138, 139
官僚制　186, 189
消えた年金記録問題　178
企業内教育訓練（OJT）　31
企業内福利厚生（企業福祉）　31
希望格差社会　96
逆差別　142, 143
虐　待　89
共感的理解　12
共　助　71–76, 79
　　──の3層モデル　74, 78
金融危機　25
ケ　ア　37, 38, 168, 191
　　──の倫理　218
ケースワーカー　178
ゲゼルシャフト　140
ゲマインシャフト　140
健活　117
健康格差　112, 113, 118
健康至上主義　116, 117
健康づくりのためのオタワ憲章　118
健康の定義　117, 118
権利擁護制度　167
権　力　182, 183, 186, 187, 193, 194
権力資源論　190, 191
高額療養費制度　111, 120
公教育　94

合計特殊出生率　42
高校進学率　99
公　助　71-76
更生保護　215, 216
公的領域　51
公的領域と私的領域の関係　55, 58
高度経済成長　130, 138
功利主義　218
行旅死亡人　129, 133, 146
高齢化　66, 80, 109
高齢化社会　66
高齢社会　66
高齢社会対策基本法　68
高齢社会対策大綱　69
高齢者世帯　65
国民皆保険・皆年金　161
国民健康保険（制度）　110, 120
国民保健サービス（NHS）　111, 161
互　酬　159, 171, 174
互　助　73, 75, 76
個人化　16, 33, 188
子育て支援対策　48
子ども・子育て応援プラン　50
子ども・子育て支援新制度　50
子ども・子育てビジョン　50
子どもの貧困　47, 87
子供の貧困対策に関する大綱　47, 101
子どもの貧困対策の推進に関する法律　100
子ども・若者育成支援推進法　30
子ども・若者ビジョン　30, 37
個別化　145
コミュニティ　139
コミュニティソーシャルワーカー　145
コミュニティソーシャルワーク　145
雇用の柔軟化　32
雇用不安　22
雇用保障　2
孤立死　128, 133

婚　活　55

● さ 行

在留外国人　137
サッチャリズム　162
里親制度　89
産業革命　160
支援費制度　100
自己負担軽減制度　120
自　殺　135, 154
自殺対策基本法　135
自殺の危機経路　136, 145
自　助　71-76
市場の失敗　160
次世代育成支援対策推進法　48
次世代の共助　79
施設介護職員　158
失業者数　26
シティズンシップ　37
シティズンシップ教育　37
指定難病　107
私的領域　51, 54
児童虐待　42, 45
児童相談所　88, 176
児童福祉　130
児童福祉法　48, 88
児童養護施設　88, 89
ジニ係数　156
資本主義（社会）　158-60
市　民　6, 10, 12, 16, 36
社　縁　31, 140, 143
社会関係資本　→ソーシャル・キャピタル
社会政策　2
社会的孤立　133, 134
社会的入院　119
社会的排除　11, 34, 133, 144
社会的包摂　→ソーシャル・インクルージョン
社会的養護　88

社会福祉　1
　　──の固有性　5
社会福祉学　4, 223, 224
社会福祉学的想像力　12, 13
社会福祉基礎構造改革　184
社会福祉サービス　2
社会福祉法　122
社会保険　72, 73, 79, 160
社会保険事故　34
社会保険庁　178
社会保障　2, 5, 62, 178, 180
社会保障制度改革推進法　71
若年無業者　28
シャドウワーク　38
就　活　55
終　活　55, 63, 146
就職率　27
熟議民主主義　192, 193
熟議世論調査　192
準市場　167, 168
障　害　15
障害学　189, 193
障害者福祉　130, 187-89, 193
状況的脆弱性　9
少子化　42
少子化社会対策基本法　48
少子化社会対策大綱　50
少子化対策　48
少子化対策プラスワン　48
消費社会　171
女性の貧困　47
所得格差　65
所得シェア　157
所得保障　2
自立支援　214
自立生活運動　189, 193
新自由主義　→ネオリベラリズム
信　頼　183, 194, 215, 216
信頼社会　201

スクールカウンセラー　101
スクールソーシャルワーカー　101
スティグマ　106, 116, 124, 142, 143
すべり台社会　139, 141
スローライフ運動　171
生活困窮者自立支援制度　35, 90, 102, 144
生活習慣病　120
生活の質（QOL）　119
生活保護　9, 65, 176, 177, 183, 194, 207, 214
生活保護受給者　207, 208
生活保護受給率　90
生活保護法　137
生活問題　132, 133
脆弱化　64
脆弱性（バルネラビリティ）　2, 6, 7, 9, 13, 14
精神疾患　124
精神障害者　205
政府の失敗　162
性別役割分業　33
世界保健機関（WHO）　80, 117, 118
セキュリティ　202, 204
積極的労働市場政策　34
セツルメント　98
ゼロ・トレランス　211
専業主婦世帯　44
戦後日本型青年期　31
専門職　185, 193
相互扶助　74
相対的貧困率　87, 153, 154
贈　与　159, 168, 171, 174, 194
疎　外　159
ソーシャル・インクルージョン（社会的包摂）　34, 214
ソーシャル・キャピタル（社会関係資本）　35, 112, 113, 141, 191, 192
ソーシャルワーカー　3, 185, 194
ソーシャルワーク　10-13, 98, 186, 215, 216
　　──のグローバル定義　11

措置制度　183

● た 行

大学進学率　89
大学生の雇用問題　22
大学生の就職難　25
体感治安　204, 205
待機児童　47, 58
待遇的正義　141
ダイレクト・ペイメント　168
他者　12, 202, 219
他者化　215
脱家族化　51
脱工業化　32
脱工業社会　33
脱施設化　9, 189
脱商品化　166
脱政治化　52
多文化社会　202
多様性　142
地域居住　75
地域福祉　4
地域包括ケアシステム　71, 75, 76, 78, 79, 120, 122
地縁　140, 143
超高齢社会　66
長寿社会対策大綱　68
賃労働中心主義　38
ディーセントワーク　38
ＤＶ　45
デモクラシー　189-92
当事者主権　168, 184, 193
当事者非難　169
討論型世論調査　192
特定疾患医療受給者証保持者　108
特別支援教育　91, 100
年越し派遣村　25
共働き世帯　43

● な 行

内在的脆弱性　8
難病　106
難病医療費等助成制度　107
日本型雇用（慣行）　30, 95, 139, 140, 143
　──のゆらぎ　30
乳児院　89
乳幼児医療費助成制度　121
ニューディール政策　161
妊活　55
認識論的誤謬　36, 37
NIMBY　205, 206
ネオリベラリズム（新自由主義）　163, 164, 166, 170
ネガティブ・キャンペーン　207
年金（制度）　65, 178
能動的福祉　144
ノーマライゼーション　189, 207
ノンフォーマル教育　96, 97, 102

● は 行

排外的な差別　138
排除型社会　139, 140, 142, 145, 211, 212
ハイパー・メリトクラシー　94, 95, 103
配分的正義　141
パターナリズム　183-86, 189, 193
発達障害　91, 100
発達障害者支援法　100
反グローバル化運動　171, 193
犯罪統計　204
ハンセン病　188
反知性主義　192
反貧困学習　102
ピアサポート　194
東日本大震災　180, 217, 219
ひきこもり　28
非正規雇用　25
非正規労働者　26

必要（ニーズ）　52, 58, 118
必要解釈の政治　52, 58
ひとり親世帯　44, 46, 47, 87, 88
ひとり暮らし高齢者　65, 133, 134
病原的脆弱性　9, 101
病児保育　114
病人役割　115
貧　困　15
　　──の世代間連鎖　90, 101
　　──の文化　169
不安定就労　134
フォーマル教育　96
福祉元年　162
福祉国家　1, 16, 31-33, 52, 139, 160, 162, 186, 187, 193
　　──の危機　162
福祉システム　223, 224
福祉事務所　176, 178
福祉政策　2
福祉多元主義　168
福祉レジーム　34, 165
福祉六法　161
父子世帯　46
プライマリー・ヘルスケア　118
ブラック企業　26, 157
フリーター　28
文化資本　35, 98, 155, 156
文化本質主義　211
ペアレントクラシー　93, 98
平均寿命　108, 113
ベヴァリッジ報告　161
ヘゲモニー　169, 170
ベーシック・インカム　198
包摂型社会　138-40, 142, 214
包摂政策　144
防　犯　203, 204
防犯意識　209
訪問介護員　158
保　活　45, 55, 57

保健師　123
保険料滞納　111, 179
母子・寡婦福祉　130
母子世帯　46, 47
ポジティブ・アクション　142, 143
ポスト近代型能力　95
ホスピタリズム　9
母体保護法　188
ポピュリズム　192, 207
ホームレス　205, 211
ホラーハウス社会　210
ボランタリー組織　144

● ま　行

マイノリティ　214, 215
密室の育児　45
無縁社会　129
無保険問題　120
無料低額診療事業　122
メリトクラシー　92, 95
目的縁　146

● や　行

夜警国家　160
優生政策　187-89
優生保護法　188

● ら　行

ラディカル・デモクラシー　193
リキッド・モダニティ　139
リスク　8, 14, 33, 34, 88, 189
利用契約制度　184
レーガノミクス　162
レジーム　164
レッセ・フェール　160
連帯経済　171
漏　給　9
老後保障システム　68
労働市場への包摂　34

労働法　36, 38
労働力調査　26

● わ　行

若者自立・挑戦プラン　28

若者世代の脆弱化　28
ワーキングプア　87
ワークフェア　34
ワーク・ライフ・バランス　45

人名索引

● あ 行

アレント, H.　53
猪飼周平　119
乾彰夫　31, 36
上野千鶴子　140
ヴェーバー, M.　186
エスピン-アンデルセン, G.　164, 166, 190
大野更紗　106
岡田昭人　94
岡村重夫　5, 6
オッフェ, C.　190

● か 行

金子郁容　13
河合克義　134
グラムシ, A.　169, 170
黒田浩一郎　116
ゴッフマン, E.　116
ゴフ, I.　118
駒村康平　90
児美川孝一郎　22
コルピ, W.　190
近藤克則　112

● さ 行

酒井隆史　212
ジョージ, S.　157
杉野昭博　11, 12
芹沢一也　209, 210

● た 行

デイヴィス, M.　204
ティトマス, R.　174
デューイ, J.　99

テンニエス, F.　140
ドイヨル, L.　118

● な 行

仁平典宏　166

● は 行

バウマン, Z.　139, 170
パーソンズ, T.　115
パットナム, R.　191
ハーバマス, J.　190
濱口桂一郎　31
ピケティ, T.　156
平岡公一　166
ファーロング, A.　36
深田耕一郎　168, 194
フーコー, M.　186, 187, 189, 212
ブラウン, P.　93
古川孝順　7
ブルデュー, P.　98, 155
フレイザー, N.　52-54, 58
フレイレ, P.　97, 103, 142
ポランニー, K.　159, 160, 166
本田由紀　94

● ま 行

マッケンジー, C.　8
松田亮三　112
マルクス, K.　158
道中隆　90
宮本太郎　140
ムフ, C.　170
モース, M.　174

● や 行

山岸俊男　201

山田昌弘　96
ヤング, J.　138, 210
湯浅誠　139, 141

ラッツァラート, M.　171
リスター, R.　170

● ら 行

ライアン, D.　213

有斐閣ストゥディア

問いからはじめる社会福祉学——不安・不利・不信に挑む
Introduction to Social Welfare Studies with Critical Questions

2016 年 1 月 10 日　初版第 1 刷発行
2025 年 4 月 10 日　初版第 7 刷発行

著　者　圷　　洋一
　　　　金子　　充
　　　　室田　信一

発行者　江草　貞治
発行所　株式会社　有斐閣
　　　　郵便番号　101-0051
　　　　東京都千代田区神田神保町 2-17
　　　　https://www.yuhikaku.co.jp/

印刷・萩原印刷株式会社／製本・大口製本印刷株式会社
©2016, Yoichi Akutsu, Ju Kaneko, Shinichi Murota. Printed in Japan
落丁・乱丁本はお取替えいたします。
★定価はカバーに表示してあります。
ISBN 978-4-641-15030-0

JCOPY　本書の無断複写（コピー）は、著作権法上での例外を除き、禁じられています。複写される場合は、そのつど事前に（一社）出版者著作権管理機構（電話03-5244-5088, FAX03-5244-5089, e-mail:info@jcopy.or.jp）の許諾を得てください。